T0344769

Emprego em Crise

ESTUDOS DO BANCO MUNDIAL SOBRE A AMÉRICA LATINA
E CARIBE

Emprego em Crise

Trajetória para Melhores Empregos na América Latina pós-COVID-19

**Joana Silva, Liliana D. Sousa,
Truman G. Packard, and Raymond Robertson**

GRUPO BANCO MUNDIAL

© 2021 Banco Internacional para Reconstrução e Desenvolvimento/Banco Mundial
1818 H Street NW, Washington D.C. 20433
Telefone: 202-473-1000; Internet: www.worldbank.org

Alguns direitos reservados
1 2 3 4 24 23 22 21

Este trabalho foi publicado originalmente em ingles pelo Banco Mundial como *Employment in Crises: The Path to Better Jobs in a Post-COVID-19 Latin America* in 2021. Em caso de disprepancias, predomina o idioma original.

Este trabalho foi produzido pelo pessoal do Banco Mundial com contribuições externas. As apurações, interpretações e conclusões expressas neste trabalho não refletem necesariamente a opinião do Banco Mundial, de sua Diretoria Executiva nem dos governos dos países que representam. O Banco Mundial não garante a exatidão dos dados apresentados neste trabalho. As fronteiras, cores, denominações e outras informações apresentadas em qualquer mapa deste trabalho não indicam nenhum julgamento do Banco Mundial sobre a situação legal de qualquer território, nem o endosso ou a aceitação de tais fronteiras.

Nada aqui constitui ou pode ser considerado como constituindo uma limitação ou dispensa de privilégios e imunidades do Banco Mundial, os quais são especificamente reservados.

Direitos e permissões

Este trabalho está disponível na licença da Creative Commons Attribution 3.0 IGO (CC BY 3.0 IGO) http://creativecommons.org/licenses/by/3.0 IGO. Nos termos da licença Creative Commons Attribution, o usuário pode copiar, distribuir, transmitir e adaptar este trabalho, inclusive para fins comerciais, nas seguintes condições:

Atribuição — Favor citar o trabalho como segue: Silva, Joana, Liliana D. Sousa, Truman G. Packard, e Raymond Robertson. 2021. *Emprego em Crise: Trajetória para Melhores Empregos na América Latina Pós-COVID-19*. Banco Mundial, Washington, DC. Licença: Creative Commons Attribution CC BY 3.0 IGO

Tradução — Se o usuário traduzir este trabalho, favor acrescentar o seguinte termo de isenção de responsabilidade juntamente com a atribuição: *Esta tradução não foi feita pelo Banco Mundial e não deve ser considerada tradução oficial do Banco Mundial. O Banco Mundial não se responsabiliza pelo conteúdo nem por qualquer erro dessa tradução.*

Adaptações — Se o usuário criar uma adaptação deste trabalho, favor acrescentar o seguinte termo de isenção de responsabilidade juntamente com a atribuição: *Esta é uma adaptação de um trabalho original do Banco Mundial. Pontos de vista e opiniões expressos na adaptação são de inteira responsabilidade do autor ou autores da adaptação e não são endossados pelo Banco Mundial.*

Conteúdo de terceiros — O Banco Mundial não é necessariamente proprietário de todos os componentes do conteúdo incluído no trabalho. Portanto, o Banco Mundial não garante que o uso de qualquer componente individual de terceiros ou parte do conteúdo do trabalho não infrinja direitos de terceiros. O risco de reivindicações resultantes de tal violação recai inteiramente sobre o usuário. Se o usuário desejar reutilizar um componente do trabalho, recairá sobre ele a responsabilidade de determinar se é necessária permissão para tal reutilização, bem como obter a referida permissão junto ao proprietário dos direitos autorais. Exemplos de componentes podem incluir, embora não de forma exclusiva, tabelas, figuras ou imagens.

Todas as consultas sobre direitos e licenças devem ser endereçadas a World Bank Publications, The World Bank Group, 1818 H Street NW, Washington, DC 20433, USA; e-mail: pubrights@worldbank.org.

ISBN (papel): 978-1-4648-1692-5
ISBN (eletrônico): 978-1-4648-1723-6
DOI: 10.1596/978-1-4648-1692-5

Imagem da capa: © 2021 Michael Austin a/c theispot. Usado com permissão de Michael Austin a/c theispot. Permissão adicional exigida para reutilização.
Design da capa: Sergio Andres Moreno Tellez, Banco Mundial

Tradução para o português: Leonardo Padovani

Número de Controle da Biblioteca do Congresso (LCCN): 2021938872

Conteúdo

Mapa

Tabelas

Prefácio

Em uma região volátil como a América Latina e Caribe (ALC), a recorrência das crises deve trazer lições que possam ser traduzidas em melhores políticas de resposta adotadas pelo poder público. Olhar para trás e aprender com as crises passadas é particularmente relevante num momento em que os efeitos devastadores da pandemia de COVID-19 (Coronavírus) desfazem anos de progresso em diversas frentes, incluindo a criação de empregos e novas oportunidades, a formalização dos empregos e a redução da pobreza. A América Latina e o Caribe devem dar uma resposta diferente aos problemas.

É justamente disso que trata este relatório. Lançando mão de décadas de dados sobre choques econômicos e respostas do mercado de trabalho na região da ALC, ele analisa os efeitos das crises sobre os trabalhadores e as empresas a fim de ajudar os líderes regionais a desenvolverem políticas diretas e alocarem recursos escassos de modo a fomentar o crescimento econômico inclusivo a longo prazo.

Emprego em Crise: Trajetória para Melhores Empregos na América Latina Pós-COVID-19 contém três mensagens principais. Primeiro, as grandes crises na região da ALC causaram uma perda persistente de empregos. As evidências mostram que as crises costumam causar pontos de inflexão no emprego, marcando o início de fortes desvios negativos que só pioram com o passar do tempo. Esse efeito ocorre porque o impacto de curto prazo das crises sobre o mercado de trabalho é sentido mais fortemente através do desemprego do que da transição para a informalidade.

Ao mesmo tempo, mudanças estruturais de longa duração vêm alterando a natureza do trabalho na região da ALC e ao redor do planeta. As crises aceleram essas mudanças e, portanto, a redução das oportunidades tradicionalmente consideradas "bons empregos" - ou seja, empregos estáveis e protegidos, associados ao setor formal. As crises, portanto, não moldam os fluxos de trabalhadores apenas temporariamente - elas também têm efeitos significativos e duradouros sobre a estrutura dos empregos. O resultado é que as oportunidades tradicionais do setor formal vêm diminuindo gradativamente na região da ALC.

Em segundo lugar, as crises na região da ALC têm impactos muito diferentes entre os diversos trabalhadores, setores e localidades. Os trabalhadores pouco qualificados sofrem cicatrizes de longo prazo, enquanto os trabalhadores altamente qualificados se recuperam rapidamente, exacerbando o já alto nível de desigualdade salarial na região.

As características dos empregadores e das localidades afetam a gravidade e a duração das cicatrizes que as crises deixam nos trabalhadores. Os trabalhadores formais sofrem menos perdas de empregos e de salários nos locais onde a informalidade é maior. Ademais, a redução dos fluxos de trabalho pode diminuir o bem-estar individual, mas os trabalhadores em localidades com mais oportunidades de emprego, incluindo empregos informais, se recuperam melhor.

Terceiro, as crises podem ter efeitos positivos que aumentam a eficiência e a produtividade da economia. Esses efeitos, no entanto, são atenuados na região da ALC por causa de sua estrutura de mercado menos competitiva. Em vez de se tornarem mais ágeis e produtivos durante as crises econômicas, passando por um processo de "destruição criativa", os setores e empresas protegidos ganham mais participação de mercado e excluem outros participantes, retendo recursos valiosos.

Não precisa ser assim. Agora que a ALC enfrenta a maior desaceleração sincronizada de sua história recente em decorrência da pandemia de COVID-19, a região deu grande ênfase ao gerenciamento dos efeitos de curto prazo da crise e conseguiu amortecer alguns de seus efeitos econômicos iniciais. No entanto, os resultados deste relatório mostram que as perdas de empregos motivadas pelas crises podem ser particularmente dolorosas na região da ALC por causa da lentidão na recuperação. Portanto, é necessário mais do que foi feito no passado.

O que pode ser feito? *Emprego e Crise* propõe uma combinação de políticas capazes de contribuir para melhorar as condições do mercado de trabalho e lançar as bases do desenvolvimento equitativo. O principal passo inicial é implementar estruturas macroeconômicas fortes e prudentes e estabilizadores automáticos para proteger os mercados de trabalho de possíveis crises. Políticas fiscais e monetárias sólidas têm o potencial de preservar a estabilidade macroeconômica e evitar tensões financeiras em todo o sistema quando os choques ocorrem. As reformas fiscais - incluindo uma tributação menos distorciva, gastos públicos mais eficientes, previdências financeiramente sustentáveis e regras fiscais claras - configuram a primeira linha de defesa contra as crises. O relatório também propõe programas anticíclicos de apoio à renda, como o seguro-desemprego e outras transferências oportunas para as famílias durante as recessões, bem como políticas de proteção social e trabalho.

A adoção de estabilizadores macroeconômicos e reformas mais intensas nos sistemas de proteção social e trabalho, no entanto, não são suficientes. Também é necessário dar um impulso inicial à recuperação dos empregos através de apoio à criação de empregos em ritmo vigoroso. Nesse contexto, as políticas de concorrência, as políticas regionais e as leis trabalhistas constituem uma terceira dimensão política fundamental. Sem resolver essas questões fundamentais, as recuperações na região da ALC continuarão caracterizadas pela lentidão na criação de empregos.

Carlos Felipe Jaramillo
Vice-Presidente para a América
Latina e Caribe

Sobre os Autores

Joana Silva é economista sênior do Escritório do Economista-Chefe para a América Latina e Caribe do Banco Mundial. Ela tem experiência em economia do trabalho, comércio internacional, pobreza e desigualdade, produtividade das empresas e avaliação de políticas. Suas pesquisas já figuraram nas principais publicações acadêmicas, incluindo a *American Economic Review* e a *Journal of International Economics*. Ela é autora de quatro livros, incluindo dois relatórios regionais do Banco Mundial: "Wage Inequality in Latin America: Understanding the Past to Prepare for the Future" e "Inclusion and Resilience: The Way Forward for Social Safety Nets in the Middle East and North Africa." Esteve à frente de várias operações de empréstimo do Banco Mundial e tem vasta experiência em assessorar governos, principalmente na concepção e implementação de reformas econômicas, programas sociais e sistemas de monitoramento e avaliação. Ela tem Ph.D. em economia pela Universidade de Nottingham.

Liliana D. Sousa é economista sênior da Prática Global de Pobreza e Equidade do Banco Mundial. Suas pesquisas se concentram em questões relacionadas ao mercado de trabalho, incluindo choques de emprego, decisões relacionadas à imigração e remessas e a inclusão econômica das mulheres. Ela liderou e contribuiu para vários estudos e livros, com pesquisas publicadas na *Labour* e na Labour and the Review of Development Economics. Atualmente é economista de pobreza do Banco Mundial para Angola e São Tomé e Príncipe; anteriormente foi economista de pobreza para o Brasil e, antes disso, para Honduras. Antes de ingressar no Banco Mundial em 2013, foi economista do Center for Economic Studies do US Census Bureau. Ela possui Ph.D. em economia pela Cornell University.

Truman G. Packard é economista líder na Prática Global de Proteção Social e Emprego do Grupo Banco Mundial e atualmente atua como líder da prática de desenvolvimento humano para o México. Truman foi o autor principal do relatório de Proteção Social e Emprego intitulado "Protecting All: Risk Sharing for a Diverse and Diversifying World of Work." Também liderou a equipe do Banco Mundial que produziu o relatório regional "East Asia Pacific at Work: Employment, Enterprise, and Well-Being" em 2014. Atuou nas equipes que produziram o "Golden Growth: Restoring the Lustre of the European Economic Model," publicado em 2012, e o Relatório de Desenvolvimento Mundial de 2009, intitulado "Reshaping Economic Geography." Truman esteve à frente do programa de Desenvolvimento Humano do Banco Mundial nas Ilhas do Pacífico, Papua Nova Guiné e Timor-Leste e fez parte de equipes que prestam serviços financeiros e de transferência de conhecimentos para governos na Europa e Ásia Central, Leste Asiático e Pacífico e América Latina e Caribe. O trabalho de Truman, que tem formação em economia do trabalho, tem se concentrado principalmente no impacto do seguro social - incluindo previdência, seguro-desemprego e cobertura de saúde - nas decisões de oferta de trabalho das famílias, comportamento de poupança e gerenciamento de risco. Ele tem Ph.D. em economia pela Universidade de Oxford, no Reino Unido.

Raymond Robertson é professor e titular da Cátedra Helen e Roy Ryu em Economia e Governo do Departamento de Assuntos Internacionais da Bush School of Government and Public Service, bem como diretor do Mosbacher Institute for Trade, Economics, and Public Policy. É pesquisador *fellow* do Institute for the Study of Labor em Bonn, na Alemanha, e pesquisador sênior do Mission Foods Texas-Mexico Center. Em 2018, foi designado Presidential Impact Fellow pela Texas A&M University.

Agradecimentos

Este livro não teria sido possível sem o apoio de uma equipe generosa de colegas e colaboradores. Agradecimentos especiais vão para Martin Rama, economista-chefe para a região da América Latina e Caribe, Banco Mundial. Ele teceu sugestões e comentários valiosos em vários estágios da produção deste relatório. Sebastian Melo fez um trabalho excelente de assistência à pesquisa.

Este relatório se beneficiou enormemente dos comentários e sugestões de nossos revisores nas Reuniões de Notas Conceituais e Decisões do Banco Mundial, incluindo Rafael Dix-Carneiro, professor de economia da Duke University; Roberta Gatti, economista-chefe para a região do Oriente Médio e Norte da África, Banco Mundial; Denis Medvedev, gerente de práticas para Empresas, Empreendedorismo e Inovação (ETIFE), Banco Mundial; Julian Messina, economista chefe, Banco Interamericano de Desenvolvimento; e o presidente das reuniões, Carlos Felipe Jaramillo, vice-presidente regional para a região da América Latina e Caribe, Banco Mundial. O relatório foi desenvolvido sob a orientação de Martin Rama. Também foi objeto de discussão em workshops dedicados com os autores, realizados em 10 de dezembro de 2018 e 2 de março de 2020. Os autores agradecem aos comentários perspicazes de Kathleen Beegle (Banco Mundial), Andres Cesar, Marcio Cruz (Banco Mundial), Augusto de la Torre (Columbia University), Ximena Del Carpio (Banco Mundial), Guillermo Falcone, Maria Marta Ferreyra (Banco Mundial), Alvaro Gonzales (Banco Mundial), Henry Hyatt (US Census Bureau), Tatjana Karina Kleineberg (Banco Mundial), Maurice Kugler (George Mason University), Daniel Lederman (Banco Mundial), Daniel Mateo (University of South California), Samuel Pienknagura (Fundo Monetário Internacional), Daniel Riehra, Bob Rijkers (Banco Mundial), Dena Ringold (Banco Mundial), Sergio Schmukler (Banco Mundial), Erwin Tiongson (Georgetown University), Carlos Végh (John Hopkins University), Lucila Venturi (Harvard Kennedy School) e Guillermo Vuletin (Banco Mundial).

Este relatório tem como base uma série de documentos de referência (descritos em mais detalhes no anexo 1A do capítulo 1). A equipe é grata a todos os autores desses artigos.

O design, edição e produção foram coordenados com maestria por Amy Lynn

Grossman, que tornou o processo simples e suave. Laura Handley, da Publications Professionals LLC, e Sandra Gain editaram habilmente a versão em inglês. Leonardo Padovani traduziu o volume para o português e Sara Horcas, para o espanhol. A equipe também gostaria de agradecer a Jacqueline Larrabure: este relatório não teria sido possível sem o seu apoio administrativo infalível.

Sumário Executivo

Políticas mais adequadas para prevenir, administrar e ajudar as pessoas a se recuperarem das crises são fundamentais para o sucesso da subsistência e do crescimento de longo prazo na América Latina e Caribe (ALC). A necessidade destas políticas nunca foi tão urgente, visto que a região enfrenta a monumental tarefa de se recuperar da pandemia mundial de COVID-19 (Coronavirus). Se as políticas específicas de resposta usadas produzirão o crescimento almejado é uma pergunta em aberto. A resposta dependerá do entendimento subjacente de como os mercados de trabalho se ajustam às crises e da qualidade das políticas adotadas.

Este relatório avalia as formas como as crises alteram os fluxos do mercado de trabalho na região, avalia como essas mudanças afetam os trabalhadores e a economia, e identifica as principais políticas de resposta. Ele o faz através de duas lentes distintas, embora complementares: a perspectiva macroeconômica, com foco nos efeitos das crises e oscilações cíclicas nos fluxos agregados do mercado de trabalho, e a perspectiva microeconômica, com foco nos efeitos desiguais entre diferentes trabalhadores, regiões e setores. O relatório reúne as principais conclusões de um projeto de pesquisa de larga escala envolvendo dez estudos com foco na dinâmica dos ajustes do mercado de trabalho na região da ALC na sequência dos choques econômicos, nas consequências de longo prazo de choques de curto prazo e nos mecanismos subjacentes e efeitos das políticas sobre os ajustes do mercado de trabalho. Para avaliar a dinâmica do mercado de trabalho ele usa dados de diferentes fontes: pesquisas domiciliares e de emprego (corte transversal e painel), dados administrativos longitudinais que ligam empregadores e empregados e análises de contas nacionais. Explora os choques nas empresas causados pelas crises para quantificar os seus impactos no mercado de trabalho, separando seus efeitos daqueles provenientes de forças seculares e concomitantes que também afetam o emprego e a produtividade em horizontes temporais mais longos. O relatório desenvolve modelos estruturais e explora experimentos quase-naturais e raros para avaliar as consequências das crises no bem-estar e melhorar as políticas de resposta às mesmas.

O relatório tem três conclusões principais. **Primeiro: as crises causam perdas consideráveis em matéria de empregos e** rendimento, mas os impactos variam entre os diversos países, setores e trabalhadores. Diferentes dinâmicas do mercado de trabalho estão por trás de reduções de emprego semelhantes. Mesmo considerando-se o alto nível informalidade em algumas das economias da região - que servem como amortecedores e absorvem parte do excesso de trabalho - o desemprego continua representando uma margem considerável do ajuste do mercado de trabalho aos choques econômicos no curto prazo. No México, por exemplo, a redução de 1 ponto percentual no crescimento do PIB está associada a um aumento de 7,9 por cento na taxa de desemprego. Os grandes fluxos em direção ao desemprego reduzem expressivamente a renda familiar, aumentando a vulnerabilidade e ampliando e aprofundando a pobreza. A perda de emprego da pessoa responsável pela maior parte da renda das famílias não-pobres levará 55 por cento dessas famílias à pobreza.

A alta taxa de informalidade e as proteções de empregos no setor formal na região da ALC sugerem uma hierarquia nos custos de ajuste na qual os trabalhadores informais (que dispõem de menos proteções) têm maior probabilidade de perder o emprego, independentemente de seu grau de qualificação. De fato, os trabalhadores nos quintis de renda mais baixos têm, em geral, maior probabilidade de passar por transições negativas de trabalho do que os trabalhadores nos quintis de renda mais altas. No entanto, de modo geral, os resultados sugerem que o emprego formal é mais responsivo a choques de crescimento do que o emprego informal. Embora a perda de empregos faça parte da equação, o principal fator por trás do aumento do desemprego durante a Crise Financeira Global de 2008 foi a queda acentuada da taxa líquida de ingresso em empregos na economia formal.

As crises não moldam os fluxos de trabalhadores apenas temporariamente - elas têm efeitos consideráveis na estrutura de emprego mesmo após a crise, por vários anos. Estes efeitos são tais que as oportunidades tradicionais no setor formal vêm minguando gradualmente. As economias da ALC levam muitos anos para se recuperar da contração dos empregos formais causada por uma crise: 20 meses após o início de uma recessão, o emprego na economia continua menor, e o emprego formal mantem-se menor por mais de 30 meses após o início da recessão. As grandes sequelas macroeconômicas das crises persistem por muitos anos, com uma redução longa e expressiva dos índices de emprego formal. Isso acontece em toda a região, apesar das diferenças nos mercados de trabalho dos diversos países. Embora as mudanças estruturais de longo prazo estejam mudando a natureza do trabalho, as crises contribuem ainda mais para a redução das oportunidades de empregos tradicionalmente considerados "bons empregos" - ou seja, empregos-padrão, estáveis, protegidos e associados ao setor formal.

Segundo, este relatório conclui que, ao passo que alguns trabalhadores se recuperam da perda involuntária de emprego e de outros choques em seus meios de subsistência, outros têm sua vida profissional permanente marcada por essas ocorrências. Na região da ALC, as cicatrizes são mais intensas para os trabalhadores menos qualificados, sem ensino superior. Por exemplo, no Brasil e no Equador, embora os trabalhadores com ensino superior não sofram os impactos de uma crise em termos salariais e sofram apenas impactos de curta duração em matéria de emprego, os efeitos sobre o emprego e os salários do trabalhador médio ainda perduram nove anos após o início da crise. Em uma crise, os novos ingressantes no mercado de trabalho têm um início de carreira pior, do qual não conseguem se recuperar.

Mesmo que os mecanismos específicos e a duração das cicatrizes variem entre homens e mulheres, de modo geral os países da América Latina e do Caribe têm uma história semelhante - para homens e mulheres, a ocorrência do efeito cicatriz é forte e provável entre as pessoas de escolaridade mais baixa e não é observado entre pessoas com ensino superior. É muito mais provável que as cicatrizes se manifestem por meio taxas mais altas de desemprego e informalidade anos depois do que por meio de salários mais baixos.

É importante ressaltar que as condições do mercado de trabalho local influem na severidade das perdas de emprego e salário causadas pela crise. Perdas salariais persistentes podem significar falta de oportunidades na fase de recuperação econômica, não apenas cicatrizes decorrentes da perda de capital humano associada a um período de desemprego ou a períodos em que os empregos são de qualidade inferior. Na esteira de uma crise, as perdas de emprego duram mais para os trabalhadores formais em localidades com setores primários maiores, setores de serviços menores, e menor número de empresas de grande porte .

Ao mesmo tempo, a presença de uma grande economia informal pode acabar protegendo alguns trabalhadores dos choques. As perdas de empregos e salários decorrentes de uma crise são menores para os trabalhadores formais do setor privado que vivem em localidades com taxas de informalidade mais elevadas. Isso sugere que a informalidade, incluindo o trabalho autônomo, pode ser um importante amortecedor em matéria de empregos no médio e longo prazo, à medida que os trabalhadores passam do desemprego à formalidade.

Este relatório mostra que a redução dos fluxos de emprego causada pela crise diminuem o bem-estar, mas os trabalhadores em localidades com mais oportunidades de emprego, formais e informais, se recuperam melhor. Nos locais de emprego escasso, a rotatividade dos trabalhadores é menor - o que, por sua vez, resulta em empregos de menor qualidade. Baixa compatibilidade entre a demanda e a oferta de trabalho reduz o crescimento da produtividade e os ganhos de salários ao longo da vida dos trabalhadores, além de causarem reduções reais de seu bem-estar. Depois de uma crise grave, o emprego pode não retornar ao patamar anterior. A crise pode empurrar o mercado de trabalho para um novo ponto de equilíbrio mais abaixo.

Terceiro, este relatório defende que as **crises podem ter um efeito depurador positivo que aumenta a eficiência e a produtividade, mas as estruturas de mercado menos competitivas da ALC podem atenuar esse efeito, dificultando o aumento da produtividade.** A perda de empregos causada por uma crise econômica pode reduzir a produtividade ao destruir a compatibilidade trabalhador-emprego e o capital humano laboral e específico que ela gera. No entanto, grandes turbulências econômicas também podem acabar liberando os trabalhadores e outros insumos de produção de empresas de baixa produtividade, permitindo sua transição para empresas mais produtivas à medida que a economia se recupera. Da mesma forma, as crises podem estimular a realocação das empresas para fora de setores de baixa produtividade.

No entanto, este estudo mostra que os setores e empresas protegidos da concorrência de mercado se ajustam menos durante as crises, reduzindo a probabilidade de um efeito depurador. Em setores onde poucas empresas detêm grandes parcelas do mercado, os choques não causam a redução dos salários reais ou ajustes no emprego. Embora os trabalhadores desses setores estejam melhor protegidos das crises, o custo dessa proteção recai sobre a economia como um todo. Em vez de se tornarem mais ágeis e produtivas, as empresas protegidas aumentam sua participação de mercado e impedem ainda mais a concorrência nos períodos de recessão econômica, recebendo recursos que poderiam ser usados com mais eficiência em outro lugar. Essa é uma questão muito preocupante na ALC, uma região de alta desigualdade e baixo crescimento da produtividade.

Essas três conclusões têm consequências importantes para as políticas e são ainda mais relevantes no contexto da crise de COVID-19, que causou a maior retração sincronizada das últimas décadas na região da ALC. Considerando-se o efeito negativo das crises sobre o bem-estar na ALC no curto prazo, bem como sobre seu potencial de crescimento econômico de médio prazo, os formuladores de políticas devem ter como objetivo amortecê-las, mas também mitigar o impacto adverso das crises sobre os trabalhadores, empresas e localizações. As políticas devem dar a mesma atenção ao aumento da eficiência e da resiliência, promovendo a capacidade de recuperação frente a choques adversos, que pode ser suplementada por uma taxa saudável de crescimento econômico.

Este relatório propõe uma resposta em termos de políticas pública em três frentes. Em primeiro lugar, *estruturas macroeconômicas fortes e prudentes e estabilizadores automáticos representam a primeira linha de defesa* para proteger os mercados de trabalho de possíveis crises, tanto externas quanto internas. Em meio a um choque, políticas fiscais e monetárias sólidas podem proteger a estabilidade macroeconômica e evitar tensões financeiras no sistema como um todo.[1] A política monetária da região melhorou muito; houve menos desacelerações e, salvo poucas exceções, a região vem conseguindo evitar grandes crises financeiras desde a década de 1990. A política fiscal, no entanto, é fundamental para a política macroeconômica e esta é uma área onde o desempenho recente da região tem deixado a desejar. Na região da ALC a política fiscal tem sido pró-cíclica, e não anticíclica. As recuperações econômicas costumam levar ao crescimento insustentável dos gastos públicos; já as crises provocam quedas dramáticas nas receitas do governo, forçando cortes dolorosos nos gastos públicos. As reformas fiscais - incluindo uma tributação menos distorciva, gastos públicos mais eficientes, maior sustentabilidade financeira da previdência e regras fiscais mais claras - compõem a primeira linha de defesa.

Programas anticíclicos de apoio à renda - como o seguro-desemprego e outras transferências para famílias em épocas difíceis - limitam os danos das contrações e ajudam na recuperação econômica. No entanto, esses instrumentos não existem na maioria dos países da ALC e, nos países onde existem, sua reposta aos choques é fraca. De acordo com o presente relatório, dois terços dos países da região não oferecem planos anticíclicos de apoio à renda em nível nacional para os trabalhadores demitidos involuntariamente. Nos países que oferecem esses programas, como a Argentina, Brasil e Uruguai, existe uma tênue correlação entre os pedidos de seguro-desemprego e a atividade econômica.

Além disso, um dos desafios enfrentados na região é a informalidade de grandes segmentos da força de trabalho, que não são cobertos pelo seguro-desemprego tradicional. Este relatório mostra que a ampliação dos programas de transferência voltados para as necessidades das famílias - e não se o emprego perdido era formal ou informal - pode ter uma função "estabilizadora" complementar e fundamental para apoiar a demanda local, gerando, assim, benefícios agregados positivos para a economia local, além de benefícios em nível individual.

Para lidar com a falta de estabilizadores automáticos, os países da ALC devem considerar a criação ou reforma do seguro-desemprego, tornando os programas de compensação de curto prazo parte permanente dos estabilizadores automáticos da economia e dando a esses programas a capacidade de se adaptarem a novas condições com mais rapidez. Isso reduziria as perdas de bem-estar e os custos de ajuste do mercado de trabalho na sequência de choques futuros. Para tal, é necessário o fortalecimento das (já extensas) redes de seguridade social da região, fazendo com que alguns desses programas se tornem contingentes e sejam ativados automaticamente quando, por exemplo, a taxa de desemprego ultrapassar determinado limiar.[2] Isso deve ser acompanhado de regras claras sobre a duração, as estratégias de redução gradual de escala e os custos fiscais.

Porém, mesmo com o "escudo" robusto proporcionado pela política macroeconômica, algumas crises são inevitáveis e uma questão-chave é o que fazer para amortecer o impacto de longo prazo sobre os trabalhadores. Os efeitos cicatriz documentados indicam que é possível aumentar o crescimento de longo prazo na região ao reduzir-se a deterioração do capital humano dos trabalhadores em decorrência da crise. Para que a recuperação seja mais forte, é preciso ir além do apoio à renda de curto prazo e proteger o capital humano, proporcionando transições mais rápidas e de melhor qualidade para os trabalhadores deslocados ingressarem em novos empregos.

Para atingir esse objetivo, é necessária uma *segunda* reforma-chave em potencial. Ela consiste em *aumentar a capacidade da proteção social e das políticas trabalhistas da ALC, consolidando-as em sistemas que proporcionam apoio à renda e também preparam os trabalhadores para novos empregos, por meio de requalificação e assistência ao reemprego* (os chamados Programas Ativos do Mercado de Trabalho, ou PAMTs).

Mais medidas são necessárias para a transição de programas fragmentados e rígidos para programas de proteção social e de trabalho adaptáveis e baseados em registros sociais abrangentes e dinâmicos, operando na forma de "sistemas". Isso envolve a criação de pacotes de políticas capazes de amortecer os impactos de curto prazo das crises, evitar perdas duradouras de capital humano e facilitar a redistribuição dos trabalhadores com apoio à requalificação e reemprego.

Existe, porém, uma necessidade antiga de aumentar a coerência e a coordenação entre as intervenções nos sistemas de Proteção Social e Trabalho da ALC e a região agora vive as consequências de não dispor de todas as ferramentas necessárias para responder à atual crise. Evidências recentes indicam que a pandemia global de COVID-19 e a ação rápida dos governos ao expandir determinados programas podem ajudar no avanço de uma etapa essencial: construir um cadastro social melhor. Essa etapa pode fazer uma grande diferença, além de ser factível no curto prazo. O aumento da coerência e da coordenação tem o potencial de reduzir a pobreza e a desigualdade, além de ajudar a direcionar recursos para as pessoas mais afetadas.

O reemprego continuará sendo fundamental para evitar as cicatrizes, mas as evidências disponíveis até o momento sobre a eficácia dos PAMTs não são animadoras.[3] Com base nessas evidências, a renovação da ênfase das políticas no reemprego na região da ALC requer quatro elementos raramente associados a PAMTs tradicionais: (i) especificidade para as necessidades particulares dos candidatos a emprego; (ii) coerência e coordenação com outras partes do sistema de proteção social e trabalho (mais obviamente,

o seguro-desemprego ou outro plano de apoio à renda); (iii) monitoramento da implementação e avaliação do impacto; e (iv) recursos adequados provenientes do orçamento nacional.

É importante ressaltar que, embora as políticas de proteção social e trabalho estejam sendo tratadas, principalmente, como políticas de mitigação, elas também têm um papel importante no acesso a oportunidades através da construção de capital humano (escolaridade, por exemplo) que, como mostra o presente relatório, aumenta a resiliência e a capacidade dos trabalhadores de se recuperarem das crises.

No entanto, a adoção de macroestabilizadores e reformas mais intensas nos sistemas de proteção social e trabalho não são suficientes. O êxito da recuperação também exige que a criação de empregos seja mais vigorosa e, para tal, é preciso enfrentar algumas questões estruturais. As dimensões setoriais e espaciais de ajustes inadequados no mercado de trabalho também devem ser enfrentadas. Se esses desafios fundamentais não forem resolvidos, os processos de recuperação continuarão caracterizados pela lentidão na criação de empregos.

Nesse contexto, as políticas de fomento à concorrência, políticas regionais e regras trabalhistas constituem uma terceira dimensão fundamental. Este relatório destaca, por exemplo, a dualidade das empresas na região da ALC: algumas empresas estão expostas à concorrência; já outras estão protegidas e, portanto, menos sujeitas à reestruturação - uma fonte importante de ganhos de produtividade. O relatório também destaca a baixa mobilidade geográfica dos trabalhadores, que amplia os efeitos das crises no bem-estar, e bolsões de rigidez laboral que impedem as transições e ajustes necessários no mercado de trabalho.

As conclusões deste relatório, juntamente com a crescente literatura sobre o tema, sugerem que políticas localizadas podem ajudar com a falta de mobilidade geográfica e maximizar os ganhos da relocação. A redução dos bolsões de rigidez do trabalho - especialmente as restrições às decisões de recursos humanos de pessoas jurídicas e físicas - pode acelerar os ajustes e agilizar as transições da força de trabalho. Da mesma forma, lidar com o protecionismo e condições injustas de mercado - com a adoção de leis aprimoradas de concorrência, redução de subsídios e da participação do Estado e melhoria das práticas de compras públicas - pode ajudar a fortalecer o processo de recuperação. A política de resposta precisa tratar dessas questões, atribuindo pesos variáveis por país, período e outras circunstâncias.

À medida que a região enfrenta as graves consequências econômicas e sociais da pandemia de COVID-19, as abordagens integradas abrirão o caminho para a redução da vulnerabilidade e o aumento do preparo para as crises. No último ano, a região se concentrou na resposta inicial de emergência. Com base nas lições extraídas de crises anteriores, as conclusões deste relatório oferecem novas considerações sobre as políticas de resposta com foco nos trabalhadores, setores e locais. Juntas, essas respostas promoverão uma recuperação mais rápida e inclusiva da crise atual, lançando as bases para o crescimento econômico no futuro.

Notas

1. As políticas de estabilização monetária e fiscal são uma ferramenta poderosa de resposta às crises, incluindo a gestão da conta de capital, a política cambial, regras fiscais, fundos soberanos de riqueza e ajustes nas taxas de juros. Embora fundamentais, essas políticas não são o foco principal deste estudo.
2. Durante a crise de COVID-19, muitos países da região adotaram uma ou mais dessas medidas, ampliando os programas de transferência de renda e introduzindo programas de compensação de curto prazo para mitigar a perda desnecessária de empregos, incluindo bancos de horas de trabalho, licenças e subsídios para a retenção dos empregos.
3. Uma revisão recente das evidências mais rigorosas de avaliações de impacto em matéria de treinamento de habilidades, subsídios salariais e programas de assistência na busca por empregos indica, na melhor das hipóteses, impactos modestos na maioria das circunstâncias (McKenzie, 2017).

Siglas

ACP	análise de componentes principais
ALC	América Latina e Caribe
AS	assistência social
AUH	Asignación Universal por Hijo
BID	Banco Interamericano de Desenvolvimento
CCP	compensação de curto prazo
COVID-19	Coronavírus
I2D2	Base de Dados Internacional de Distribuição de Renda
LABLAC	Banco de Dados do Trabalho para a América Latina e Caribe
LPE	legislação de proteção do emprego
MQO	mínimos quadrados ordinários
OCDE	Organização para a Cooperação e Desenvolvimento Econômico
PAMT	programa ativo do mercado de trabalho
PATH	Program for Advancement through Health and Education
pd	pesquisa domiciliar
PIB	produto interno bruto
PMT	programas do mercado de trabalho
PREGRIPS	Registro Integrado de Programas Sociales del Estado Plurinacional de Bolivia
PS	proteção social
PTF	produtividade total dos fatores
RH	recurso humano

RS	Registro Social
RSH	Registro Social de Hogar
SD	seguro-desemprego
SEDLAC	Banco de Dados Socioeconômicos para a América Latina e o Caribe (Socio-Economic Database for Latin America and the Caribbean
SIFODE	Sistema de Focalización de Desarollo
SIMAST	Sistema de Informação do Ministério de Assuntos Sociais e Trabalho
SIMS	Banco de Dados de Sistemas de Informação de Mercado de Trabalho e Seguridade Social
SISBEN	Sistema de Selección de Beneficiarios de Programas Sociales
SIUBEN	Sistema Único de Beneficiarios
TCR	transferência condicionada de renda
TnCR	transferência não-condicionada de renda
UE	União Europeia

Para ver a lista de códigos de 3 letras de países usada pelo Banco Mundial, por favor use o link https://datahelpdesk.worldbank.org/knowledgebase/articles/906519-world-bank-country-and-lending-groups.

Visão Geral | 1

As crises econômicas causam grandes dificuldades para milhões de pessoas em todo o planeta, inclusive para os mais pobres que, com poucos ativos e poucas economias, ficam mais vulneráveis aos choques de renda. É fundamental aprimorar as políticas que visam prevenir, administrar e ajudar as pessoas a se recuperarem das crises, de modo que os países da América Latina e do Caribe (ALC) consigam acelerar suas taxas de crescimento e melhorar os meios de subsistência de sua população. A necessidade dessas políticas nunca foi tão urgente, visto que a região enfrenta a monumental tarefa de se recuperar da pandemia mundial de COVID-19 (Coronavírus). No entanto, ainda não se sabe se essas políticas produzirão o crescimento esperado. A resposta dependerá de um entendimento subjacente de como os mercados de trabalho se ajustam às crises, além da qualidade das políticas implementadas.

Fundamentação deste relatório

Os países da ALC enfrentam oscilações macroeconômicas com mais frequência - e muitas vezes mais graves - do que os países da maioria das outras regiões do mundo.

A palavra *crises* (no plural), e não crise (no singular), caracteriza a história recente da maioria dos países da região[1]. Entre 1980 e 2018, um terço dos trimestres configuraram períodos de crise em um ou mais países da região. Os países da ALC conseguiram se recuperar de algumas dessas crises, mas outras acabaram alterando as trajetórias desses países. Este fenômeno é ilustrado na Figura 1.1, que mostra a gravidade e a persistência das perdas de empregos após a crise da dívida brasileira do início dos anos 1980, a crise financeira asiática dos anos 1990 no Chile e a crise financeira global de 2008-2009 no México. Além da fraca recuperação face às crises, os países da região também sofrem com a estagnação generalizada da economia desde 2013.

Embora muito já tenha sido escrito sobre a frequência e a gravidade das crises econômicas na região da ALC, menos se sabe sobre a forma como esses episódios afetam os trabalhadores, tanto no curto quanto no longo prazo, e como responder a esses efeitos através de políticas. O foco nos trabalhadores é importante porque os impactos de longo prazo das crises nos mercados de trabalho podem causar perdas de renda maiores do que se pensava anteriormente. Além disso,

FIGURA 1.1   **Perda persistente de emprego após crises: O mito da recuperação econômica**

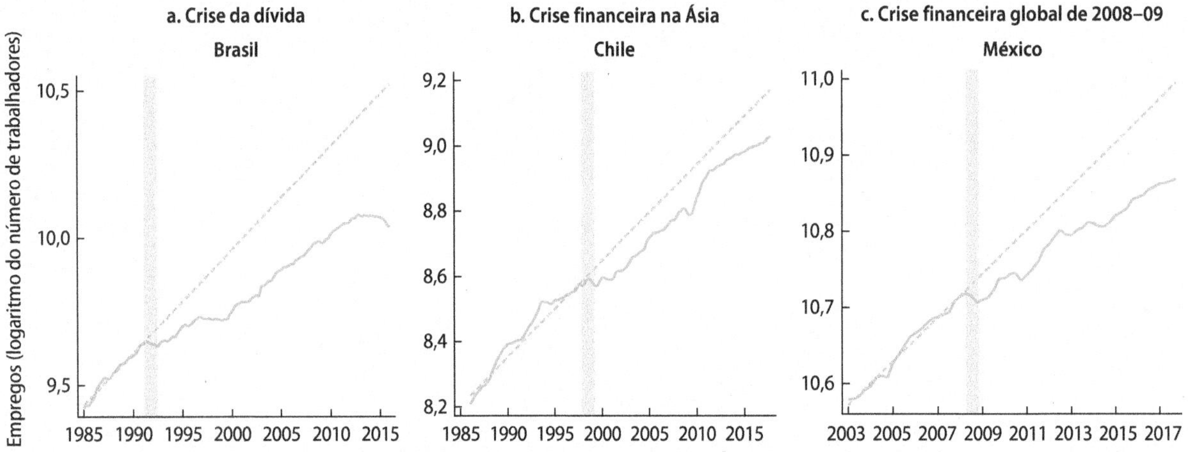

Fonte: Regis e Silva (2021).
Notas: As barras verticais indicam recessões. As séries são corrigidas sazonalmente. Os dados referem-se ao primeiro trimestre de cada ano.

se as crises destroem o capital humano, podem trazer efeitos de longo prazo para o crescimento econômico agregado.

Há várias questões em aberto que impedem os avanços neste campo. Primeiro, qual é a dimensão do impacto das crises nos trabalhadores? Os efeitos da crise na região da ALC se sobrepõem a uma tendência de desaceleração do emprego e da produtividade (Fernald et al., 2017). Desemaranhar seu impacto do impacto de outros fatores na desaceleração é difícil porque há forças seculares e concomitantes em jogo, como os avanços tecnológicos e a globalização, que também afetam o emprego e a produtividade a longo prazo (Ramey, 2012). Em segundo lugar, até o momento as pesquisas têm focado separadamente nos efeitos de curto prazo e de longo prazo das crises, mas como eles estão interligados? No médio prazo, definido como 8 a 12 anos após a crise se iniciar, as crises parecem causar uma transformação microeconômica com efeitos persistentes, embora mal compreendidos. Em terceiro lugar, como of formuladores de políticas podem melhorar as consequências das crises? Devido à característica emergencial das crises, faltam evidências robustas sobre a eficácia dos principais instrumentos de política usados nas intervenções em épocas de crise. No entanto, dados granulares disponibilizados recentemente e os avanços nos métodos empíricos possibilitaram uma compreensão muito mais aprofundada desta questão.

A necessidade dessa análise e dessas políticas nunca foi tão urgente, visto que a região da ALC enfrenta a monumental tarefa de se recuperar da pandemia global de COVID-19. Este projeto emblemático de pesquisa examina a forma como os fluxos do mercado de trabalho na região se ajustam a choques econômicos, avalia como os ajustes de emprego em resposta a esses choques afetam os trabalhadores no curto, médio e longo prazo e discute as principais políticas de resposta para mitigar as consequências negativas desses choques. Seus resultados trazem uma nova compreensão das consequências de médio e longo prazo das crises para os mercados de trabalho e sugerem políticas de resposta à crise da COVID-19 de 2020.

Este estudo baseia-se em dados existentes sobre choques econômicos na América Latina. Esses choques incluem choques permanentes, como mudanças tecnológicas e a liberalização do comércio da década de 1990[2], e choques transitórios, como as oscilações da taxa de câmbio. Alguns dos choques transitórios são específicos a um determinado setor ou local ou mesmo idiossincráticos para um determinado subconjunto de famílias; outros são sistêmicos e afetam toda a economia da região. Embora cada tipo de crise possa trazer consequências em matéria de produtividade e bem-estar, o foco principal deste estudo são as crises econômicas: choques econômicos negativos e de grande magnitude (e não pequenas oscilações no PIB) que são sistêmicos em vez de idiossincráticos e transitórios em vez de permanentes. Por meio de novas estratégias de identificação e uso de novos dados, o estudo visa desvendar os efeitos dos choques provenientes de forças seculares concomitantes que também afetam o emprego e a produtividade. Finalmente, este estudo enfoca apenas as implicações econômicas das crises, embora também haja consequências não econômicas importantes.

Embora este estudo tenha sido elaborado no contexto da crise de COVID-19 e inclua algumas análises do impacto imediato dessa crise, como a evolução da economia em 2020, seu objetivo é mais geral e não se restringe a esta crise. Em primeiro lugar, considerando-se o padrão de crises frequentes na região, o estudo visa compreender os efeitos das crises de modo geral, não exclusivamente da crise da COVID-19 - nos mercados de trabalho da região. Em segundo lugar, para compreender como os mercados de trabalho da região se ajustam às crises e desvendar os mecanismos subjacentes que impulsionam esses ajustes, a análise necessariamente se baseia nos efeitos de médio e longo prazo de crises anteriores. Estima-se que a crise da COVID-19 será a recessão mais grave do mercado de trabalho já ocorrida em alguns países e, embora esta crise seja diferente de qualquer outra do passado e inclua interrupções de oferta e incertezas prolongadas, também tem algumas características em comum com crises anteriores[3]. Elas incluem uma recessão global, uma queda acentuada da demanda por vários meses e estresse financeiro ou crises financeiras inevitáveis em determinados países. De fato, as informações disponíveis sobre o desemprego em 2020 sugerem que

a crise de COVID-19 induziu um padrão de desemprego semelhante ao observado em crises anteriores - por exemplo, com trabalhadores menos qualificados mais diretamente afetados do que os mais qualificados. Embora a origem do choque seja diferente, as semelhanças da crise da COVID-19 a crises passadas sugerem que esses eventos podem oferecer lições relevantes para as crises presentes e, principalmente, para crises futuras.

Este estudo propõe uma nova compreensão de como os mercados de trabalho da região da ALC se ajustam às crises, triangulando os efeitos sobre os trabalhadores, setores e empresas e localidades. Essa abordagem decorre da conclusão deste estudo de que a perda de empregos causada pelas crises é particularmente danosa na região da ALC devido ao lento processo de recuperação da região como um todo. O ritmo da criação de empregos depende de fatores do lado da demanda, como setores e localizações, e não apenas dos trabalhadores. Como os setores e empresas ajustam os empregos e salários? Quais outras margens de ajuste são utilizadas além da eliminação de empregos e quais são seus efeitos de médio a longo prazo sobre a eficiência? Qual é a importância das características das localidades (por exemplo, suas estruturas econômicas)? Este estudo examinará essas questões.

Os efeitos da crise dependem de uma segunda dimensão fundamental e discutida globalmente durante a crise de COVID-19: a política de resposta à crise e seu nível de sucesso ao vincular considerações de bem-estar à agenda de crescimento do país. É claro que a prioridade principal é evitar a ocorrência das crises. Um ambiente macroeconômico mais estável diminui a incidência de choques de crescimento, ao passo que estabilizadores automáticos, como o apoio anticíclico à renda para quem procura emprego, servem para suavizar os impactos dos choques na economia nacional. Esse primeiro escudo é crucial, mas há poucas medidas nesse sentido na região da ALC. Para corrigir essa deficiência, é fundamental o ajuste das políticas fiscais e monetárias e também das políticas de proteção social e trabalho.

Porém, mesmo com o "escudo" robusto proporcionado pela política macroeconômica, algumas crises são inevitáveis, e uma questão-chave é o que fazer para amortecer o impacto sobre os trabalhadores. Segundo o presente estudo, há espaço para aumentar a capacidade das políticas de proteção social e de trabalho da região e aglutiná-las em *sistemas* que ofereçam apoio à renda e também preparam os trabalhadores para novos empregos, por meio de requalificação e assistência ao reemprego. Mas essas medidas serão suficientes para criar empregos e gerar uma recuperação melhor? Considerando-se as evidências apresentadas neste relatório, há uma necessidade urgente de os países da ALC tratarem as questões estruturais, incluindo a baixa concorrência no mercado de produtos em alguns setores, questões de contestabilidade e as dimensões espaciais por trás dos ajustes inadequados no mercado de trabalho. Se essas questões fundamentais não forem resolvidas, os processos de recuperação econômica na região da ALC continuarão caracterizados pela lenta criação de empregos.

Visão geral

Este estudo reúne a perspectiva macroeconômica dos efeitos de oscilações cíclicas e crises no PIB e a perspectiva microeconômica de seus efeitos desiguais entre trabalhadores, setores e regiões. Baseia-se nas principais conclusões de um grande projeto de pesquisa que culminou em 10 documentos de referência (Tabela 1A.1) com foco na dinâmica dos ajustes trabalhistas em meio a choques na região da ALC, as consequências de longo prazo dos choques de curto prazo, os mecanismos que motivaram esses choques e os efeitos das políticas nos ajustes do mercado de trabalho (veja mais detalhes no Anexo 1A).

Este estudo é organizado em torno de três temas analíticos essenciais para a compreensão de como os mercados de trabalho se ajustam às crises e as consequências desses ajustes para os trabalhadores a curto e longo prazo:

- O **Capítulo 2: A Dinâmica dos Ajustes do Mercado de Trabalho** estuda como as crises afetaram os fluxos do mercado de trabalho na região da ALC nos últimos 20 anos e avalia até que ponto elas moldam a estrutura de empregos da região. Em vez de se concentrar em um número (por exemplo, a taxa de desemprego ou a elasticidade do desemprego às mudanças de produção), considera os mecanismos de ajuste do mercado de trabalho, a ciclicidade dos fluxos de emprego, até que ponto esses fluxos são heterogêneos entre empresas e trabalhadores e os ajustes no empregos causam mudanças na estrutura dos empregos.

- O **Capítulo 3: O Impacto sobre os Trabalhadores, Empresas e Localidades** avalia os efeitos de médio a longo prazo dos choques sobre os resultados do mercado de trabalho nos níveis de trabalhador, empresa e localidade - estendendo-se além do bem-estar para incluir questões mais amplas relativas à eficiência. Ele (a) avalia a magnitude e duração dos custos de médio a longo prazo das crises para os trabalhadores afetados em termos de rendimentos e emprego e identifica os tipos de trabalhadores em risco de perder bem-estar no longo prazo; (b) oferece explicações causais e evidências empíricas sobre *como* as crises afetam os setores e empresas e seus efeitos sobre a eficiência no médio e longo prazo; e (c) explica *por que* vemos essas diferenças tão grandes na atuação desses processos microeconômicos sobre os trabalhadores e empresas em diferentes localidades.

- O **Capítulo 4: Rumo a uma Política de Resposta Integrada** avalia até que ponto as políticas atuais conseguem tratar da natureza de longo prazo do ajuste do mercado de trabalho e discute possíveis reformas macroeconômicas, de proteção social e trabalho e de concorrência, além de políticas adequadas ao local que possam ajudar a amortecer os impactos de curto e longo prazo das crises e tratar suas fontes em nível de setor e empresa e de localização, criando uma ponte entre as agendas de bem-estar e crescimento.

Este estudo baseia-se nas principais conclusões dos documentos de referência e inclui um tratamento mais rico da literatura e um resumo de políticas de intervenção recentes para trazer novas perspectivas para os debates atuais sobre políticas. Os documentos de referência e análises complementares desenvolvidos neste estudo usam fontes de dados ricas e variadas, bem como abordagens analíticas, incluindo novas evidências provenientes de pesquisas harmonizadas sobre as famílias e forças de trabalho (corte transversal e painel) de 17 países da ALC; dados longitudinais de compatibilidade trabalhador-emprego referentes ao Brasil e ao Equador (com o acompanhamento de todos os trabalhadores formais e empresas por mais de 15 anos); e uma análise das contas nacionais para avaliar a dinâmica do mercado de trabalho. Para avaliar os efeitos causais das crises, o estudo também explora choques sobre as empresas decorrentes de choques de demanda externa. Esses choques exógenos possibilitam a separação dos efeitos da crise dos efeitos de outras forças que afetam o emprego e a produtividade a longo prazo. Essa evidência é complementada pelas conclusões de um modelo estrutural usando dados brasileiros e desenvolvido para avaliar as consequências no bem-estar dos ajustes do mercado de trabalho.

Principais ideias

Este relatório oferece novas percepções em seus três temas analíticos: a dinâmica de ajuste do mercado de trabalho; o impacto das crises sobre os trabalhadores, empresas e localidades; e as políticas de resposta.

As crises têm fortes impactos na estrutura e dinâmica do emprego na América Latina

Como as crises mudam os fluxos do mercado de trabalho? Um choque macroeconômico causa uma realocação microeconômica, tanto nos trabalhadores quanto nas empresas.

Nesses momentos difíceis, os destinos dos trabalhadores e das empresas ficam entrelaçados. As empresas podem ajustar o número de funcionários, as horas de trabalho e os salários oferecidos e os trabalhadores podem optar por aceitar o que é oferecido ou buscar outras opções. A partir dessas interações, forma-se um novo equilíbrio de curto prazo.

Os choques negativos causam mais desemprego do que informalidade no curto prazo
De acordo com novos estudos no âmbito deste relatório, no curto prazo, o ajuste se dá, principalmente, pelo desemprego (Sousa, 2021). Embora o egresso da força de trabalho e a migração para o trabalho de tempo parcial não pareçam ser margens de ajustamento expressivas, Sousa (2021) encontra uma forte correlação negativa entre os fluxos de emprego formal e informal em cinco dos seis países analisados (reduções na formalidade costumam ser acompanhados do aumento da informalidade e vice-versa) onde a grande economia informal do país acaba servindo como rede de segurança e absorvendo parte do excesso de trabalho. Porém, mesmo com a existência dessa função de amortecimento, o desemprego absoluto continua representando uma margem considerável de ajuste do mercado de trabalho aos choques econômicos na região da ALC.

Os grandes fluxos brutos de emprego em direção ao desemprego, por sua vez, reduzem expressivamente a renda familiar, aumentando a vulnerabilidade e ampliando e aprofundando a pobreza. Nos países da ALC, a renda do trabalho representa 60 por cento da renda familiar dos 40 por cento mais pobres. A perda de emprego da pessoa responsável pela maior parte da remuneração das famílias não-pobres pode levar 55 por cento delas à pobreza. Além disso, a perda de empregos impõe custos aos trabalhadores que vão muito além da perda imediata de renda[4]. O ajuste econômico por meio do desemprego também é especialmente oneroso porque, em matéria de emprego, as perdas ocorrem mais rapidamente que os ganhos - em outras palavras, as perdas de emprego podem persistir por muito tempo após o fim da crise.

A perda líquida de empregos formais é causada pela queda da criação de empregos

Este relatório revela que a maior parte da redução do emprego em resposta a uma crise ocorre no setor formal. Este resultado é importante porque o potencial de boa compatibilidade entre trabalhador e emprego, de aumento de rendimentos em empresas específicas e de capital humano decorrente da compatibilidade é muito maior entre as pessoas empregadas na economia formal. As oscilações do desemprego são ditadas pelas taxas de transições de entrada e saída do desemprego - as taxas de perda e de ingresso em empregos, respectivamente. Em períodos de recessão econômica, essas taxas são motivadas por um aumento da destruição de empregos (eliminação de postos de trabalho existentes), redução da geração de empregos (novos postos de trabalho não são criados) e níveis mais baixos de realocação ou rotatividade nos empregos, já que menos trabalhadores deixam voluntariamente seus cargos em busca de empregos mais adequados[5]. Cada uma dessas transições exige ferramentas de políticas diferentes. A contribuição relativa de cada tipo de transição para o desemprego varia de um mercado para outro. Alguns estudos de economias de alta renda concluíram que o desemprego cíclico é fomentado pela redução das taxas a que novos empregos são encontrados; já outros concluem que é fomentado pelo aumento das taxas de separação de emprego[6].

Sousa (2021) constata baixa ciclicidade na perda de empregos tanto formais quanto informais. Ao invés disso, na maioria dos países analisados, o ajuste no emprego durante a Crise Financeira Global de 2008 foi motivado por uma queda nas taxas líquidas de ingresso laboral que foi mais expressiva na economia formal do que na economia informal. Analisando a economia formal, Silva e Sousa (2021) lançam mão de dados administrativos que vinculam trabalhadores e empresas no Brasil e no Equador e concluem que é a redução da criação de empregos, e não o aumento da destruição de empregos, que causa a queda do número de empregos formais durante as crises - a perda líquida de empregos formais é motivada pela redução de novos empregos formais. Também concluem que, embora as empresas de maior porte tendam a ser mais produtivas e resilientes a crises, elas também apresentam oscilações cíclicas mais pronunciadas na demanda de trabalho. Ou seja, embora as empresas em si sejam resilientes, os empregos nessas empresas podem não ser os mais resistentes a choques econômicos. Considerando-se as "taxas de mortalidade" mais elevadas das pequenas empresas, os padrões de oscilação do emprego parecem muito semelhantes entre as pequenas e grandes empresas.

Será que os fluxos de emprego são mais cíclicos para os trabalhadores menos qualificados ou empregados informalmente do que para os trabalhadores mais qualificados ou em empregos formais? Na região da ALC, a combinação de grandes economias informais e trabalhadores com níveis mais variados de qualificação sugere uma hierarquia nos custos de ajuste, onde os trabalhadores informais, que contam com menos proteções trabalhistas, têm a maior probabilidade de perder o emprego (e seus meios de subsistência), independentemente da qualificação. Os trabalhadores nos quintis de renda mais baixa têm, em geral, maior probabilidade de passar por transições negativas de trabalho do que os trabalhadores nos quintis de renda mais alta - mas, de modo geral, este estudo sugere que os empregos que exigem qualificação são mais responsivos a choques de crescimento do que os empregos de baixa qualificação. Esse resultado é consistente com a maior ciclicidade de empregos em grandes empresas e a maior ciclicidade de empregos perdidos entre os trabalhadores formais, já que probabilidade desses trabalhadores serem qualificados é maior.

As oportunidades de trabalho estável e protegido vêm diminuindo gradualmente na região da ALC

Mudanças na dinâmica do mercado de trabalho podem ocasionar mudanças na composição da força de trabalho de uma economia. Os potenciais efeitos macroeconômicos de uma crise sobre a estrutura de emprego podem moldar seus efeitos sobre o emprego e os salários no médio a longo prazo. Este estudo revela que as crises na região da ALC têm efeitos consideráveis na estrutura de emprego que perduram por vários anos (Regis e Silva, 2021). No Brasil, Chile, Equador e México, a redução do emprego-padrão formal tem sido intenso e duradouro. As economias da ALC levam muitos anos para se recuperar da contração dos empregos formais causada por uma crise. Mesmo 20 meses após o início de uma recessão, a taxa geral de empregos continua menor. A taxa de emprego formal continua mais baixa mesmo 30 meses após o início da recessão. As grandes sequelas macroeconômicas das crises persistem por muitos anos, com uma redução longa e expressiva dos índices de emprego formal. Esse efeito acontece em toda a região, apesar das diferenças nos mercados de trabalho dos diversos países.

Embora as mudanças estruturais de longo prazo estejam mudando a natureza do trabalho, as crises contribuem ainda mais para a redução das oportunidades de empregos tradicionalmente considerados "bons empregos" - ou seja, empregos-padrão, estáveis, protegidos e associados ao setor formal. Além disso, ao passo que em alguns países como o Brasil e Chile o trabalho na economia informal pareça ser um amortecedor de crises de longo prazo, em outros países – como Equador e México - o emprego informal está estagnado ou em queda em decorrência das crises. Esses resultados sugerem que as crises têm o potencial de empurrar o mercado de trabalho para um novo equilíbrio entre o emprego formal e informal, com consequências de longo prazo para o bem-estar e a produtividade.

As crises causam cicatrizes nos trabalhadores, mas as características das empresas e localidades afetam a gravidade e a duração dessas cicatrizes

Embora as evidências apresentadas até aqui sugiram que as crises econômicas têm impactos prejudiciais em nível agregado, qual é a severidade desses impactos para os trabalhadores individuais e para a economia? O que eles significam para o bem-estar e para a eficiência se considerarmos as três principais dimensões do ajuste do mercado de trabalho (trabalhadores, setores e localidades)? Os impactos de uma crise deixam cicatrizes nos trabalhadores e nas empresas. Muitos trabalhadores não conseguem se recuperar completamente, mesmo a longo prazo: seus rendimentos não voltam ao patamar anterior e suas carreiras seguem um caminho diferente e pior. Quem mais sai perdendo perde muito. As empresas se ajustam às crises de formas que afetam sua eficiência e resiliência no futuro. De modo geral, as crises causam cicatrizes nos trabalhadores, mas a estrutura dos mercados de produtos e as condições dos mercados de trabalho locais afetam a severidade dessas cicatrizes.

Os trabalhadores menos qualificados são os que mais sofrem com as cicatrizes, enquanto os trabalhadores altamente qualificados sofrem impactos pequenos e de curta duração

Qual é a intensidade das cicatrizes causadas pelas crises econômicas na América Latina e como elas se manifestam? Este projeto emblemático de pesquisa analisa as cicatrizes em três dimensões – causadas pela perda de emprego, às condições iniciais de entrada e pelos efeitos das crises nas empresas. No caso de cicatrizes causadas pela perda de emprego, o estudo constata efeitos salariais amplos e duradouros dos desligamentos causados por fechamentos de empresas. Por exemplo, dois anos após o fechamento de uma fábrica, os salários eram 11 por cento mais baixos para os trabalhadores desligados do que para os não desligados. Quatro anos depois, a diferença salarial era de 6 por cento. Depois do fechamento da fábrica, os salários levaram nove anos para se recuperar (Arias-Vázquez, Lederman e Venturi, 2019).

Em seguida, este projeto examina as cicatrizes causadas pelas condições do mercado de trabalho da região da ALC para os novos ingressantes na força de trabalho (Moreno e Sousa 2021). Será que o ingresso no mercado de trabalho durante uma recessão acarreta consequências de longo prazo para o emprego e os salários, gerando o que a imprensa popular chama de "geração perdida"? Esta é uma questão de suma importância para a região da ALC, dadas suas altas taxas de desemprego juvenil e investimentos para aumentar e melhorar os resultados educacionais nos níveis médio e superior. As crises frequentes prejudicam esses investimentos no estoque de capital humano da região?

Com base em dados detalhados de quatro países da ALC, os resultados confirmam que, na região da ALC, o ingresso no mercado de trabalho em tempos de crise pode trazer consequências de longo prazo. Porém, vemos cicatrizes nos resultados de emprego (taxas de participação mais baixas, taxas de desemprego mais altas e maior probabilidade de realizar trabalho informal) em vez de efeitos de longo prazo sobre os rendimentos. E elas são mais proeminentes entre os trabalhadores menos qualificados (sem ensino superior) do que entre os trabalhadores mais qualificados. Por exemplo, no Brasil e no Equador, os efeitos sobre o emprego e os salários dos trabalhadores ainda persistem 9 anos após o início da crise. Os trabalhadores com ensino superior tendem a sofrer impactos pequenos da crise nos salários e sofrem apenas impactos de curtíssima duração nos empregos (Moreno e Sousa, 2021). Da mesma forma, durante a crise financeira global de 2008-09, Fernandes e Silva (2021) observaram efeitos mais fortes das cicatrizes no emprego e na remuneração entre os trabalhadores menos qualificados do que entre os mais qualificados no setor formal, tanto no Brasil quanto no Equador. Uma explicação desse efeito é que há menos concorrência por empregos qualificados devido à relativa escassez de trabalhadores com ensino superior completo na região da ALC. Ou seja, as cicatrizes provavelmente exacerbam a alta desigualdade salarial entre competências.

Ao considerar o repasse dos choques econômicos das empresas para os seus funcionários, Fernandes e Silva (2021) concluem que, dentre os trabalhadores com características iniciais observavelmente semelhantes, é mais difícil para os trabalhadores das empresas mais afetadas por uma crise se recuperarem do choque. Porém, os efeitos sobre cada trabalhador variam dependendo das características de seu empregador / empresa – por exemplo, os efeitos são menores para os trabalhadores de grandes empresas. As evidências neste relatório também mostram que os trabalhadores que perdem o emprego sofrem uma queda duradoura de remuneração, mesmo que recuperem o emprego mais tarde. Os trabalhadores não qualificados são os que mais sofrem com essa queda, com consequências também para a igualdade e para a redução da pobreza.

A Redução dos Fluxos de emprego pode Diminuir o Bem-Estar Individual, mas a Recuperação é melhor para os Trabalhadores em Locais com mais Oportunidades de Emprego, inclusive no Setor Informal

Crises e choques negativos na demanda agregada reduzem o bem-estar, em parte, devido à redução dos fluxos de emprego (Artuc, Bastos e Lee, 2021). Devido a esse efeito, nos períodos de desaceleração e crise há uma queda na qualidade da compatibilidade trabalhador-emprego. A utilidade estimada da qualidade da compatibilidade trabalhador-emprego também diminui porque a mobilidade dos trabalhadores cai durante as crises. Um modelo estrutural para o Brasil, desenvolvido em um documento de referência deste projeto, mostra que um choque externo adverso no mercado de trabalho local reduz consideravelmente o bem-estar no mercado e que a baixa mobilidade entre as regiões e amplia esse impacto (Artuc, Bastos e Lee, 2021).

Na esteira de uma crise, vemos perdas maiores e mais duradouras nos empregos (e, às vezes, nos salários) entre os trabalhadores formais em locais com setores primários maiores, setores de serviços menores e menos empresas de grande (Fernandes e Silva, 2021). Nestes casos, as perdas persistentes de rendimento desses trabalhadores podem refletir a falta de oportunidades no movimento de recuperação da economia, não apenas cicatrizes no sentido tradicional de uma perda persistente de capital humano associada a um período de desemprego ou de emprego de qualidade inferior.

Por outro lado, a presença de uma grande economia informal pode proteger alguns trabalhadores dos choques. De acordo com o estudo, há perdas menores de emprego e remuneração causadas pela crise entre os trabalhadores formais do setor privado que vivem em locais com taxas de informalidade mais elevadas (Fernandes e Silva 2021). Esse resultado sugere que a informalidade pode agir como um amortecedor importante do emprego a médio e longo prazo, quando os trabalhadores podem sair do desemprego para a informalidade. Tal efeito foi demonstrado por Dix-Carneiro e Kovak (2019) no caso do ajuste à liberalização comercial. De fato, as transições do desemprego para a informalidade são duas vezes mais comuns do que as transições do desemprego para a formalidade, segundo os dados brasileiros.

As crises podem ter efeitos depuradores positivos e que aumentam a eficiência e a produtividade, mas as estruturas de mercado menos competitivas mitigam esses efeitos

A transição de uma economia para um novo equilíbrio significa que muitos trabalhadores perdem o emprego ou parte de seus rendimentos, algumas empresas fecham as portas e os novos ingressantes no mercado de trabalho enfrentam um início de carreira mais difícil. A eficiência muda permanentemente e os efeitos positivos sobre o emprego dependem da capacidade da economia de criar empregos. Visto que as empresas representam um canal-chave de transmissão dos efeitos das crises para os trabalhadores individuais, a velocidade do ajuste dos trabalhadores e os resultados do novo equilíbrio também dependem da estrutura inicial do mercado de produtos, da renda e dos mecanismos de repartição de renda da economia em questão.

As crises podem aumentar a produtividade e a eficiência

Em tempos de crise, a compatibilidade trabalhador-emprego e o capital humano específico do trabalho resultante dessa compatibilidade - que costuma levar muito tempo para ser construído e voltaria a ser viável quando a economia voltasse ao normal - podem ser dissolvidos permanentemente apenas pela gravidade do choque temporário. Esses empregos perdidos podem atrasar o aumento da produção mais tarde e implicam em uma perda de produtividade. No entanto, também podem ter um importante efeito depurador e causar um aumento da produtividade, tanto nas empresas quanto no mercado.

As crises também podem ter efeitos persistentes sobre a tecnologia, que pode ser uma margem de ajuste usada pelas empresas para lidar com a situação. As empresas se ajustam às crises por meio de mudanças na demanda por diversas qualificações, markups e mudanças nos produtos para deixá-los mais atraentes para os consumidores (Mion, Proença e Silva, 2021). Choques negativos de demanda causam uma redução da razão capital / trabalhador nas empresas mais afetadas em países como o Equador; já em outros países como o Brasil, as empresas simplesmente ajustam seus empregos e salários (Fernandes e Silva, 2021). As empresas também aumentam o conteúdo de mão de obra qualificada (a proporção de mão de obra qualificada no emprego total) quando ocorre um choque negativo de demanda externa em países como a Argentina (Brambilla, Lederman e Porto, 2010), Brasil (Mion, Proença e Silva, 2020) e Colômbia (Fieler, Eslava e Xu, 2018).

Além disso, as crises podem afetar a estrutura da economia nacional. Como se vê no Brasil e Equador, elas causam a saída de empresas do mercado - não no momento do impacto, mas aproximadamente dois anos após o choque (Fernandes e Silva, 2021). Também podem ocorrer problemas de dívidas pendentes, com potenciais efeitos cicatriz nas empresas. As crises destroem as empresas menos resilientes e aumentam a participação das mais resilientes no mercado. Além dos efeitos nas empresas existentes, as crises negativas podem ter efeitos persistentes nas empresas criadas no mercado em tempos difíceis. A demanda é o principal impulsionador das capacidades das empresas; se uma empresa abre suas portas em um momento de baixa demanda, terá mais dificuldades em desenvolver sua rede de clientes e aprender a trabalhar bem com eles. Novas evidências dos EUA indicam que as empresas que iniciam suas operações em épocas de crise acabam atrofiadas - ou seja, crescem lentamente ao longo do seu ciclo de vida, mesmo quando a situação melhora (Moreira, 2018). São efeitos da crise que podem ter consequências persistentes para a economia e que as empresas podem ter dificuldade em reverter.

Ao induzirem a saída das empresas, as fases negativas da economia podem surtir um efeito depurador e aumentar a produtividade. Suponhamos que o mercado de trabalho seja sujeito a um grande atrito, de modo que as empresas de produtividade muito baixa conseguem sobreviver contratando trabalhadores por salários muito baixos. Devido ao atrito no mercado de trabalho, os trabalhadores que recebem essas ofertas de baixa remuneração as aceitam, pois o custo de oportunidade de continuar procurando emprego é alto devido às baixas taxas de compatibilidade. Portanto, as empresas de baixa produtividade podem, essencialmente, reter recursos que poderiam ser usados com mais eficiência em outro lugar. Neste contexto, grandes rupturas econômicas podem ter um efeito depurador ao liberar os trabalhadores dessas empresas e, potencialmente, permitir que eles se realoquem para empresas mais produtivas à medida que a economia se recupera. Da mesma forma, as crises podem possibilitar a realocação a partir de setores que viviam à margem da sobrevivência e com produtividade muito baixa. Esse efeito é positivo, desde que haja criação de empregos após o fim da crise. No entanto, os efeitos das crises sobre a produtividade foram na outra direção: no Brasil, as crises causaram uma redução (e não o aumento) persistente da produtividade das empresas. Já no Equador, as crises causaram um aumento positivo na produtividade, embora pequeno (Fernandes e Silva, 2021).

Empresas e setores protegidos se ajustam menos durante as crises, o que sugere menos oportunidades de efeitos depuradores nesses setores

Há uma interação complexa entre os mercados de trabalho, os mercados de produtos e as condições locais – seu entendimento é essencial para a formulação de políticas econômicas sólidas. Indo além da empresa e considerando o papel da estrutura de mercado, os dados deste projeto referentes ao Brasil mostram que os empregos em empresas mais protegidas, definidas como as que enfrentam menos concorrência, são menos afetados pelas crises em comparação aos empregos em empresas menos protegidas (Fernandes e Silva, 2021). Em setores onde poucas empresas detêm grandes parcelas do mercado, os choques negativos não causam qualquer ajuste de redução de salários reais. Em vez disso, podem ocasionar um aumento dos empregos: o oposto do resultado esperado de mecanismos econômicos normais. Da mesma forma, os empregos respondem menos a um choque negativo nas exportações quando a empresa é estatal.

Embora os trabalhadores dessas empresas protegidas estejam mais insulados das crises do que os trabalhadores de outras empresas, o custo dessa proteção recai sobre a economia como um todo e a produtividade geral cai. É importante ressaltar que esse resultado sugere que a presença de empresas e setores protegidos na região da ALC pode contribuir para o baixo nível de produtividade ao reduzir os potenciais ganhos de eficiência e produtividade causados pela crise. Em vez de se tornarem mais ágeis e produtivas em tempos de crise econômica, as empresas protegidas aumentam sua participação no mercado e afastam ainda mais a concorrência. Conforme ressaltado acima, elas podem acabar retendo recursos que poderiam ser usados com mais eficiência em outro lugar.

Apesar do foco do estudo ser a América Latina e Caribe, suas conclusões possam ajudar na compreensão do processo de melhoria também em outras regiões. Mais especificamente, os resultados do estudo reforçam a ideia de que as crises afetam os empregos e a produtividade no longo prazo, e não apenas no curto prazo. O cenário específico do estudo – a região da ALC - tem a vantagem de permitir uma identificação clara da relação causal entre as crises e uma ampla gama de efeitos sobre o bem-estar e a eficiência, mas as conclusões básicas do estudo parecem ter uma aplicação mais ampla.

Três dimensões das políticas de resposta

Considerando-se a importância da demanda para o bem-estar da economia e o triângulo composto pelos trabalhadores, empresas e localizações, como as políticas podem mitigar o impacto das crises sobre os trabalhadores e melhorar os processos de recuperação? Este estudo mostra que as crises têm um grande efeito negativo sobre o bem-estar na região da ALC. Os efeitos cicatriz no mercado de trabalho documentados no estudo provavelmente afetarão o potencial de crescimento econômico da ALC. Para mitigá-los, as políticas devem tentar amortecer o efeito sobre os trabalhadores no curto prazo: os impactos do choque se espalham de forma desigual entre os trabalhadores e as empresas e muitos não recuperarão os empregos, salários ou clientes perdidos. Porém, as políticas devem dar a mesma atenção ao aumento da eficiência e da resiliência, promovendo a capacidade de recuperação frente a choques adversos que pode ser suplementada por uma taxa saudável de crescimento econômico.

A Figura 1.2. apresenta um quadro conceitual das áreas de políticas relevantes. Estruturas macroeconômicas fortes e prudentes e estabilizadores automáticos (o escudo da Figura 1.2) constituem a primeira linha de defesa para proteger os mercados de trabalho das crises. Políticas

fiscais e monetárias prudentes também são instrumentos poderosos, pois evitam vários tipos de crises e garantem o espaço fiscal necessário para dar apoio e evitar tensões financeiras no sistema como um todo em caso de crise[7].

Além das políticas macroeconômicas, o estabilizador automático tipicamente usado nos países da Organização de Cooperação e Desenvolvimento Econômico é o seguro-desemprego, inexistente em muitos países da ALC. Esse tipo de programa de proteção social e trabalho é fundamental para amortecer o impacto das crises sobre os trabalhadores formais. Muitos trabalhadores são informais, no entanto, e a melhor forma de proteger sua renda e consumo é por meio de transferências de renda e de transferências não monetárias. Direcionados de acordo com as necessidades das famílias - e não com base na formalidade / informalidade do posto de trabalho perdido - esses programas abrandam a intensidade do ajuste do mercado de trabalho e sua tradução em impactos de curto e longo prazo sobre os pobres e vulneráveis. Já que o reemprego é fundamental para evitar o efeito cicatriz, os serviços de requalificação e reemprego (conhecidos como "programas ativos do mercado de trabalho") configuram um terceiro tipo fundamental de programa de proteção social e trabalho. A seta superior da Figura 1.2 ilustra o papel principal do sistema nacional de proteção social e do trabalho na determinação da intensidade e da persistência dos impactos.

Embora os sistemas de proteção social e trabalho sirvam como amortecedores da crise para os trabalhadores, eles não tratam das questões estruturais que ajudam a ditar a magnitude desses impactos nos trabalhadores. Este estudo destaca, por exemplo, a dicotomia entre as empresas protegidas e desprotegidas na região da ALC e a baixa mobilidade geográfica dos trabalhadores na região, ampliando os efeitos dos choques no bem-estar. O estudo também destaca bolsões de rigidez do trabalho que retardam as transições entre empregos. Portanto, as políticas

FIGURA 1.2 **Como funciona o ajuste e as políticas que podem atenuá-lo**

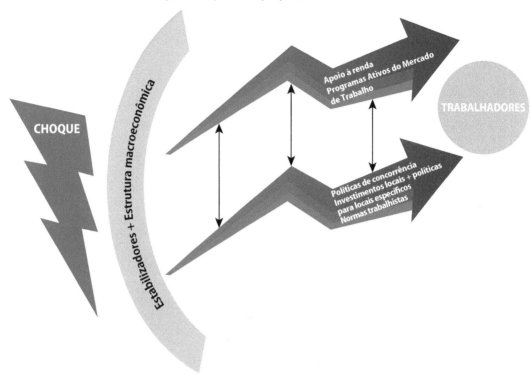

Fonte: Banco Mundial.

de concorrência, as políticas regionais e as regras trabalhistas (ilustradas pela seta inferior na Figura 1.2) constituem uma terceira dimensão fundamental das políticas de resposta a crises. Essa dimensão toca em questões estruturais importantes que também podem explicar os ajustes inadequados e que podem exigir intervenções nos níveis de setor e localidade (além de intervenções voltadas para os trabalhadores e toda a economia) que interagem com a proteção social e as necessidades e incentivos laborais (ilustrados pelas setas verticais na Figura 1.2). A política de resposta a crises precisa abordar as questões estruturais relevantes de forma direta, pois elas terão pesos diferentes em cada país ou cenário.

Dada a complexidade dos ajustes do mercado de trabalho às crises econômicas na região da ALC, este relatório defende que os países podem melhorar suas respostas se avançarem em três frentes.

Estabilizadores automáticos e estruturas macroeconômicas como escudos

A estrutura macroeconômica da região da ALC melhorou muito na últimas décadas. Por causa desses esforços, a região sofre menos crises internas do que antigamente. Desde os anos 1990, com poucas exceções, não ocorreram grandes crises monetárias na região. Por outro lado, fatores externos, exógenos à região, agora motivam a maioria das crises na região. Vale ressaltar a redução da inflação na maioria dos países da região. Nos anos 1980 e 1990, quando a região sofria com a alta da inflação, o ajuste às crises por meio da redução dos salários reais era, muitas vezes, mecânico: à medida que a inflação aumentava durante a crise, os salários reais diminuíam. Agora, o ajuste às crises é feito principalmente por meio de mudanças nos empregos, associadas aos efeitos cicatriz de longa duração mencionados mais acima neste capítulo (Robertson, 2021).

Obviamente, sempre que possível o melhor é evitar a crise. Dito isso, uma estrutura macroeconômica prudente é fundamental para reduzir a frequência das crises. Algumas crises, no entanto, são inevitáveis. As políticas de estabilização monetária e fiscal são uma ferramenta poderosa de resposta a essas crises. Tais políticas incluem a gestão da conta de capital, taxa de juros, a política cambial, fundos soberanos e regras fiscais. É importante ressaltar que a existência de espaço fiscal para estimular a demanda pode ser fundamental para resolver a crise, mas esse espaço disponível depende de decisões presentes e passadas. Reformas fiscais com perspectivas de longo prazo são essenciais; essas reformas incluem a resolução de questões complexas, incluindo a política tributária, subsídios para energia, eficiência dos gastos sociais e a estabilidade financeira dos sistemas previdenciários à medida que a população envelhece.

Para proteger o país de choques externos, a existência de um conjunto forte de estabilizadores automáticos é fundamental. Entre eles, os estabilizadores são os sistemas nacionais de proteção de renda, como o seguro-desemprego ou outras formas de apoio anticíclico de renda para indivíduos afetados que se expandem em tempos de dificuldades. Esses programas estimulam o consumo, proporcionando um estímulo à demanda que reduz os danos e ajuda a acelerar a recuperação. Os estabilizadores automáticos ajudam as famílias a suavizar o consumo, reduzindo o impacto imediato do choque sobre a demanda agregada e o emprego e, portanto, mitigando a intensidade e a composição dos efeitos nos mercados de trabalho. Ou seja, essas políticas podem reduzir a gravidade da crise.

A região da ALC ainda necessita de estabilizadores automáticos mais fortes para garantir respostas fiscais às crises. A falta ou inadequação de estabilizadores agregados limita a capacidade dos governos de empreender gastos dinâmicos e anticíclicos.

Isso dificulta a gestão das crises e amplifica os efeitos dos choques.

Além de programas de seguro-desemprego em grande escala, outras políticas também podem desempenhar a função de estabilizador automático. Na crise de COVID-19, por exemplo, estratégias como a adoção de bancos de horas de trabalho, licenças, subsídios à retenção de empregos e programas de compensação de curto prazo[8] têm sido parte importante dos gastos com medidas de resposta para ajudar a limitar os danos de curto e longo prazo das demissões. No âmbito da assistência social, os programas de transferência de renda também foram ampliados; as evidências deste projeto indicam que tal ampliação aumentou os empregos em nível agregado na economia local, além de ter efeitos positivos sobre a pobreza e a desigualdade (Gerard, Naritomi e Silva, 2021). A implantação permanente de alguns desses instrumentos entre os estabilizadores automáticos da economia pode reduzir as perdas e os custos de ajuste a choques no futuro. Alguns desses programas podem ser contingentes do Estado, ativados automaticamente quando (por exemplo) o desemprego exceder um determinado limiar. São micropolíticas com macro-consequências.

A Figura 1.3 apresenta uma caracterização mais completa das áreas de política para possível enfoque, visando um quadro macroeconômico mais forte e a criação de estabilizadores automáticos (dimensão de política 1).

Trabalhadores: um pacote de políticas para amortecer o impacto das crises e preparar para a mudança

O efeito cicatriz no trabalho documentado neste estudo e seu impacto adverso no potencial de produtividade dos países significa que é possível aumentar o crescimento de longo prazo da região da ALC ao reduzir-se a queda de capital humano entre os trabalhadores em decorrência da crise. Para realizar essa mudança, é necessário amortecer o impacto de curto prazo da perda de emprego

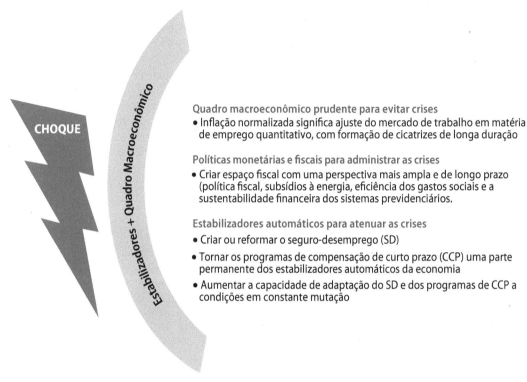

FIGURA 1.3 **Estabilizadores e Estrutura Macroeconômica: Reformas de Políticas**

CHOQUE

Estabilizadores + Quadro Macroeconômico

Quadro macroeconômico prudente para evitar crises
• Inflação normalizada significa ajuste do mercado de trabalho em matéria de emprego quantitativo, com formação de cicatrizes de longa duração

Políticas monetárias e fiscais para administrar as crises
• Criar espaço fiscal com uma perspectiva mais ampla e de longo prazo (política fiscal, subsídios à energia, eficiência dos gastos sociais e a sustentabilidade financeira dos sistemas previdenciários.

Estabilizadores automáticos para atenuar as crises
• Criar ou reformar o seguro-desemprego (SD)
• Tornar os programas de compensação de curto prazo (CCP) uma parte permanente dos estabilizadores automáticos da economia
• Aumentar a capacidade de adaptação do SD e dos programas de CCP a condições em constante mutação

Fonte: Banco Mundial.

por meio de apoio à renda visando proteger o bem-estar. No entanto, os trabalhadores deslocados precisam de mais do que apenas apoio à renda para se recuperarem da crise; também precisam de sistemas de proteção social e trabalho que ajudam a construir capital humano e promovem transições mais rápidas e de melhor qualidade para novos postos de trabalho. Os sistemas de proteção social e trabalho devem ajudar as pessoas a renovarem e redistribuírem seu capital humano. Nesse sentido mais amplo, são necessárias reformas nas políticas e sistemas atuais de proteção social e trabalho. Essas reformas, por sua vez, afetarão os fluxos do mercado de trabalho e formarão um sistema de rápida resposta que contribuirá para os estabilizadores automáticos do país.

Embora alguns trabalhadores até se beneficiem de políticas macroeconômicas expansionistas, este estudo mostra que outros sofrem cicatrizes mais permanentes e,

provavelmente, não responderão a essas políticas. Os sistemas de proteção social e trabalho seriam a segunda linha de resposta para evitar ou mitigar os efeitos cicatriz mencionados anteriormente. Porém, de modo geral e apesar dos enormes avanços nos últimos trinta anos, os países da região da ALC ainda carecem de uma proteção de renda confiável e robusta, atrelada a serviços eficazes de apoio à busca de emprego. A necessidade desses programas é ainda mais intensa pelo fato de que a margem de ajuste tendeu para a quantidade de empregos, resultando em menos horas, mais demissões e, de acordo com a pesquisa subjacente a este estudo, uma criação muito mais lenta de novos vínculos formais de emprego. As pessoas que perdem o emprego ou sentem os impactos adversos de uma recessão em seus meios de subsistência ficam, em sua maioria, desprotegidas.

Os governos do mundo inteiro já aprenderam a importância da existência de sistemas fortes de proteção social e trabalho para limitar o efeito cicatriz e outras perdas de capital humano causadas pelas crises. Apesar dos avanços na área, a assistência formal no caso de perda de renda - e de outras perdas de meios de subsistência associadas a choques transitórios em toda a economia - ainda está fora do alcance da maioria das pessoas na região da ALC. Dois terços dos países da ALC ainda não oferecem planos de apoio à renda administrados nacionalmente e voltados para as pessoas que perderam o emprego. Em vez disso, esses países dependem de verbas rescisórias obrigatórias, com desempenho insatisfatório no contexto de choques sistêmicos. Em termos de apoio à busca por emprego, a maioria dos países da ALC gasta pouquíssimo com medidas ativas de trabalho, e mesmo aqueles que gastam mais apresentam um desempenho histórico ruim.

Ao mesmo tempo, os sistemas de proteção social e trabalho dos países baseiam-se, principalmente, em transferências de renda para famílias em situação de pobreza crônica. Embora esse atuem como um "último recurso" importantíssimo e, em alguns países, possam ser ampliados rapidamente em tempos de crise, esses programas ainda não atendem às necessidades da maioria dos trabalhadores desligados. Na crise da COVID-19, os países se viram dependentes de programas de transferência de renda para fazer com que o dinheiro chegasse rapidamente às mãos das pessoas vulneráveis. Alguns desses programas têm sido mais eficazes do que outros - por exemplo, um fator em grande parte determinante do sucesso desses esforços na região da ALC é a cobertura da população nos cadastros sociais, para que os programas possam ser rapidamente ampliados e incluam grupos que antes não eram cobertos e recentemente ficaram vulneráveis. Nos países onde a cobertura inicial dos cadastros sociais era baixa e os programas de assistência social eram mais fracos no início da crise da COVID-19, a capacidade de proteger a renda é inferior.

Como os países da ALC podem melhorar a situação dos trabalhadores e comunidades em matéria de proteção social e respostas de trabalho às crises? As ações de políticas que visam proteger os trabalhadores dos efeitos das crises podem ser organizadas nas seguintes categorias:

(i) *Aumentar o apoio à renda em períodos de desemprego por meio da criação ou reformulação do seguro-desemprego.* Um histórico de choques sistêmicos e frequentes, combinados com o surgimento de uma classe média expressiva, gera mais demanda por mecanismos robustos de seguro-desemprego nos países da ALC do que em outras regiões (De Ferranti et al., 2000). As crises anteriores e o choque pandêmico de 2020 demonstraram dramaticamente a importância da existência de sistemas de apoio à renda durante o desemprego, com uma mutualização de riscos extensa e profunda que sirva como canal para outras medidas extraordinárias de apoio quando necessário. Na América Latina, vários países implementaram mudanças nos planos de seguridade social que facilitam os requisitos de elegibilidade e aumentam os benefícios. Dois exemplos são o Brasil e o Chile: além de pagarem benefícios ao trabalhadores desligados, eles usaram seus sistemas de seguro-desemprego para implementar medidas de licença subsidiada e outros programas de retenção de funcionários. Esses sistemas fazem toda a diferença na qualidade dos ajustes do mercado de trabalho às crises.

(ii) *Aumentar a capacidade dos programas de transferência da assistência social e torná-los mais robustos e responsivos.* Em termos de políticas, há três prioridades principais para aumentar o dinamismo das transferências de renda da assistência social. Em primeiro lugar, melhorar a "adaptabilidade" desses programas, ou seja, sua capacidade de responder a choques (desastres econômicos ou naturais, por exemplo), incluindo a criação de cadastros sociais amplos, dinâmicos e capazes de ser usados em todos os programas sociais. Com base em um experimento quase-natural raro, Gerard, Naritomi e Silva (2021) mostram que a expansão dos programas de bem-estar traz benefícios agregados (para toda a economia local), além de benefícios para os indivíduos. Em segundo lugar, fazer a transição de programas orçados para garantias de proteção, transformando esses programas em redes de segurança e possam ser ampliadas para cobrir todos as pessoas vulneráveis à pobreza antes delas se tornarem pobres (Packard et al. 2019). Terceiro, evitar o surgimento de "guetos" assistenciais, por meio da estruturação de benefícios para incentivar o retorno ao trabalho (com o apoio de serviços aprimorados de reemprego).

(iii) *Criar serviços de emprego robustos e coordenados para que as pessoas voltem a trabalhar rapidamente.* Há várias lições de experiências internacionais que podem ser usadas para orientar a reforma dos serviços de apoio ao reemprego. Em primeiro lugar, é importante fazer a transição de intervenções únicas para um *pacote integrado de serviços* (por exemplo, combinações de coaching, treinamento, informação e intermediação, todas informadas pela demanda do mercado). Mesmo as pessoas afetadas pelo mesmo tipo de choque raramente enfrentam restrições idênticas no acesso a novos empregos. Portanto, o sucesso do programa de reemprego depende de sua capacidade de adaptar seus serviços a diversos perfis e necessidades. Em segundo lugar, para que essa mudança seja possível, os serviços públicos de assistência ao emprego precisam de sistemas sólidos de cadastro e criação de perfis estatísticos. Finalmente, práticas modernas de monitoramento e avaliação são fundamentais para avaliar os resultados dos programas e fazer correções quando for necessário. O aumento da sustentabilidade fiscal de programas maiores e mais eficazes também exigirá fontes diversas de financiamento: nos casos em que os governos tornam as estruturas de mutualização

de risco mais amplamente disponíveis para cobrir choques com perdas incertas e catastróficas, é razoável esperar que os recursos contribuídos pelas pessoas e empresas atendam às necessidades impostas por choques mais previsíveis e menos onerosos. Hoje, a maioria das medidas ativas de trabalho é financiada por despesas do orçamento geral, com recursos já escassos.

(iv) *Apoiar os trabalhadores durante períodos de mudança e aprimorar suas habilidades.* Esse esforço inclui o fortalecimento da educação técnica e da formação profissional, a expansão dos programas de ensino superior de curto ciclo para alunos de baixa renda e o condicionamento do financiamento desses programas à empregabilidade dos participantes.

A Figura 1.4 apresenta uma caracterização mais completa das áreas de política para possível enfoque, visando uma resposta mais forte de proteção social e trabalho às crises (dimensão de política 2). De acordo com evidências de diversos contextos, cada uma dessas áreas prioritárias pode fazer uma diferença real nos ajustes do mercado de trabalho.

Setores e locais: Resolvendo as questões estruturais

Este estudo mostra como fatores externos ao mercado de trabalho afetam a intensidade dos impactos das crises sobre os trabalhadores. Os desafios estruturais da região da ALC atuam no sentido de desacelerar e até mesmo evitar os ajustes necessários do mercado de trabalho, enfraquecendo assim o processo de recuperação econômica e causando efeitos duradouros sobre a eficiência, conforme descrito acima. Essas questões estruturais podem mudar a natureza - e o impacto sobre as pessoas - dos choques sistêmicos, do transitório para o longo prazo.

A consequência das conclusões do estudo e da literatura relacionada para as políticas é que mesmo que as políticas macroeconômicas e de proteção social e trabalho sejam excelentes e perfeitamente implementadas, no

FIGURA 1.4 **Abordando o impacto das crises e preparando os trabalhadores para mudanças: Reformas de Políticas**

CHOQUE

Estabilizadores e Estrutura macroeconômica

Apoio à renda Programas ativos do mercado de trabalho

TRABALHADORES

Amortecer o impacto de curto prazo dos choques nos trabalhadores
- Aumentar a renda em períodos de desemprego por meio da criação ou reformulação do seguro-desemprego (SD)
- Melhorar a capacidade assistencial dos programas de assistência social

Além do apoio à renda de curto prazo
- Serviços de emprego mais robustos e coordenados para o retorno rápido ao trabalho
- Apoiar trabalhadores no seu redirecionamento profissional ; aprimorar as competências

Fonte: Banco Mundial.

caso dos trabalhadores em épocas de crise é possível alcançar resultados ainda melhores se essas políticas forem complementadas por políticas setoriais e locais capazes de tratar de quaisquer questões estruturais que dificultem a recuperação da crise.

Essas políticas tratariam das ineficiências dos ajustes do mercado de trabalho decorrentes da legislação do mercado de trabalho, da estrutura do mercado de produtos e da pouca mobilidade geográfica, além depressões econômicas locais. Enfrentar esses desafios estruturais exigirá mudanças nas leis e regulamentos, bem como investimentos públicos direcionados. A Figura 1.5. apresenta uma caracterização mais completa das áreas de política para enfoque, com vista a enfrentar as questões estruturais que agravam os impactos das crises sobre os trabalhadores (dimensão de política 3).

Consequências da crise de COVID-19

A pandemia de COVID-19 é uma crise convulsiva e catastrófica que está tendo um custo enorme para os mercados de trabalho da região da ALC. A região sofre com uma taxa altíssima de destruição de empregos e enormes choques negativos de renda. Embora os prognósticos para 2020 tenham sido nefastos devido à perda generalizada de empregos em toda a região, o aumento significativo dos gastos sociais na região – especialmente no Brasil – mitiogou, em grande medida, o impacto; de fato, estima-se uma redução marginal dos níveis gerais de pobreza e desigualdade (Moreno Hererra e Sanchez Castro, 2020). Nesta crise, que é tida como a pior recessão do mercado de trabalho da história de alguns países, milhões de trabalhadores

FIGURA 1.5 **Como lidar com questões estruturais que agravam os impactos das crises sobre os trabalhadores**

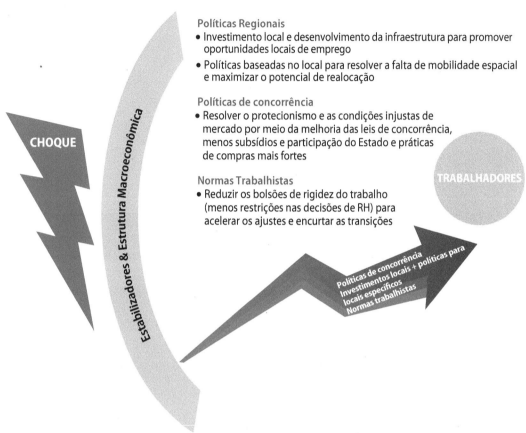

Políticas Regionais
- Investimento local e desenvolvimento da infraestrutura para promover oportunidades locais de emprego
- Políticas baseadas no local para resolver a falta de mobilidade espacial e maximizar o potencial de realocação

Políticas de concorrência
- Resolver o protecionismo e as condições injustas de mercado por meio da melhoria das leis de concorrência, menos subsídios e participação do Estado e práticas de compras mais fortes

Normas Trabalhistas
- Reduzir os bolsões de rigidez do trabalho (menos restrições nas decisões de RH) para acelerar os ajustes e encurtar as transições

Fonte: Banco Mundial.
Nota: RH = Recurso Humano.

na América Latina e no Caribe perderam seus empregos e outros milhões viram seus rendimentos caírem vertiginosamente. Não se espera que essas perdas sejam distribuídas uniformemente pela distribuição de renda; alguns trabalhadores serão mais afetados que outros (Moreno Hererra e Sanchez Castro, 2020).

Embora essa crise - desencadeada por um problema de saúde pública e a necessidade de mitigar uma pandemia global - seja excepcional, é também mais uma em uma longa série de choques de demanda agregada a atingir os países da região da ALC. Por um lado, a crise da COVID-19 tem vários fatores distintivos importantes. Primeiro, o lockdown tem sido ruim para muitos empregos e pior ainda para os casos em que é impossível trabalhar de

casa (ou o acesso à Internet é ruim). Segundo, a incerteza prolongada sobre a duração e os resultados da crise, especialmente em relação a como os empregos se recuperarão, tem atrasado os investimentos. Terceiro, alguns países têm adotado políticas de resposta mais fortes em relação a esta crise do que em crises anteriores.

Por outro lado, esta crise não é tão diferente assim das anteriores. Grande parte de seus efeitos na região deriva da recessão global causada pela crise, da forte queda da demanda durante vários meses e de crises financeiras iminentes em alguns países. A região da ALC tem um histórico de desacelerações econômicas frequentes e, muitas vezes, graves. O destino dos trabalhadores em tempos de desaceleração está fortemente atrelado às oscilações da demanda agregada (além de algumas crises domésticas auto infligidas e má gestão).

Essa crise profunda chegou em um momento em que muitos governos da região enfrentavam desafios estruturais já bem conhecidos. Isso acelerou as mudanças estruturais de longo prazo que vêm mudando a natureza do trabalho, ampliando seu potencial de contribuir ainda mais para a redução das oportunidades de empregos tradicionalmente considerados "bons empregos" - ou seja, empregos-padrão, estáveis, protegidos e associados ao setor formal (Beylis et al., 2020).

Do ponto de vista do trabalho, a dinâmica dos empregos mencionada acima e observada em muitos países da ALC resultará em efeitos cicatriz consideráveis decorrentes da crise da COVID-19. Para alguns trabalhadores, as características dos diversos setores e locais provavelmente ampliarão esses efeitos ainda mais. No entanto, a estrutura tridimensional de políticas proposta neste estudo é um roteiro capaz de agregar resiliência ao processo de recuperação. A maneira como as políticas públicas e corporativas lidam com os desafios atuais será decisiva para o avanço das economias da região da ALC e o bem-estar de seus trabalhadores e cidadãos, com efeitos que duram décadas. O desafio é imenso e este é o momento de enfrentá-lo.

Notas

1. Segundo a definição de Végh e Vuletin e Vegh (2014) usada neste documento, as crises começam no trimestre em que o produto interno bruto (PIB) real cai abaixo da média móvel do quarto trimestre anterior e acabam no trimestre em que o PIB real retorna ao patamar pré-crise. Esta estatística foi calculada usando séries trimestrais do PIB da International Financial Statistics e da Haver Analytics. Embora o número específico de crises ocorridas neste período seja sensível à definição de crise utilizada, independentemente dessa definição esse resultado mostra que, ao contrário dos países desenvolvidos - onde a evolução da produção é caracterizada

por ciclos suaves - a América Latina sofre crises pronunciadas.

2. Há extensa literatura sobre a dinâmica de ajuste do mercado de trabalho às mudanças tecnológicas e ao comércio internacional. Veja, por exemplo, Acemoglu y Restrepo (2017); Autor et al. (2014); Autor, Dorn e Hanson (2015); Dauth, Findeisen e Sudekum (2017); Dix-Carneiro e Kovak (2017, 2019); e Utar (2018).

3. As características únicas da crise de COVID-19 incluem *lockdowns* e riscos à saúde associados ao contato pessoal que tiveram efeitos prejudiciais em muitos empregos, especialmente os empregos informais, e causou uma perda de empregos mais intensa nos setores em que o trabalho de casa não é possível. Outra característica importante desta crise é a incerteza prolongada que ela gerou, postergando investimentos e contratações e lançando novas dúvidas sobre as perspectivas de recuperação dos empregos.

4. Os autores estimaram estas estatísticas foram estimadas pelos autores com base nos dados da Base de Dados Socioeconômicos para a América Latina e Caribe (Banco Mundial e Centro de Estudos Distributivos, Laborais e Setoriais).

5. Embora não seja um dos focos deste estudo, a migração representa mais uma margem de ajuste quantitativo no emprego. Esse fator é relevante em toda a região da ALC - por exemplo, nos grandes fluxos migratórios da República Bolivariana da Venezuela para países vizinhos, principalmente a Colômbia. O Caribe, em particular, é conhecido por seus altos índices de desemprego e egresso de migrantes; com frequência, trabalhadores deslocados deixam os países do Caribe quando perdem o emprego ou quando há excedente nos mercados de trabalho.

6. Esses estudos incluem Elsby, Hobijn and Sahin (2013) e Shimer (2005).

7. As políticas de estabilização monetária e fiscal são ferramentas poderosas de resposta às crises. Embora fundamentais para a mitigação das crises, essas políticas não são o foco principal deste estudo.

8. Em contraste com a experiência dos Estados Unidos durante a crise de COVID-19, os programas de retenção de empregos de vários países europeus atenderam a milhões de trabalhadores. A magnitude da destruição do capital humano (efeitos cicatriz) que esses programas podem evitar depende: (a) das perdas estimadas de capital humano que teriam sido causadas

pelo período de desemprego ou não-emprego; (b) do desemprego evitado permanentemente - ou seja, os trabalhadores desses programas que, de outra forma, teriam sido demitidos (direta ou indiretamente devido à falência / fechamento das empresas por falta de liquidez); e (c) o desemprego temporariamente evitado - isto é, os trabalhadores que têm apoio agora, mas que serão demitidos após o fim do período de apoio - ou mesmo antes disso, em caso de falência das empresas onde trabalham. Em termos de custos por trabalhador, esses programas fazem sentido para os governos, pois sem eles todos os trabalhadores dispensados teriam que receber o seguro-desemprego integralmente. Três escolhas principais ao implementar esses programas são o tamanho, a duração e a coordenação com os mecanismos de seguro-desemprego e assistência social já existentes. Esses programas servem para choques temporários de curta duração, mas não para crises prolongadas. À medida que a crise continua, surgem transigências importantes: o programa deve continuar a apoiar todos os trabalhadores ou apenas alguns? Se o programa for direcionado, como ele deve escolher quem apoiar e por quanto tempo? Em caso de períodos mais longos de não-emprego, o programa deve continuar a apoiar os empregos ou mudar o foco do apoio para os trabalhadores, caso seus empregos tenham sido eliminados? Essas decisões são difíceis e pode ser necessária uma combinação de instrumentos para evitar grandes aumentos na pobreza e no desemprego quando os programas de retenção de empregos são encerrados abruptamente.

Referências

Acemoglu, D., and P. Restrepo. 2017. "Secular Stagnation? The Effect of Aging on Economic Growth in the Age of Automation." *American Economic Review* 107 (5): 174–79.

Arias-Vázquez, A., D. Lederman, and L. Venturi. 2019. "Transitions of Workers Displaced Due to Firm Closure." Mimeo.

Artuc, E., P. Bastos, and E. Lee. 2020. "Trade Shocks, Labor Mobility, and Welfare: Evidence from Brazil." Background paper written for this report. World Bank, Washington, DC. (See also annex 1A for additional details on this background paper.)

Autor, D. H., D. Dorn, and G. H. Hanson. 2015. "Untangling Trade and Technology: Evidence from Local Labour Markets." *Economic Journal* 125 (584): 621–46.

Autor, D. H., D. Dorn, G. H. Hanson, and J. Song. 2014. "Trade Adjustment: Worker-Level Evidence." *Quarterly Journal of Economics* 129 (4): 1799–1860.

Beylis, G., R. Fattal-Jaef, R. Sinha, M. Morris, and A. Sebastian. 2020. *Going Viral: COVID-19 and the Accelerated Transformation of Jobs in Latin America and the Caribbean.* World Bank Latin American and Caribbean Studies. Washington, DC: World Bank.

Brambilla, I., D. Lederman, and G. Porto. 2012. "Exports, Export Destinations, and Skills." American Economic Review 102 (7): 3406–38.

Dauth, Wolfgang, S. Findeisen, and J. Suedekum. 2017. "Trade and Manufacturing Jobs in Germany." American Economic Review 107 (5): 337–42.

De Ferranti, D., G. Perry, I. S. Gill, and L. Servén. 2000. *Securing Our Future in a Global Economy.* World Bank Latin American and Caribbean Studies. Washington, DC: World Bank.

Diaz-Bonilla, C., L. Moreno Herrera, D. Sanchez Castro. 2020. *Projected 2020 Poverty Impacts of the COVID-19 Global Crisis in Latin America and the Caribbean.* Washington, DC: World Bank.

Dix-Carneiro, R., and B. K. Kovak. 2017. "Trade Liberalization and Regional Dynamics." *American Economic Review* 107 (10): 2908–46.

Dix-Carneiro, R., and B. K. Kovak. 2019. "Margins of Labor Market Adjustment to Trade." *Journal of International Economics* 117: 125–42.

Elsby, M. W., B. Hobijn, and A. Sahin. 2013. "Unemployment Dynamics in the OECD." Review of Economics and Statistics 95 (2): 530–48.

Fernald, J. G., R. E. Hall, J. H. Stock, and M. W. Watson. 2017. "The Disappointing Recovery of Output after 2009." Working Paper 23543, National Bureau of Economic Research, Cambridge, MA.

Fernandes, A., and J. Silva. 2020. "Labor Market Adjustment to External Shocks: Evidence for Workers and Firms in Brazil and Ecuador." Background paper written for this report. World Bank, Washington, DC. (See also annex 1A for additional details on this background paper.)

Fieler, A. C., M. Eslava, and D. Y. Xu. 2018. "Trade, Quality Upgrading, and Input Linkages: Theory and Evidence from Colombia." American Economic Review 108 (1): 109–46.

Gerard, F., J. Naritomi, and J. Silva. 2020. "The Effects of Cash Transfers on Formal Labor Markets: Evidence from Brazil." Background paper written for this report. World Bank,

Washington, DC. (See also annex 1A for additional details on this background paper.)

Mion, G., R. Proenca, and J. Silva. 2020. "Trade, Skills, and Productivity." Mimeo.

Moreira, S. 2018. "Firm Dynamics, Persistent Effects of Entry Conditions, and Business Cycles." Mimeo.

Moreno, L., and S. Sousa. 2020. "Early Employment Conditions and Labor Scarring in Latin America." Background paper written for this report. World Bank, Washington, DC. (See also annex 1A for additional details on this background paper.)

Packard, T., U. Gentilini, M. Grosh, P. O'Keefe, R. Palacios, D. Robalino, and I. Santos. 2019. *Protecting All: Risk Sharing for a Diverse and Diversifying World of Work*. Washington, DC: World Bank.

Packard, T., and J. Onishi. 2020. "Social Insurance and Labor Market Policies in Latin America and the Margins of Adjustment to Shocks." Background paper written for this report. World Bank, Washington, DC. (See also annex 1A for additional details on this background paper.)

Ramey, V. 2012. "Comment on Fiscal Policy in a Depressed Economy." *Brookings Papers on Economic Activity* 2012 (1): 279–90.

Ramey, V. A. 2019. "Ten Years after the Financial Crisis: What Have We Learned from the Renaissance in Fiscal Research?" *Journal of Economic Perspectives* 33 (2): 89–114.

Regis, P., and J. Silva. 2020. "Employment Dynamics: Timeline and Myths of Economic Recovery." Background paper written for this report. World Bank, Washington, DC.

(See also annex 1A for additional details on this background paper.)

Robertson, R. 2020. "The Change in Nature of Labor Market Adjustment in Latin America and the Caribbean." Background paper written for this report. World Bank, Washington, DC. (See also annex 1A for additional details on this background paper.)

Shimer, R. 2005. "The Cyclical Behavior of Equilibrium Unemployment and Vacancies." *American Economic Review* 95 (1): 25–49.

Silva, J., and L. Sousa. 2020. "Job Creation and Destruction in Small and Large Firms in Brazil and Ecuador." Background paper written for this report. World Bank, Washington, DC. (See also annex 1A for additional details on this background paper.)

Sousa, L. 2020. "Economic Shocks and Employment Adjustments in Latin America." Background paper written for this report. World Bank, Washington, DC. (See also annex 1A for additional details on this background paper.)

Utar, H. 2018. "Workers beneath the Floodgates: Low-Wage Import Competition and Workers' Adjustment." *Review of Economics and Statistics* 100 (4): 631–47.

Vijil, M., V. Amorin, M. Dutz, and P. Olinto. 2020. "The Distributional Effects of Trade Policy in Brazil." Background paper written for this report. World Bank, Washington, DC. (See also annex 1A for additional details on this background paper.)

Vegh, C. A., and G. Vuletin. 2014. "The Road to Redemption: Policy Response to Crises in Latin America." *IMF Economic Review* 62 (4): 526–68.

Anexo 1A: Programa de Pesquisa

TABELA 1A   **Lista de Documentos de Referência elaborados para este relatório**

Autor e titulo	Principais questões de pesquisa	Cobertura nacional e tipo de dados
Dinâmica dos ajustes do mercado de trabalho		
Regis, P., and J. Silva. "Employment Dynamics: Time-line and Myths of Economic Recovery"	Qual é a extensão e a duração da des-truição dos empregos formais? Qual é o cronograma da contração observada nos empregos após uma crise? Houve diminuição dos empregos formais e informais?	• Brasil, Chile, Equador e México • Dados longitudinais administrativos sobre empregador-empregado, com-plementados por contas nacionais transversais e dados de pesquisas domiciliares • Desde 1986 sobre o Brasil, desde 2006 sobre o Chile e Equador e desde 2020 sobre o México
Silva , J., and L. Sousa. "Job Crea-tion and Destruction in Small and Large Firms in Brazil and Ecuador"	Como a criação e a destruição de empre-gos variam entre pequenos e grandes empregadores nos setores formais do Brasil e do Equador? Quais são as contri-buições relativas das grandes e peque-nas empresas para os fluxos gerais de desemprego? Os mecanismos de ajuste variam entre as pequenas e grandes empresas e entre os dois países?	• Brasil e Equador • Dados longitudinais administrativos sobre empregador-empregado, com-plementados por contas nacionais transversais e dados de pesquisas domiciliares • Desde 1986 sobre o Brasil e desde 2006 sobre o Equador
Sousa, L. "Economic Shocks and Employment Adjustments in Latin America"	Nas economias latino-americanas, quais são as diferenças nos fluxos de trabalha-dores em termos de distribuição da renda familiar e salários? Como esses fluxos respondem aos cho-ques econômicos, incluindo a crise finan-ceira global de 2008-09? Quais tipos de transição de trabalho são mais e menos cíclicos? Quais são as diferenças nos ajus-tes do mercado de trabalho em resposta a choques cíclicos versus mudanças nas tendências de crescimento? Como a cicli-cidade varia na distribuição de renda?	• Argentina, Brasil, Chile, Equador, México, Paraguai e Peru • Pesquisa da força de trabalho (dados em painel) • 2005 T1–2017 T4
Impacto das crises nos trabalhadores, empresas e locais		
Fernandes , A., and J. Silva. "Labor Market Adjustment to External Shocks: Evidence for Workers and Firms in Brazil and Ecuador"	De que forma a exposição a choques de demanda externa afeta o emprego e os salários dos trabalhadores? Quais são os efeitos de curto, médio e longo prazo desses choques sobre os resultados do mercado de trabalho para os indivíduos? Como os trabalhadores conseguiram se ajustar a esses choques negativos de acordo com as características de seus setores e mercados de trabalho locais?	• Brasil e Equador • Dados longitudinais de compatibili-dade trabalhador-emprego • 2004–17
Moreno, L., and L. Sousa. "Early Employment Conditions and Labor Scarring in Latin America"	Qual é o impacto das condições iniciais do mercado de trabalho sobre os ganhos e as trajetórias de carreira das coortes de trabalhadores na América Latina?	• ALC 17 • Pesquisas sobre a força de traba-lho e pesquisas domiciliares (corte transversal) • Desde 1980

(Continued on next page)

TABELA 1A   Lista de Documentos de Referência elaborados para este relatório *(Continued)*

Autor e titulo	Principais questões de pesquisa	Cobertura nacional e tipo de dados
Políticas de respostas a crises		
Artuc, E., P. Bastos e. Lee. "Trade Shocks, Labor Mobility, and Welfare: Evidence from Brazil"	Quais são os efeitos dos choques comerciais sobre a mobilidade e o bem-estar da mão de obra no Brasil? Até que ponto os trabalhadores gozam de mobilidade entre setores, lugares e ocupações? Além de seus efeitos sobre os salários, como os choques comerciais afetam a qualidade da correspondência entre trabalhos e trabalhadores?	• Brasil • Registros longitudinais da Previdência Social • 1994–2015
Gerard, F., J. Naritomi, and J. Silva. "The effects of cash transfers on formal labor markets: Evidence from Brazil"	Quais são os efeitos da expansão dos programas de bem-estar nos mercados de trabalho formais? Quais são os efeitos colaterais da expansão para os não beneficiários? Qual é o efeito multiplicador dos benefícios do Bolsa Família?	• Brasil • Registros administrativos de beneficiários do Bolsa Família e trabalhadores formais
Packard, T., and J. Onishi. "Social Insurance and Labor Market Policies in Latin America and the Margins of Adjustment to Shocks"	Como os sistemas de proteção social da América Latina afetam as margens de ajuste a choques?	• Todos os países latino-americanos • Dados administrativos
Robertson, R. "The Change in Nature of Labor Market Adjustment in Latin America and the Caribbean"	Como tem sido a evolução da flexibilidade dos salários reais na região da ALC desde os anos 1980? A margem documentada de ajuste à desaceleração e à crise da década de 2000 é diferente das crises das décadas de 1980 e 1990? As duas margens diferem em termos de importância relativa?	• Brasil, Chile, Colômbia e México • Dados trimestrais de manufatura (seção transversal) • 1980–2017
Vijil, M., V. Amorin, M. Dutz, and P. Olinto. "The Distributional Effects of Trade Policy in Brazil"	Qual é o impacto distributivo das políticas de concorrência dentro do país? Qual foi a distribuição dos ganhos de bem-estar causados pela liberalização tarifária do Brasil na década de 1990?	• Brasil • Pesquisas de despesas domiciliares, pesquisas de mercado de trabalho e dados sobre preços de bens de consumo locais • 1991–99

A Dinâmica dos ajustes do mercado de trabalho | 2

Introdução

As crises na América Latina e Caribe diminuem a demanda por mão de obra No entanto, semelhanças no grau de redução da demanda podem esconder diferenças nas dinâmicas dos mercados de trabalho. Desde que a pandemia de COVID-19 chegou na região da ALC, o desemprego aumentou cerca de 9,8 pontos percentuais na Colômbia, 7,6 pontos percentuais na Costa Rica, 2,7 pontos percentuais no Brasil, 1,5 ponto percentual no México e 1,3 ponto percentual no Paraguai. Mais de 65.000 empregos formais desapareceram em El Salvador entre março e maio de 2020, e mais de 350.000 trabalhadores perderam os seus empregos na República Dominicana entre março e junho de 2020.[1] Essas estatísticas querem dizer que a Colômbia foi mais afetada pela crise da COVID-19 do que os outros países? Não necessariamente. A taxa de desemprego por si só não retrata totalmente o impacto de uma crise nos mercados de trabalho.

Este capítulo busca ampliar a compreensão de como os mercados de trabalho da região da ALC se ajustam a crises econômicas, complementando as principais pesquisas com novos resultados. Ao invés de enfocar uma estatística (por exemplo, a taxa de desemprego), analisa diferentes tipos mecanismos de ajuste e a ciclicidade e heterogeneidade em que são usados por trabalhadores e empresas. O capítulo responde a três perguntas: (a) Quais são as principais margens de ajuste dos mercados de trabalho na América Latina?; (ii) Quais são os principais mecanismos que impulsionam esses ajustes?; e (iii) Os efeitos das crises na estrutura do mercado de trabalho vão além de seus fluxos de trabalho?

Um aspecto importante dessas questões é a forma como as empresas ajustam a massa salarial (salários multiplicados por empregos) em resposta às crises. Existem três principais dimensões de ajuste. Primeira: as empresas podem tentar ajustar os salários. Segunda: podem ajustar o número de horas trabalhadas pelos seus funcionários (margem intensiva). Terceira: as empresas podem ajustar o número de funcionários (margem extensiva). Vários estudos mostram que as empresas raramente ajustam os salários quando enfrentam choques adversos. Kaur (2019) constatou uma queda acentuada na rigidez salarial na Índia. Uma queda acentuada da rigidez dos salários reais também foi documentada no México (Castellanos, Garcia-Verdu e Kaplan, 2004) e África do Sul (Erten, Leight e Treganna, 2019), além de vários outros países. Ajustes descendentes no salário real tendem a ocorrer sobretudo devido à inflação, que nas duas últimas décadas permaneceu relativamente baixa na América Latina.

Há pouco consenso na literatura quanto ao que as empresas devem priorizar em resposta a choques: ajustes na margem intensiva ou ajustes na margem extensiva. Empiricamente, a importância das duas já foi comprovada. Van Rens (2012) argumenta que na ocorrência de choques negativos em países da Organização para a Cooperação e Desenvolvimento Econômico (OCDE), a margem intensiva (horas trabalhadas) é tão afetada quanto a margem extensiva (postos de trabalho). Taskin (2013) apresenta resultados semelhantes para a Turquia e os Estados Unidos, o que causa surpresa, considerando que a Turquia tem um setor informal muito maior que os Estados Unidos. Na Índia, a falta de flexibilidade descendente dos salários induz as empresas a empregar menos (Kaur, 2019).

As estratégias de ajuste das empresas também são afetadas pelas instituições. A regulamentação sobre demissões está associada a ajustes mais lentos às crises em alguns países da América Latina (David, Pienknagura e Roldos, 2020), Itália (Belloc e D'Antoni, 2020) e Japão (Liu, 2018), entre outros. Com frequência, essa lentidão no ajuste do emprego ocorre à custa de contratações futuras. Assegurar a obediência aos regulamentos ajuda a tornar o setor formal mais atraente para os trabalhadores que o setor informal (Abras et al., 2018), sendo que essa diferença permanece um componente crítico dos mercados de trabalho da América Latina,.

O nível e a composição da informalidade no mercado de trabalho são fatores fundamentais para entender os efeitos causados por crises econômicas nos trabalhadores da região. Em tempos difíceis a informalidade pode funcionar como um colchão amortecedor do desemprego, já que os custos de entrada no setor informal são inferiores aos custos de entrada em empregos formais (Arias et al., 2018). Porém, como o setor informal é altamente heterogêneo o colchão funciona apenas de forma matizada. A informalidade inclui desde trabalhadores autônomos que

trabalham para sua subsistência, para os quais o desemprego não é uma opção, até trabalhadores informais dependentes, que correm o risco de perder o emprego em resposta a choques adversos, e trabalhadores relativamente qualificados e mais típicos do setor formal, que recorrem a empregos informais, incluindo a economia de bicos (*gig economy*), como um paliativo temporário entre empregos.

De que modo a heterogeneidade do setor informal afeta as taxas de desemprego em épocas de crise? Nas economias com níveis mais altos de trabalho autônomo de subsistência ou mais trabalhadores de bico, poderíamos esperar níveis mais baixos de desemprego em resposta a crises. Se os empregos são perdidos em um setor formal onde o seguro-desemprego é difícil de acessar ou inadequado, o setor informal pode acabar absorvendo trabalhadores que, de outra forma, ficariam desempregados (e poderiam se tornar motoristas de Uber ou vendedores de bebidas na rua). Assim, o que à primeira vista poderia parecer uma economia mais protegida de crises - ou com mecanismos de ajuste mais suaves - pode simplesmente refletir uma reserva salarial mais baixa por dificuldades de acesso ao seguro-desemprego, ou um nível mais alto (e contracíclico) de informalidade.

Este capítulo começa considerando o papel das principais margens potenciais de ajuste em seis países da região da ALC, analisando os fluxos e transições no mercado de trabalho na região. As estimativas apresentadas por Sousa (2020) consideram quatro mecanismos de ajuste: desemprego, saída da força de trabalho, migração para a informalidade, e migração para o trabalho em regime de tempo parcial. Os resultados do estudo indicam que as saídas da força de trabalho e as mudanças para o trabalho em tempo parcial não parecem ser margens de ajuste importantes, em cinco dos seis países analisados existe uma forte correlação negativa entre os fluxos de postos de trabalho formais e informais. Ou seja, reduções na formalidade costumam vir acompanhadas por aumentos na informalidade e vice-versa. No entanto, mesmo com grandes setores informais absorvendo parte do excesso de mão de obra, o desemprego continua sendo uma margem importante de ajuste a choques econômicos na ALC. Por sua vez, os grandes fluxos brutos em direção ao desemprego causam quedas consideráveis na renda familiar, aumentando a vulnerabilidade e a pobreza. Os rendimentos do trabalho representam 60% da renda familiar dos 40% mais pobres nos países da ALC e, entre as famílias que não vivem na pobreza, a perda do emprego da principal fonte de rendimentos empurrará 55 por cento para a pobreza[2].

Em seguida, este capítulo aprofunda os mecanismos responsáveis pela ciclicidade do desemprego. Flutuações no desemprego são determinadas pelas mudanças nas transições de entrada e saída no desemprego - a taxa de perda de emprego e a taxa a que novos empregos são encontrados, respectivamente. Durante retrações econômicas, essas mudanças são impulsionadas pelo aumento da destruição de empregos (a eliminação de postos de trabalho existentes), redução da criação de empregos (ausência de criação de novos postos) e níveis mais baixos de recolocação ou rotatividade (*churning*) à medida que menos trabalhadores deixam os seus postos de forma voluntária em busca de melhores oportunidades. Cada um desses fatores precisará ser tratado com ferramentas de políticas diferentes. A contribuição relativa de cada um deles varia entre os mercados de trabalho. Algumas pesquisas em economias de alta renda concluíram que o desemprego cíclico é impulsionado por reduções nas taxas a que novos empregos são encontrados, enquanto outras (por exemplo, Shimer [2005] e Elsby, Hobijn, e Sahin [2013]) concluíram que a causa é, na realidade, o aumento das taxas de separação do emprego.[3]

Novas evidências produzidas no contexto deste projeto de pesquisa mostram que a ciclicidade na perda de empregos formais e informais é baixa. Em vez disso, na maioria dos países analisados, o ajuste no emprego durante a crise financeira global de 2008-09 foi impulsionado por uma queda nas taxas líquidas a que novos empregos são encontrados, mais altas entre os trabalhadores formais do que os trabalhadores informais (Sousa, 2020). Em um exame mais minucioso do setor formal, utilizando dados administrativos de correspondência entre trabalhadores e empresas no Brasil e no Equador, outro estudo mostra que durante retrações econômicas é a redução na criação de empregos, e não o aumento na destruição de empregos, que causa a redução do emprego no setor formal (Silva e Sousa, 2020). Além disso, embora as empresas maiores costumem ser mais produtivas e resilientes que as empresas menores, também apresentam maiores flutuações cíclicas na demanda por mão de obra. Ou seja, mesmo que a empresa em si seja resiliente, seus empregos podem não ser os mais resilientes a choques econômicos. Se levarmos em consideração as altas taxas de mortalidade de pequenas empresas durante as crises, as oscilações no emprego em pequenas e grandes empresas são bastante semelhantes.

Os fluxos de trabalhadores pouco qualificados ou informais são mais cíclicos que os de trabalhadores qualificados ou formais? Nas economias da ALC, que apresentam uma combinação de grandes setores informais e trabalhadores com uma variedade de níveis de qualificação, parece haver uma hierarquia nos custos de ajuste, onde os trabalhadores informais, que têm menos proteção no emprego, podem ter mais chances de perder o emprego, independentemente do nível de qualificação. Embora geralmente a probabilidade de passar por transições negativas no trabalho seja maior nos quintis de baixa renda do que nos quintis de alta renda, os resultados deste projeto sugerem que em geral o trabalho altamente qualificado responde melhor a choques no crescimento que o trabalho pouco qualificado. Esse achado é condizente com a maior ciclicidade da perda de empregos para os trabalhadores do setor formal e de grandes empresas, porque é maior a probabilidade desses trabalhadores serem qualificados.

A última seção deste capítulo analisa de que forma as margens de ajuste do emprego afetam a estrutura do mercado de trabalho. Várias dinâmicas do mercado de trabalho podem acarretar mudanças na composição da força de trabalho. Após uma crise, eventuais efeitos macroeconômicos tardios na estrutura do mercado de trabalho podem influenciar os efeitos da crise no emprego e nos salários a médio e longo prazo. Esses efeitos acontecem na América Latina? Novas pesquisas feitas no contexto deste projeto mostram que as crises podem, de fato, afetar consideravelmente a estrutura do mercado trabalho durante vários anos (Regis e Silva, 2020). Nos três países analisados (Brasil, Chile e México), a queda no emprego formal causada pelas crises mostrou-se forte e duradoura. Em dois desses países, a informalidade parece ter funcionado como um amortecedor de longo prazo para o desemprego; no terceiro país, o emprego formal estagnou ou caiu. Ao considerarem os efeitos das crises sobre a mobilidade e o bem-estar da força de trabalho, Artuc, Bastos e Lee (2020) concluíram que em períodos de desaceleração e crise a redução dos fluxos de trabalho diminui a compatibilidade entre o trabalhador e o emprego, reduzindo assim a utilidade estimada do trabalho. Os resultados sugerem que uma crise tem o potencial de empurrar o mercado de trabalho para um novo ponto de equilíbrio entre o emprego formal e informal, com implicações de longo prazo no bem-estar e na produtividade.

Fluxos do Mercado de Trabalho: Desemprego versus Informalidade

Na região da ALC, as crises econômicas são consideráveis e frequentes, representando um grande entrave para o desenvolvimento econômico e para a redução da pobreza. Esses choques econômicos reduzem a demanda de modo geral, diminuindo a demanda por mão de obra e eventualmente culminando em ajustes quantitativos no emprego. Esta seção apresenta evidências sobre quatro margens desse ajuste quantitativo no emprego: desemprego, saídas da força de trabalho, transição para a informalidade e transição para o trabalho em regime de tempo parcial.

O objetivo desta seção, baseada em Sousa (2020), é caracterizar os impactos de curto prazo das flutuações cíclicas do crescimento no mercado de trabalho, analisando como os fluxos do mercado de trabalho variam com o ciclo de negócios. Sousa (2020) estimou os fluxos de trabalhadores usando dados sobre mais de seis milhões de transições no mercado de trabalho, construídos a partir

de painéis de pesquisa da força de trabalho do projeto de Banco de Dados do Trabalho para a América Latina e o Caribe (um projeto conjunto do Centro de Estudos Distributivos, Trabalhistas e Sociais e o Banco Mundial). A análise neste capítulo concentra-se em trabalhadores urbanos, limitando assim o efeito das diferenças entre os países nos níveis de subsistência ou atividades de baixa produtividade do setor primário nos resultados. Devido a questões de disponibilidade de dados, os países considerados foram Argentina, Brasil, Chile, Equador, México e Peru. Para cada país, foram construídos painéis trimestrais conectando dados de diversos levantamentos consecutivos entre o primeiro trimestre de 2005 e o quatro trimestre de 2017 com indivíduos de 15 a 64 anos de idade. Os painéis foram usados para calcular fluxos de trabalho e taxas de transição trimestrais a partir de dados de nível individual.

Esta seção discute tanto os fluxos de trabalho quanto as transições no emprego. Enquanto os fluxos de trabalho medem o número de trabalhadores que transitam entre estados de ocupação em determinado momento, as transições de emprego medem a *taxa* com que os trabalhadores transitam entre esses estados. Para calcular a ciclicidade das transições no emprego (ou seja, os desvios da frequência/tendência natural) foram utilizados microdados. Os estados de emprego utilizados na análise são: emprego formal remunerado no setor privado, emprego público formal, emprego informal remunerado, autônomo, desempregado, desocupado e trabalho em tempo parcial. Conforme Moscarini e Postel-Vinay (2012), a ciclicidade é medida pela construção de séries de crescimento (onde o ciclo de crescimento é medido como o crescimento do PIB trimestral, ano a ano) e por séries trimestrais de transição no emprego. O crescimento e as transições econômicas foram destendenciados e dessazonalizados com aplicação do filtro de Hodrik-Prescott para obter o componente cíclico desses números. Uma transição é pró-cíclica quando a correlação entre o ciclo de crescimento e a respectiva série de transição é positiva, e contracíclica quando a correlação é negativa.

Desemprego

Apesar das diferenças nos mercados de trabalho dos diversos países, o desemprego é fortemente contracíclico em toda a região da ALC, um resultado nem tão óbvio considerando os níveis de informalidade da região.

A figura 2.1 mostra as flutuações trimestrais no crescimento do PIB e as taxas de desemprego desde 2005 em seis das maiores economias da América Latina. Em cada uma dessas economias, vemos um claro aumento do desemprego durante grandes retrações

FIGURA 2.1   **Flutuações Trimestrais do Desemprego e Crescimento do PIB, 2005–17**

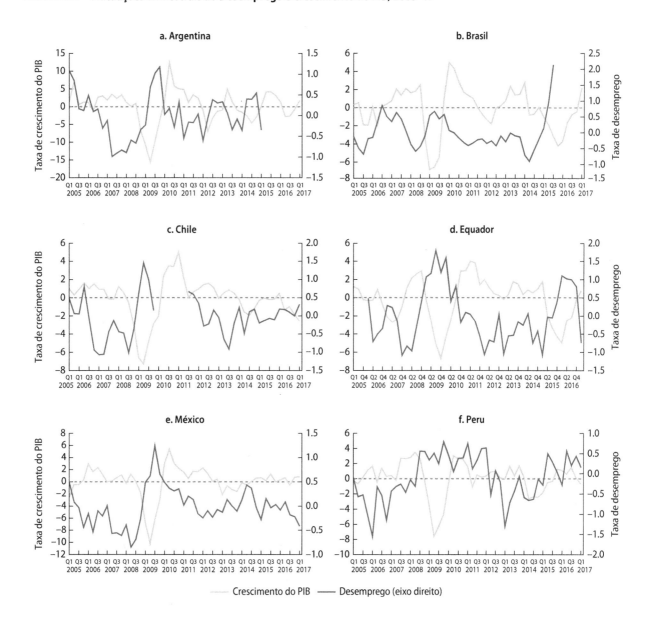

Fonte: Sousa, 2020.
Nota: Esta imagem mostra os componentes cíclicos do desemprego e do aumento do PIB. Estes cálculos são baseados em estimativas oficiais do produto interno bruto, e taxas de desemprego, destendenciadas e dessazonalizadas com filtro de Hodrik-Prescott. Há uma quebra na comparabilidade dos dados da série de dados sobre o desemprego no Chile entre 2009 e 2011. Devido a uma mudança de metodologia, a série brasileira de dados sobre o desemprego termina em 2015. PIB = Produto Interno Bruto.

econômicas, entre as quais a crise financeira global de 2008-09. Em anos mais recentes, houve retrações consideráveis no Brasil e no Equador, em ambos os casos desencadeando grandes aumentos no desemprego. Entre os quartos trimestres de 2014 e 2016, por exemplo, o Brasil cortou 2,6 milhões de empregos e a taxa de desemprego dos países aumentou de 6,5 para 12,0 por cento. Embora esses picos de desemprego tenham rapidamente acompanhado a retração econômica, a recuperação do emprego foi mais gradual do que recuperação das economias de modo geral. No México a recuperação do mercado de trabalho foi particularmente lenta após a crise financeira de 2008-09: embora o crescimento tenha voltado a entrar em terreno positivo no primeiro trimestre de 2010 e permanecido acima da tendência até o final de 2012, o desemprego continuou acima da tendência até o final de 2011.

O aumento no desemprego durante grandes retrações fica evidente na inspeção visual da figura 2.1. Para medir a ciclicidade do desemprego ao longo do ciclo econômico, a tabela 2.1 apresenta a correlação e os coeficientes de mínimos quadrados ordinários entre as duas séries destendenciadas (Sousa, 2020).[4] Correlações negativas refletem contraciclicidade - ou seja, recuos no crescimento estão associados a aumentos no desemprego ou e vice-versa. Tal contraciclicidade é estatisticamente significativa em cinco dos seis países sobre os quais há dados disponíveis.

No caso do México, por exemplo, uma redução de 1 ponto percentual no crescimento destendenciado do PIB está associada a um aumento de 7,9 por cento na taxa destendenciada do desemprego. No Peru, no entanto, o desemprego não tem um forte componente cíclico. A regra geral da lei de Okun é que cada mudança de 1 por cento no produto real está associada a um desvio de cerca de 0,5 por cento na taxa natural de desemprego nos Estados Unidos, embora esta estimativa possa variar de acordo com a frequência com que as mudanças são medidas (Aguilar-Conraria, Martins e Soares, 2020).

Saída da Força de Trabalho

O aumento das saídas da força de trabalho é um indicador secundário da baixa demanda por mão de obra, e reflete um aumento no número de trabalhadores desalentados. A análise da componente cíclico dos fluxos líquidos de saída da força de trabalho mostra que esse não é o caso nos seis países desta análise (tabela 2.2). Os fluxos de saída são cíclicos apenas no México e no Peru. Em ambos os casos, este indicador é procíclico: as saídas líquidas da força de trabalho aumentam com o crescimento econômico e diminuem durante retrações, sugerindo que não são motivadas pelo desalento dos trabalhadores. Pelo contrário, podem refletir o número de trabalhadores que seguram os seus empregos em tempos de escassez de

TABELA 2.1 **Componentes cíclicos do crescimento do PIB, da taxa de desemprego e dos fluxos líquidos de saída da força de trabalho**

Countries	Taxa de desemprego			Fluxos de saída da força de trabalho
	Correlação	MQO		MQO
Argentina	−0,557	−0,061	***	−1391,3
Brasil	−0,444	−0,098	**	−291,5
Chile	−0,489	−0,110	**	−1403,9
Equador	−0,520	−0,159	***	−687,3
México	−0,533	−0,079	***	12980,1 **
Peru	−0,143	−0,035		2519,0 **

Fonte: Sousa, 2020.
Nota: Esta tabela mostra os coeficientes de correlação e os coeficientes de uma regressão MQO simples da taxa destendenciada do desemprego e do crescimento destendenciado do PIB, defasada em um trimestre. PIB = produto interno bruto; MQO = mínimos quadrados ordinários.
Nível de significância: * = 90 por cento, ** = 95 por cento , *** = 99 por cento

TABELA 2.2   Ciclicidade de Fluxos Líquidos entre Setores, e de Saída do Emprego

Coeficiente MQO do componente cíclico dos fluxos líquidos e do crescimento defasado, 2005–17

Fluxos líquidos para a	Argentina	Brasil	Chile	Equador	Mexico	Peru	Note
Formalidade	474,0	1153,3	160,5	30,4	888,7	−2639,7	***
Informalidade	−382,3	−177,8	−697,4	−121,9	−2879,4	465,1	
Trabalho informal (assalariado)	−571,8	−435,9	−506,7	15,6	−5439,9	165,9	
Trabalho independente	163,7	−413,9	−943,4	−702,0 **	−2629,9	705,5	*

Coeficiente MQO do componente cíclico dos fluxos líquidos entre setores de emprego e crescimento defasado, 2005–17

Trimestre 1	Trimestre 2	Argentina	Brasil	Chile	Equador	Mexico	Peru	Note
Formal (setor privado)	Informal	−443,5	−102,0	−851,4	−46,9	−2660,1	1812,1	***
	Desemprego	5,7	−305,7	415,4	44,7	277,6	55,3	
	Saída da força de trabalho	−101,9	−555,4	−12,5	−123,1	393,3	299,0	
Informal (assalariado)	Formal (setor privado)	506,8	−95,4	−243,7	110,2	1759,8	−997, 3	**
	Desemprego	175,6	298,8	304,5	681,6 **	776,6	971,6	**
	Saída da força de trabalho	−252,22	373,3	448,2	−117,0	4413,8	−293,9	
Independente	Formal (setor privado)	−63,3	197,4	1095,1	−63,2	900,3	−814,8	**
	Desemprego	421,5 *	33,7	−595,9	−39,4	2158,3	267,8	
	Saída da força de trabalho	−756,6 **	−100,9	−101,6	−94,3	6580,4	860,0	

Fonte: Sousa (2021).

Nota: Estes cálculos são baseados no componente cíclico dos fluxos líquidos (diferença entre o fluxo de saída da formalidade e entrada na informalidade e de saída da informalidade e entrada na formalidade, e assim por diante) de empregos em tempo integral. A amostra analisada limita-se a trabalhadores inseridos no setor privado formal ou nos setores informal e independentes (autônomos e empregadores) no primeiro trimestre de observação. Os fluxos foram estimados como o número de trabalhadores que transitaram entre situação de ocupação em dois trimestres consecutivos de observação. O componente cíclico foi estimado com ajuste sazonal e filtro de Hodrik-Prescott. MQO = mínimos quadrados ordinários.

Nível de significância: * = 90 por cento, ** = 95 por cento, *** = 99 por cento

trabalho para compensar as piores perspectivas de encontrar trabalho de outros membros da família.

Informalidade

Vale notar que nem todos os fluxos de saída do mercado de trabalho em tempos de crise consistem em perdas de emprego. Na América Latina, particularmente, o grande setor informal enfraquece a relação entre desemprego e crescimento do PIB da lei de Okun (David, Lambert e Toscani, 2019). Para caracterizar plenamente a margem quantitativa de ajuste durante as recessões econômicas nesses países, é necessário ir além da dinâmica do desemprego. O baixo acesso ao seguro-desemprego na região provavelmente diminui as reservas salariais e encurta o tempo disponível para procurar emprego. Embora esses fatores diminuam o desemprego no curto prazo, também podem reduzir

a qualidade da compatibilidade entre trabalhadores e empregos.[5] Na região da ALC, onde o trabalho é sobretudo informal autônomo (23%) ou assalariado informal dependente (35%)[6], a redução de postos de trabalho no setor formal pode levar mais trabalhadores para o setor informal.[7] A informalidade está fazendo o trabalho sujo de preservar os empregos nas economias latino-americanas?

Pesquisas anteriores mostraram que, embora na região da ALC o trabalho informal nem sempre seja uma opção inferior de emprego em comparação a empregos formais, é provável que durante retrações o setor incorpore os trabalhadores desligados do setor formal. Usando dados mexicanos, Maloney (1999) apresentou uma das primeiras análises das transições entre o emprego formal e informal, concluindo que "o mercado de trabalho para trabalhadores relativamente pouco qualificados pode estar bem integrado com os setores formal e informal, oferecendo empregos desejáveis com diferentes características." Bosch e Maloney (2008) encontraram que a composição setorial do emprego em si é cíclica; o emprego informal é geralmente contracíclico, enquanto para o emprego formal vale o inverso. Além disso, usando dados de um painel de pesquisa sobre a Argentina, Brasil e México e processos de transição de Markov em tempo contínuo, Bosch e Maloney (2010), também encontraram evidências a favor do ingresso voluntário no emprego informal, especialmente no trabalho autônomo. Não obstante, ao analisar as taxas de transição no ciclo de negócios em períodos de retração, encontraram uma probabilidade maior de migração do emprego assalariado formal para o informal, especialmente entre trabalhadores jovens.

Com efeito, os fluxos líquidos de trabalhadores nos seis países do estudo sugerem que na ALC o trabalho informal e independente funciona como um amortecedor do emprego durante períodos de retração econômica. A figura 2.2 mostra os fluxos líquidos, a diferença entre o número de novos trabalhadores que entraram e saíram de um setor no trimestre, passando para empregos formais no setor privado e empregos informais ou independentes. Em cinco dos seis países analisados há uma forte correlação negativa entre os fluxos de empregos formais e informais. Ou seja, nesses países, a redução dos fluxos líquidos para a formalidade com frequência vem acompanhadas por fluxos maiores para a informalidade e para o trabalho independente, e vice-versa.

A figura 2.2 mostra padrões nítidos em vários países analisados nos fluxos líquidos de migração para a informalidade durante retrações econômicas. Em 2008/09, à medida que os efeitos da crise financeira global reverberavam nesses países, o emprego formal apresentou queda acentuada em todos os países analisados. Esse aumento foi acompanhado por uma elevação, embora de pequena escala, no emprego informal e independente. O mesmo padrão foi observado em desacelerações subsequentes na Argentina, Brasil,

Chile e Equador. Durante o período de recuperação pós-desaceleração, as tendências se inverteram: houve uma queda no trabalho informal e autônomo acompanhando o aumento nos fluxos líquidos de migração para a formalidade.

A despeito da clara reversão dos fluxos líquidos durante períodos de crise e de recuperação, em geral esses fluxos líquidos entre a formalidade e a informalidade são apenas levemente contracíclicos. Ou seja, ao longo de todo o ciclo de negócios, a correlação entre a migração de trabalhadores para empregos formais e informais e as flutuações no crescimento defasado do PIB é fraca (tabela 2.2). No entanto, existem algumas exceções nesses resultados. Os fluxos líquidos sugerem que, na Argentina e no México, o trabalho independente (autônomo) pode ser uma opção inferior de emprego usada como amortecedor em períodos de baixo crescimento. Essa conclusão encontra respaldo nos fluxos líquidos procíclicos de migração do trabalho autônomo para o desemprego nos dois países, sugerindo que, cada vez mais, os trabalhadores que antes eram autônomos buscam empregos dependentes em períodos de maior crescimento. No Equador vemos um padrão semelhante entre os trabalhadores assalariados informais.

O Peru se diferencia na relação entre crescimento e formalidade: a análise na figura 2.2 sugere que, no país, os fluxos para a formalidade são maiores em períodos de retração econômica. Os resultados da tabela 2.2 apoiam essa observação. No Peru, os fluxos líquidos de migração para a formalidade e para o trabalho autônomo são cíclicos; os fluxos para a formalidade no país são contracíclicos (diminuem com aumentos no crescimento) e os fluxos para o trabalho autônomo são procíclicos (aumentam com aumentos no crescimento). Os fluxos líquidos do setor formal para o trabalho informal no Peru também são procíclicos, enquanto que os fluxos da informalidade (trabalho tanto dependente quanto independente) para a formalidade são contracíclicos.

FIGURA 2.2 **Fluxos líquidos trimestrais para o mercado de trabalho formal e informal, 2005–17**

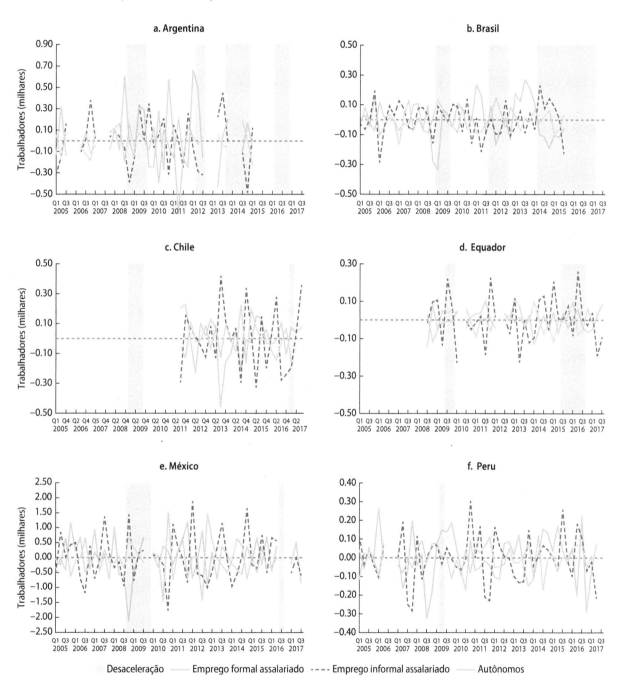

Desaceleração ——— Emprego formal assalariado - - - - Emprego informal assalariado ——— Autônomos

Fonte: Sousa (2021).

Nota: Os cálculos desta figura são baseados nos componentes cíclicos dos fluxos líquidos de empregos em tempo integral (novas contratações menos os empregos perdidos) no setor privado formal e nos setores informal e dependentes e independentes (autônomos e empregadores). Esses fluxos foram estimados com base no número de trabalhadores que transitaram entre situação de ocupação em dois trimestres consecutivos de observação. O componente cíclico foi estimado com ajuste sazonal e filtro de Hodrik-Prescott. As áreas sombreadas nas figuras com o rótulo de "desaceleração" representam trimestres em que o crescimento do produto interno bruto foi negativo, de acordo com estimativas das autoridades nacionais.

Ajustes no número de horas trabalhadas

Uma redução temporária de horas pode ser uma alternativa eficaz para demissões quando uma empresa está enfrentando uma redução temporária na demanda. Reduzir o horário dos trabalhadores em vez de demiti-los permite que a empresa mantenha o vínculo trabalhista estabelecido previamente, reduzindo os custos de ajuste da empresa (custos com os desligamentos agora e custos com admissões no futuro) ao mesmo tempo em que preserva o capital humano específico da empresa. Contudo, os funcionários que têm suas horas reduzidas acabam sofrendo uma queda nos rendimentos e ficam impossibilitados de acessar o seguro-desemprego (nos países onde o mecanismo existe). A legislação trabalhista na região da ALC restringe o uso dessa alternativa no setor formal[8] (o capítulo 3 discute os regulamentos de forma mais detalhada). Mesmo assim, esta opção pode ser uma margem adicional de ajuste disponível para o setor informal e trabalhadores independentes. Ao invés de ficarem totalmente desempregados, por exemplo, os trabalhadores autônomos podem reduzir as horas de trabalho em resposta à redução na demanda por seus serviços.

Análises dos fluxos líquidos de entrada no trabalho em tempo parcial na região da ALC sugerem que essa opção não representa uma margem de ajuste significativa no mercado de trabalho em geral, ou nos setores formal ou informal. A figura 2A.1 no anexo 2A mostram os fluxos líquidos para o trabalho em tempo parcial dos trabalhadores que permanecem no mesmo setor (formal ou informal), isolando, assim, o ajuste no emprego existente. Na Argentina, Brasil, México e talvez no setor formal do Peru, os fluxos líquidos para o trabalho em tempo parcial parecem ter aumentado no início da crise financeira global de 2008-09, porém esses fluxos também mostram picos semelhantes fora dos períodos de crise. Dos fluxos líquidos e fluxos brutos para o trabalho em tempo parcial e tempo integral nos seis países e dois setores, somente os fluxos para o trabalho em tempo parcial no setor informal do Equador estão correlacionados ao componente cíclico do crescimento.

A despeito das diferenças nas leis que regulamentam o setor formal e informal, em quatro dos seis países analisados existe uma correlação positiva entre os fluxos líquidos para o trabalho em tempo parcial nos dois setores: os dois fluxos se movem juntos, sugerindo padrões semelhantes na flutuação entre a taxa a que novos empregos são encontrados e a taxa de rotatividade (*churn*). A correlação é particularmente forte no México, onde o coeficiente de correlação é de 0,59, e menos na Argentina, onde o coeficiente é de 0,24. Com coeficiente de correlação de -0,23, o Chile ostenta a maior correlação negativa entre fluxos líquidos para o trabalho em tempo parcial nos dois setores.[9]

Não obstante, na Argentina há indícios de alguns ajustes mediante redução do horário de trabalho (painel a da figura 2.3). No início da crise financeira global, o número de trabalhadores em tempo parcial que ingressavam no mercado de trabalho em tempo integral na Argentina caiu abaixo da tendência, enquanto o número de trabalhadores em tempo integral que ingressava no trabalho em tempo parcial superou em muito a tendência. Dados do final da crise evidenciam uma curta, porém forte, inversão: os fluxos de ingresso no trabalho em tempo integral aumentaram muito acima da tendência. Conforme mostra o painel b da figura 2.3, a adoção do trabalho em tempo parcial no setor formal não está fortemente correlacionada ao crescimento. Para os trabalhadores autônomos, no entanto, as transições entre o trabalho em tempo integral e o trabalho em tempo parcial são altamente cíclicas. Transições para o trabalho em tempo integral são fortemente procíclicas (aumentam em épocas boas e diminuem em épocas ruins), enquanto transições para o trabalho em tempo parcial são altamente contracíclicas (aumentam em épocas ruins e diminuem em épocas boas).

Quais são as principais margens de ajuste na América Latina?

A análise acima, que mede a ciclicidade das transições no mercado de trabalho em diversos tipos de emprego, mostra que, apesar das evidências de que o emprego informal

FIGURA 2.3   **Trabalho em Tempo Parcial como Margem de Ajuste na Argentina**

Fluxos e ciclicidade das transições para o trabalho em tempo parcial e tempo integral, 2005–15

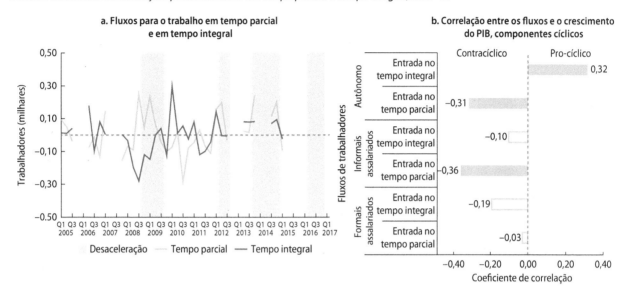

Fonte: Sousa, 2021.
Nota: O painel a mostra o componente cíclico dos fluxos de trabalho do tempo integral para o tempo parcial (rotuladas como "Tempo Parcial") e do trabalho em tempo parcial para o tempo integral (rotuladas como "Tempo Integral") no mercado informal e independente (autônomos e empregadores). Considera-se trabalho em tempo parcial um período inferior a 30 horas semanais. Os fluxos foram estimados como o número de trabalhadores que transitaram entre situação de ocupação em dois trimestres consecutivos de observação. Os componentes cíclicos desses fluxos foram estimados com ajustes sazonais e filtro de Hodrik-Prescott. As áreas sombreadas nas figuras rotuladas como "desaceleração" representam trimestres de crescimento negativo do produto interno bruto (PIB), com base em estimativas oficiais. O painel b ilustra a correlação entre cada componente cíclico dos fluxos de trabalho e crescimento do PIB trimestrais, com um trimestre de defasagem. As correlações representadas por barras coloridas são estatisticamente significativas, com nível de confiança de 90 por cento ou maior.

funciona como amortecedor para os empregos na região da ALC, podemos concluir que o desemprego da região é fortemente contracíclico (apesar das grandes diferenças entre os mercados de trabalho dos diversos países). Por outro lado, saídas da força de trabalho ou mudanças para trabalho em tempo parcial não parecem exercer um papel importante no ajuste dos mercados de trabalho da América Latina às crises. É importante ressaltar que os resultados apresentados até o momento nesta seção refletem apenas os ajustes de curto prazo às crises: embora o desemprego seja a principal margem de ajuste nesse período, no médio e longo prazo os trabalhadores podem transitar do desemprego para a informalidade, conforme demonstrado por Dix-Carneiro e Kovak (2019).

Apesar das estimativas relativamente baixas da lei de Okun para a América Latina, os achados desta seção refletem mudanças significativas nos fluxos em direção ao desemprego em períodos de crise financeira

global.[10] Segundo essa regra, uma aceleração de 1 ponto percentual no crescimento do PIB da região está associada a uma redução contemporânea (ou defasada em 1 ano) de 0,2 ponto percentual na taxa de desemprego. Na ALC como um todo, os dados disponíveis não permitem a formulação de uma estimativa precisa da elasticidade ao restringir-se a amostra aos anos de crise. Porém, a estimativa pode ser feita para o Brasil e o México, onde a elasticidade durante as crises dos anos 2000 ficou em cerca de 0,5 por cento. Em linha com essa estimativa, as últimas projeções sobre o impacto da pandemia de COVID-19 na região projetam uma queda de 9,1 por cento no PIB regional e aumento de 4 a 5 pontos percentuais na taxa de desemprego, atingindo o recorde histórico de 44 milhões de trabalhadores desempregados.

O papel importante do setor informal refletido nas conclusões desta seção ajuda a explicar o motivo pelo qual a taxa de desemprego em nível agregado parece menos elástica a variações na produção na América Latina do que em economias avançadas, e por quê tal elasticidade é altamente heterogênea na região. Embora os fluxos em direção ao desemprego constituam uma importante margem do ajuste na região da ALC, os fluxos para a informalidade os complementam como parte do mecanismo de ajuste. Esse canal, o emprego informal, é consideravelmente mais limitado em economias avançadas.

Os resultados desta seção são consistentes com achados recentes publicados na literatura internacional do comércio. Dix-Carneiro e Kovak (2019) documentaram que embora no médio prazo as regiões mais expostas à concorrência estrangeira tenham enfrentado aumentos de médio prazo no desemprego em relação à média nacional após a liberalização comercial do Brasil (que sofreu um choque comercial negativo), o desemprego ficou abaixo do que teria ficado se a informalidade não tivesse absorvido os trabalhadores desligados de seus empregos.

Criação e destruição de empregos em tempos de crise

Conforme vimos na seção anterior, o desemprego é uma das principais margem de ajuste do mercado de trabalho na região da ALC. As elevadas taxas de informalidade na região e os fortes mecanismos de proteção no setor formal implicam grandes diferenças nos custos de ajuste para os empregadores entre os dois tipos de emprego. Enquanto obrigações contratuais e jurídicas para o empregador encarecem a destruição de empregos no setor formal, no setor informal a destruição de empregos praticamente não onera o empregador, especialmente em empregos onde o capital humano apresenta baixa especificidade para a indústria ou empresa.

Essa observação sugere que a destruição de empregos informais e a criação de empregos formais responderiam mais rapidamente a desacelerações na economia. De fato, Bosch e Maloney (2008) observaram que em períodos de recessão o desemprego contracíclico no Brasil e no México é impulsionado por um volume considerável de separações do trabalho por parte de trabalhadores informais, ao invés de separações de empregos formais. Os autores encontraram ainda uma queda no número de admissões no setor formal durante retrações. Da mesma forma, Bosch e Esteban-Pretel (2012) constataram que a variação cíclica do desemprego é explicada principalmente por mudanças na taxa de separação do emprego de trabalhadores informais, enquanto a variação cíclica da parcela do emprego formal é explicada por mudanças na taxa de transição de empregos informais para empregos formais.

Os fluxos de emprego podem ser decompostos em fluxos de criação e de destruição de empregos (Davis e Haltiwanger, 1992). Considerando que é relativamente raro encontrar medições dos fluxos líquidos e brutos de emprego em países em desenvolvimento (à exceção de Ochieng e Park, [2017]), as medidas apresentadas nesta seção são particularmente valiosas. A mudança líquida de empregos foi calculada por trimestre em cada empresa analisada. Empresas onde o desligamento de funcionários foi maior que a admissão de novos funcionários são consideradas destruidoras líquidas de postos de trabalho e contribuem para os fluxos de destruição de empregos. Inversamente, empresas que terminam o trimestre com mais funcionários do que começaram são geradoras líquidas de postos de trabalho e contribuem para o fluxo de criação bruta de empregos. Por serem realizadas em nível de estabelecimento, as medições limitam-se a empregos no setor formal. Para uma visão mais ampla da dinâmica do emprego, esta seção também inclui os fluxos de novos empregos encontrados e os fluxos de perda de empregos, conceitos baseados em pesquisas sobre o trabalho. Por ser o único meio de medir o setor informal, essa métrica alternativa é particularmente relevante na região da ALC.

As taxas de separação do emprego não representam necessariamente o mecanismo mais importante de ajuste do mercado de trabalho na América Latina: muitos trabalhadores que poderiam deixar os seus empregos de forma voluntária adiam a decisão durante retrações econômicas devido à escassez de outras oportunidades de emprego. Esta seção visa responder às seguintes perguntas: Quais empregos correm mais perigo em tempos de crise: os do setor formal ou do setor informal? E dentro do setor formal, são os empregos em empresas grandes ou pequenas que estão em maior risco? A seção enfoca as dinâmicas subjacentes que ditam o desemprego e como elas diferem de acordo com o tipo de emprego e de empregador.

Taxas de Perda de Empregos e Taxa a que novos Empregos são Encontrados durante Retrações Econômicas

Conforme observado acima neste capítulo, os conceitos de encontrar e perder empregos são análogos aos de criação e destruição de empregos, respectivamente, que são baseados em dados sobre os trabalhadores, e não sobre os estabelecimentos. Essa perspectiva alternativa permite a inclusão de fluxos de entrada e saída do setor informal. A figura 2.4 apresenta as taxas de perda de emprego de trabalhadores em tempo integral, por setor de emprego. À medida que a crise financeira global foi afetando os países da ALC, a maioria deles apresentou uma perda marcante de empregos na maior parte dos setores. Como era de se esperar, o setor menos afetado foi o trabalho autônomo, particularmente o trabalhador por conta própria com baixo nível de qualificação. A tabela 2.3 mostra os coeficientes de correlação entre os componentes cíclicos de cada uma dessas tendências, mostrando uma forte correlação na perda de empregos entre os dois setores informais (trabalho informal assalariado e trabalho autônomo). A tabela também revela uma forte correlação positiva entre o trabalho assalariado formal e o informal em quatro dos países analisados, mostrando que a perda de empregos por parte de trabalhadores formais responde de forma semelhante ao longo do ciclo de negócios nos dois setores.

É importante notar que, na maioria dos países, o ajuste no emprego durante a crise financeira global de 2008-09 parece ter sido impulsionado por uma queda nas taxas

TABELA 2.3 Correlação da Perda de Empregos entre Setores

Coeficiente de correlação dos componentes cíclicos dos fluxos da perda de empregos

País	Trabalho assalariado formal e informal	Trabalho independente	Trabalho assalariado informal independente
Argentina	−0,094	0,167	0,277
Brasil	0,594	0,458	0,566
Chile	0,428	−0,087	0,335
Equador	0,227	0,272	0,323
México	0,402	0,022	0,355
Peru	0,136	0,519	0,082

Fonte: Sousa (2021).
Nota: A tabela mostra os coeficientes de correlação entre os fluxos trimestrais de perda de empregos, destendenciados e dessazonalizados, por setor de emprego. Esta análise limita-se a trabalhadores em tempo integral.

líquidas a que novos empregos são encontrados, que era maior entre os trabalhadores formais do que entre os trabalhadores informais. Essa tendência é particularmente marcante no México e no Peru. Em determinado setor, a taxa líquida a que novos empregos são encontrados (a taxa líquida de criação de empregos do ponto de vista do trabalhador) é calculada como o excedente entre o número de novos trabalhadores que entram no setor e o número de trabalhadores que saem do setor naquele trimestre, como proporção do emprego do setor. A Tabela 2.2 da seção anterior mostrou a baixa ciclicidade da perda de empregos nos três setores: trabalho formal dependente e do setor privado, trabalho informal dependente, e trabalho independente. A Figura 2.5. mostra as taxas líquidas a que novos empregos são encontrados mais baixas no setor formal dos seis países ao longo do ciclo de negócios. Ou seja, a criação de novos empregos é mais lenta no setor formal do que no setor informal, como proporção da força de trabalho.

Criação e destruição de empregos durante retrações econômicas

No setor formal, a decomposição das contribuições da criação e da destruição de empregos por pequenas e grandes empresas mostra que os ajustes no mercado de trabalho são motivados pela redução na criação

FIGURA 2.4 **Perda de Empregos por Trimestre, Setores Formal e Informal, 2005–17**

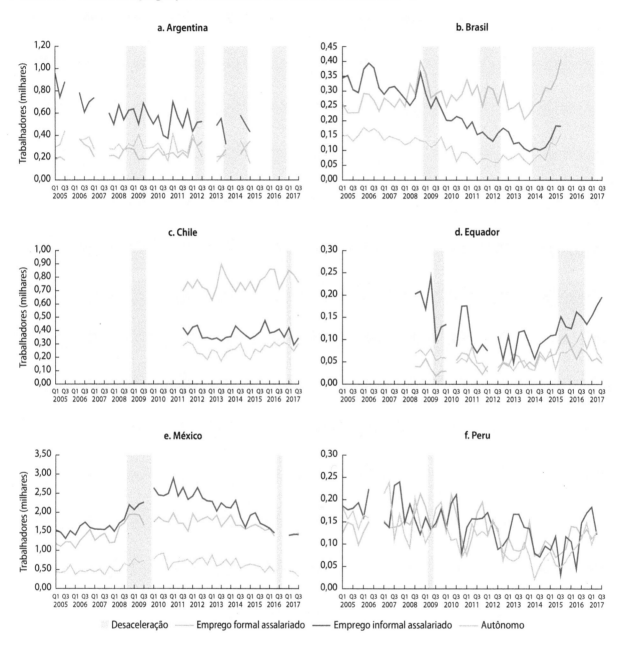

Fonte: Sousa (2021).
Nota: Esta figura mostra os números trimestrais de trabalhadores que perderam o emprego, definido como a transição do emprego para o desemprego. A análise limita-se a trabalhadores em tempo integral e as tendências foram apresentadas com ajuste sazonal. As áreas sombreadas nas figuras rotuladas como "retração" representam trimestres de crescimento negativo do produto interno bruto, com base em estimativas oficiais.

FIGURA 2.5 **Taxas Líquidas Trimestrais de Novos Empregos Encontrados, Setores Formal e Informal, 2005–17**

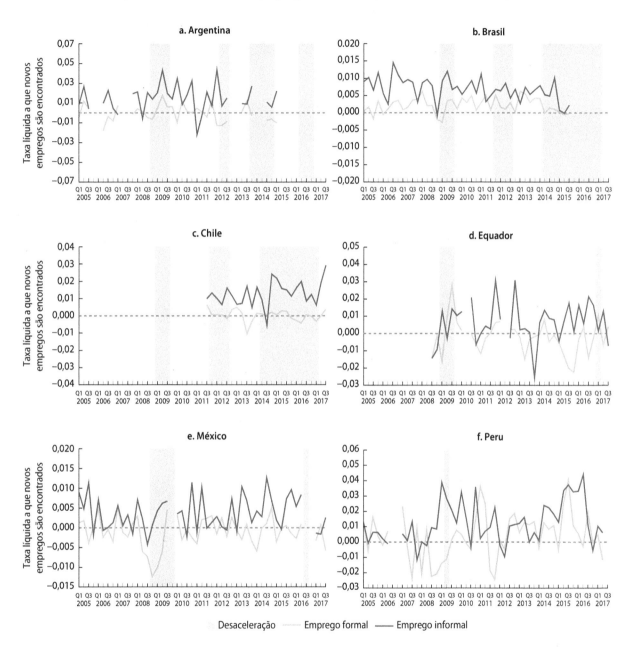

Fonte: Sousa (2021).
Nota: Esta figura mostra a taxa líquida a que novos empregos são encontrados nos setores formal e informal, calculada como a taxa trimestral a que novos empregos são encontrados (o fluxo de saída do desemprego em direção ao setor) menos a taxa trimestral de perda de empregos (o fluxo de saída do setor em direção ao desemprego), como proporção do emprego no setor. A análise limita-se a empregos em tempo integral e a taxa líquida a que novos empregos são encontrados foi dessazonalizada. As áreas sombreadas nas figuras rotuladas como "retração" representam trimestres de crescimento negativo do produto interno bruto, com base em estimativas oficiais.

de empregos e aumento na volatilidade do emprego nas grandes empresas. Em empresas pequenas, o emprego responde às crises de forma mais discreta. Não obstante, a diferença entre pequenas e grandes empresas desaparece quando levamos em consideração o nascimento e morte de empresas, algo que ocorre com muito mais frequência em pequenas empresas. A análise a seguir foi realizada com base em séries de dados administrativos do Brasil e do Equador, usando cortes transversais repetidos e painéis de empregadores com informações longitudinais completas. A análise considerou as últimas quatro décadas no Brasil e as últimas duas décadas no Equador, incluindo vários ciclos de negócios.

Conforme mostra a figura 2.6, o que causa o recuo do emprego no setor formal durante as retrações no Brasil e no Equador é a redução na criação bruta de empregos: a criação de empregos cai com maior velocidade e intensidade que a destruição de empregos. Notadamente, durante a recente desaceleração que atingiu as economias exportadoras de commodities na América do Sul em 2015, a destruição bruta de empregos ultrapassou a criação bruta de empregos,

causando uma destruição líquida do emprego formal. Ou seja, ao entrarem em um período de crescimento mais lento os empregadores primeiramente deixam de criar novos postos de trabalho. À medida que a retração continua ou piora, passam a reduzir o emprego em geral (por meio de demissões, programas de aposentadoria precoce ou, simplesmente, não preenchendo postos vagos).[11] Em contraste, durante períodos de crescimento, a expansão de empresas que já estão no mercado e a entrada de novas empresas no mercado asseguram que a taxa bruta de criação supere a taxa bruta de destruição de postos de trabalho.

Mas como é que os diferentes tipos de empregadores se ajustam ao longo do ciclo de negócios? A literatura da OCDE e de outros países de alta renda mostra diferenças consideráveis na maneira em que pequenas e grandes empresas respondem a crises, com implicações na qualidade do emprego dos trabalhadores. Moscarini e Postel-Vinay (2009, 2013) argumentam que durante retrações econômicas as empresas menos atraentes (que pagam menos ou oferecem empregos de pior qualidade, com frequência empresas menores) tem mais facilidade

FIGURA 2.6   Fluxos Brutos de Postos de Trabalho no Brasil e no Equador, Setor Formal

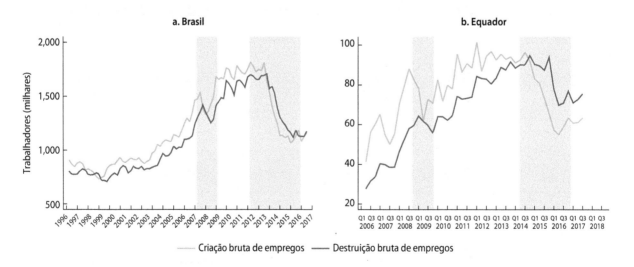

Criação bruta de empregos —— Destruição bruta de empregos

Fonte: Silva e Sousa, 2021.
Nota: Esta figura baseia-se em um painel equilibrado de empresas do setor privado. As áreas sombreadas indicam retrações econômicas. As séries foram dessazonalizadas. No painel a, os dados correspondem ao primeiro trimestre de todos os anos indicados.

de reter os bons trabalhadores, já que nesses períodos de retração enfrentam menos concorrência pelo talento. A conclusão é condizente com Moscarini e Postel-Vinay (2012), que constataram que em várias economias de alta renda o crescimento do emprego é mais cíclico em grandes empresas que em pequenas empresas, um resultado surpreendente, considerando que as pequenas empresas têm acesso mais limitado ao crédito. Eles também defendem que em períodos de crescimento elevado, quando o mercado de trabalho fica apertado, as grandes empresas podem roubar funcionários das pequenas empresas. Haltiwanger et al. (2018) também concluíram que nos Estados Unidos as grandes empresas são mais sensíveis ao desemprego que as pequenas empresas. Além disso, encontraram evidências de uma "escala salarial cíclica nas empresas" que permite que os trabalhadores tenham mais facilidade em fazer a transição para empregadores melhores (empresas que pagam salários mais altos) em épocas boas, mas nem tanto em épocas ruins.

Aplicando uma abordagem empírica semelhante às informações sobre o emprego no setor formal do Brasil e do Equador, Silva e Sousa (2021) distinguem entre as taxas de criação e destruição de empregos em grandes e pequenas empresas do setor formal. Os painéis a e b da figura 2.7 mostram as taxas brutas de criação e destruição de empregos em grandes e pequenas empresas em cada país; em ambos os países, as grandes empresas respondem cada vez mais pelos fluxos brutos de emprego. A tendência é parcialmente estrutural, já que à medida que as empresas crescem, são responsáveis por uma proporção cada vez maior do emprego total (as grandes empresas respondem por 40 e 35 por cento do emprego formal no Brasil e no Equador, respectivamente, enquanto as pequenas empresas representam 30 e 32 por cento do emprego formal, respectivamente). Apesar das diferentes magnitudes de seus efeitos, os dois tipos de empresas seguem padrões bastante semelhantes em termos de criação de empregos, sofrendo grandes altas e baixas no ciclo econômico.

Para avaliar as contribuições relativas de pequenas e grandes empresas ao desemprego total, os fluxos de empregos brutos foram convertidos em taxas de criação e destruição brutas de empregos, calculadas como a criação ou destruição total de postos de trabalho como proporção dos empregos. Os painéis c e d da figura 2.7 mostram as taxas líquidas de criação de empregos em pequenas e grandes empresas no Brasil e Equador.[12] Elas mostram que as grandes empresas exibem picos e vales particularmente acentuados em todo a ciclo de negócios. Ou seja, as grandes empresas são mais cíclicas do que as pequenas em termos de empregos. Mesmo levando em consideração o nível de emprego mais elevado em grandes empresas, flutuações na taxa líquida de emprego tornam essas empresas mais sensíveis a fatores da demanda que as pequenas.

Por último, este relatório aplica a metodologia de Moscarini e Postel-Vinay (2012) para estimar a taxa diferencial bruta de criação empregos e a taxa diferencial bruta de destruição de empregos entre as empresas grandes e pequenas. Uma taxa diferencial positiva indica que as grandes empresas têm taxas mais elevadas (de criação ou destruição de empregos) que as pequenas empresas; já uma taxa diferencial negativa indica que os grandes empregadores têm taxas mais baixas. Em conformidade com os picos e vales mais acentuados dos empregos nas grandes empresas, as taxas diferenciais de criação de empregos tanto no Brasil quanto no Equador apresentam maior ciclicidade na criação de empregos em grandes empresas (Figura 2.7, painéis e f).

Contudo, conforme mostram as taxas diferenciais de destruição de empregos no Brasil e no Equador, há divergências entre os mecanismos de perda de emprego dos países. No Brasil as taxas diferenciais de destruição de empregos apresentam uma variação considerável. Durante as retrações são positivas, refletindo taxas mais altas de destruição de empregos em empresas grandes que em empresas pequenas; durante os períodos de recuperação elas são negativas, sugerindo o oposto. No Equador, contudo, a taxa diferencial de criação de empregos se estabilizou

FIGURA 2.7   **Fluxos brutos de emprego e taxas diferenciais em grandes e pequenas empresas do setor formal**

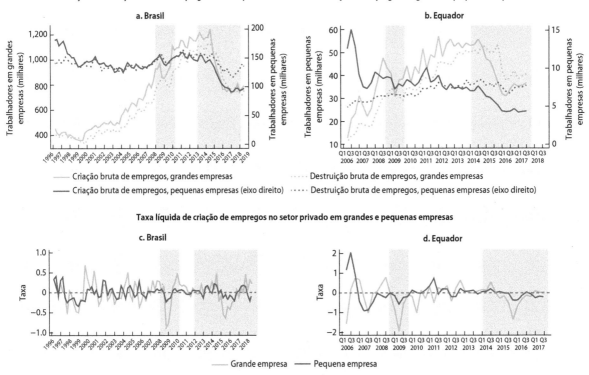

Criação e destruição brutas de empregos no setor privado e fluxos de destruição de empregos em grandes e pequenas empresas

— Criação bruta de empregos, grandes empresas   ⋯ Destruição bruta de empregos, grandes empresas
— Criação bruta de empregos, pequenas empresas (eixo direito)   ⋯ Destruição bruta de empregos, pequenas empresas (eixo direito)

Taxa líquida de criação de empregos no setor privado em grandes e pequenas empresas

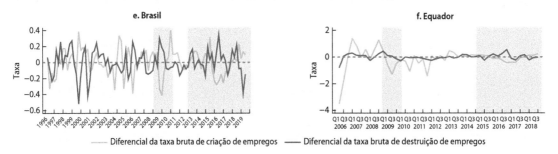

— Grande empresa   — Pequena empresa

Taxa líquida de criação de empregos no setor privado em grandes e pequenas empresas

— Diferencial da taxa bruta de criação de empregos   — Diferencial da taxa bruta de destruição de empregos

Fonte: Silva e Sousa 2021.
Nota: Este gráfico é baseado em um painel equilibrado de empresas do setor privado. Os fluxos de emprego nas pequenas empresas são apresentados no eixo da direita, nos painéis a e b. O tamanho das empresas é definido a cada ano: pequenas empresas são aquelas que empregam 20 ou menos funcionários, enquanto as grandes empresas são aquelas com mais de 250 funcionários. As áreas sombreadas indicam recessões econômicas. Séries com ajuste sazonal. No painel a, c e e, os dados correspondem ao primeiro trimestre de todos os anos indicados.

perto de 0, o que significa que a destruição de empregos ocorre em ritmos semelhantes em empresas grandes e pequenas ao longo do ciclo de negócios.

Juntos, os resultados mostram que no tocante a empresas formais a perda de empregos é substancialmente maior em empresas grandes que em empresas pequenas em períodos de retração econômica. Em outras palavras, no Brasil e no Equador o emprego é mais cíclico nas empresas grandes do que nas pequenas. Contudo, a desconstrução dos fluxos de emprego em fluxos de criação e de destruição de empregos mostra que os mecanismos por trás das mudanças no emprego nas pequenas empresas e nas grandes empresas diferem nos dois países. No Brasil, as grandes empresas tanto criam quanto destroem empregos a taxas mais elevadas do que as pequenas empresas. No Equador, o emprego nas grandes empresas responde melhor devido a oscilações mais radicais na criação de empregos nessas empresas ao longo do ciclo de negócios em comparação às pequenas empresas.

Acredita-se que as grandes empresas sejam mais resilientes que as pequenas e, em parte por causa disso, melhores empregadoras, oferecendo mais estabilidade no emprego. No entanto os resultados acima parecem contradizer essa suposição: as maiores perdas

de empregos no setor formal ocorrem em grandes empresas, tanto em termos absolutos quanto em termos relativos. No entanto, é importante fazer-se uma distinção entre a resiliência das empresas e a estabilidade do emprego. Os resultados acima não levam em consideração o nascimento e a morte das empresas, cujo número é desproporcionalmente maior entre as empresas pequenas (em parte por motivos estruturais, já que as essas empresas costumam começar pequenas e encolher gradualmente antes de morrer). A diferença entre empresas grandes e pequenas fica menos evidente quando consideramos o fator de nascimento e morte de empresas. (figura 2.8). O fato de que as pequenas empresas sejam menos resilientes, conforme mostra a maior oscilação na abertura e fechamento de pequenas empresas, explica uma boa parte das oscilações na criação líquida de empregos nessas empresas em períodos de retração.

Transições no mercado de trabalho para diferentes tipos de trabalhadores

Outra fonte de complexidade na tendência de criação e destruição de empregos é a heterogeneidade dos trabalhadores. Como trabalhadores mais experientes podem ser mais produtivos e substituí-los pode exigir que as

FIGURA 2.8   **Taxa líquida de criação de empregos no Brasil e no Equador, setor formal**

Taxa líquida de criação de empregos em grandes e pequenas empresas do setor privado, incluindo nascimentos e mortes de empresas

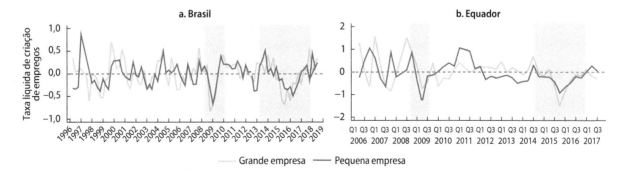

Fonte: Silva e Sousa 2021.
Nota: A figura baseia-se em um painel equilibrado de empresas do setor privado. As áreas sombreadas indicam retrações econômicas. As séries foram dessazonalizadas.

empresas tenham grandes gastos com a substituição (Jovanovic, 1979), a perda de trabalhadores com níveis inferiores de treinamento (inclusive treinamento específico da empresa) acarretaria menores custos de transação para os empregadores. Por exemplo, Robertson e Dutkowsky (2002) constataram que os custos de ajuste no setor manufatureiro do México são mais altos para trabalhadores que não são da área de produção (e que costumam ter salários mais altos), trabalhadores com treinamento mais específico para o trabalho que fazem e trabalhadores em setores mais sindicalizados. Consequentemente, quando a empresa enfrenta uma queda na demanda, os trabalhadores da produção, com salários mais baixos, são dispensados em maior número que os trabalhadores com salários mais altos.

De acordo com essa constatação, os ajustes quantitativos tendem a acontecer mediante a redução do quadro de trabalhadores com menores custos de ajuste. Em economias de alta renda, o número de trabalhadores de baixa renda que saem da força de trabalho é desproporcionalmente maior em períodos de retração (Carneiro, Guimarães e Portugal, 2011; Solon, Barsky e Parker, 1994) e o desligamento de trabalhadores jovens e pouco qualificados é maior do que o de outros tipos de trabalhadores (Devereux, 2004; Teulings, 1993). Pesquisas nos países da ALC indicam tendências semelhantes. Ao estudarem a crise econômica de 2009 no México, Campos-Vázquez (2010) e Freije, López-Acevedo, e Rodríguez-Oreggia (2011) encontraram maiores taxas de perda de emprego entre os trabalhadores jovens e não qualificados.

Na região da ALC, a combinação de grandes setores informais e trabalhadores com uma variedade de níveis de qualificação sugere que pode existir uma hierarquia nos custos de ajuste, onde os trabalhadores informais, que têm menos proteções trabalhistas, têm mais chance de perder o emprego, independentemente do nível de qualificação. Entre os trabalhadores formais, aqueles com rendimentos mais baixos têm maior probabilidade de perder o emprego do que os que têm rendimentos mais altos. De fato, em

cinco dos seis países analisados e ao longo de todo o ciclo de negócios, os trabalhadores com salários mais baixos têm mais chance de passar por um tempo desempregados que os trabalhadores com salários mais altos, quer sejam do setor formal ou informal (figura 2.9). A única exceção é o México, onde as transições para o desemprego são mais altas no meio que na parte inferior ou superior da distribuição.

Contudo, a probabilidade aumentada de que trabalhadores não qualificados transitem para o desemprego não indica de uma maior vulnerabilidade do emprego a flutuações no crescimento econômico. Ao invés disso, as transições cíclicas de emprego - aquelas correlacionadas a desacelerações no crescimento econômico - são mais frequentes entre trabalhadores qualificados que entre trabalhadores não qualificados (ver a tabela 2A.1 do anexo 2A). Esse resultado vale para homens e para mulheres. Nenhuma das transições de emprego analisadas foi cíclica para mulheres pouco qualificadas em nenhum dos seis países estudados.

A transformação na estrutura do mercado de trabalho e o desaparecimento dos bons empregos

As crises se traduzem em menos oportunidades de emprego ao longo do tempo que perduram além do ciclo de negócios (Artuc, Bastos e Lee, 2021) e reduzem a rotatividade de trabalhadores, isto é, os fluxos de um emprego ao outro, reduzindo a qualidade da correspondência empregado-emprego. Esse efeito ocorre porque quando a disponibilidade de empregos cai, a possibilidade e disposição dos trabalhadores de mudar de emprego diminui. Usando um modelo estrutural para o Brasil, Artuc, Bastos e Lee (2021) descobriram que choques externos adversos reduzem a mobilidade interna entre empregos - o que, por sua vez, reduz o bem-estar dos trabalhadores ao longo da vida.

As crises também causam uma redução gradual do número de bons empregos na região da ALC. Esse efeito ocorre porque

FIGURA 2.9 **Proporção Trimestral de Trabalhadores que Ficam Desempregados, por Decil Salarial, Setores Formal e Informal, 2005–17**

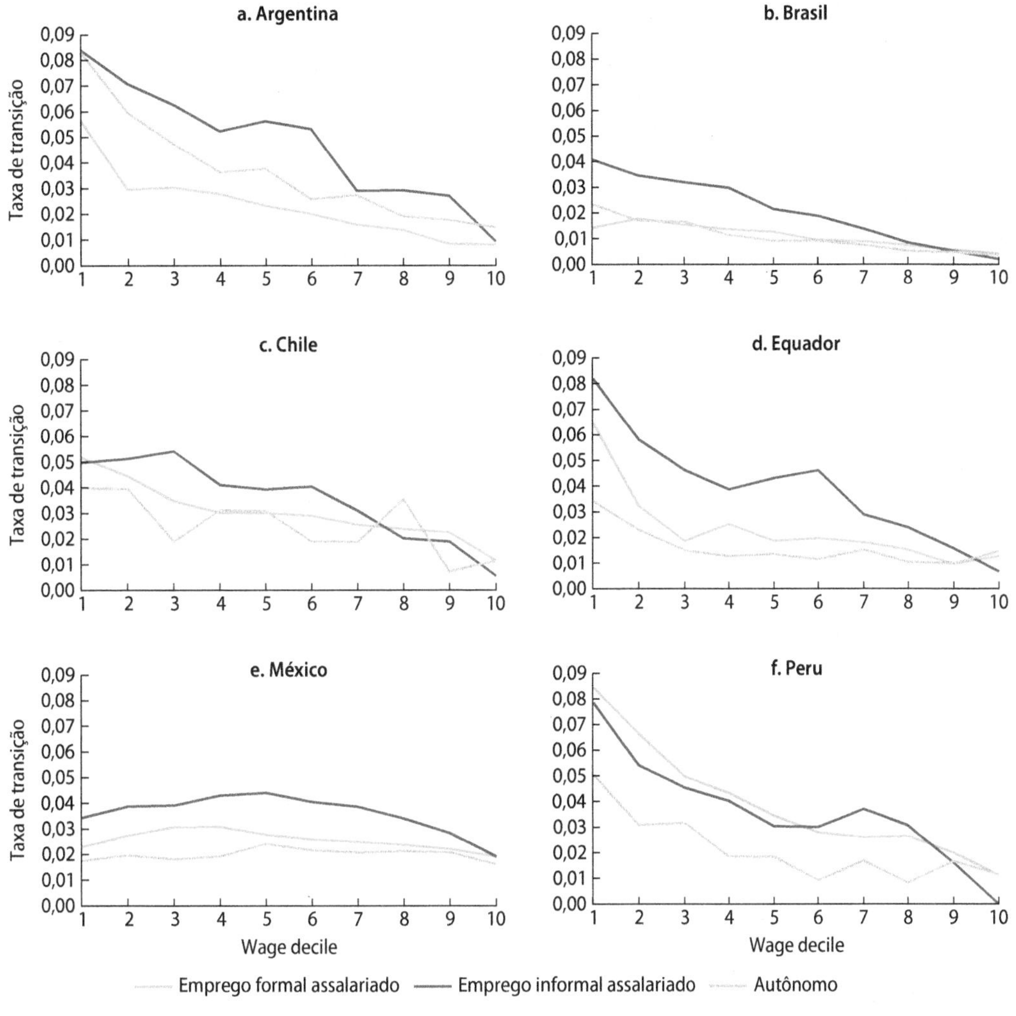

Fonte: Sousa (2021).
Nota: A taxa trimestral de transição do emprego para a desemprego é definida como a proporção de trabalhadores empregados no trimestre t que transitam para o desemprego no trimestre t+1.

na ALC elas não só moldam os fluxos de emprego temporariamente, como também afetam consideravelmente a estrutura do mercado de trabalho por vários anos (Regis e Silva, 2021). Muitos estudos macroeconômicos sobre crises analisam mormente os impactos de curto prazo, como os desvios negativos no emprego e/ou salários reais no curto prazo (concomitantes ou no ano seguinte). Esse foco é esperado, já que medições diretas baseadas em dados agregados em nível nacional de crises passadas

não costumam estar disponíveis. Só existem dados trimestrais sobre o emprego nos países da ALC desde o final dos anos 1990, e mesmo assim não estão separados entre emprego formal e informal. A disponibilidade de longas series temporais mensais do emprego é ainda mais limitada. Uma alternativa para medir os efeitos de mais longo prazo seria examinar dados administrativos de qualidade, junto com dados das contas nacionais. Essa foi a opção feita por Regis e Silva (2021).

Regis e Silva (2021) investigaram assuntos efeitos de mais longo prazo das crises nos empregos ao compilar séries temporais do emprego formal, informal e total desde o começo dos anos 80 sobre três países: Brasil (1985–2019), Chile (2006–19) e México (1994–2019). De acordo com Jorda (2005) e Jorda, Singh e Taylor (2020), o estudo estimou funções de resposta ao impulso do emprego formal, informal e total a crises. Os autores criaram um novo banco de dados mensais vinculados de empregadores e empregados usando dados administrativos anuais dos registros da Seguridade Social de cada país (que incluem dados administrativos longitudinais sobre mercados de trabalho formais). Para criar esses dados foram utilizadas informações sobre os meses de admissão e desligamento de cada trabalhador com emprego formal. Como os dados abrangem todos os trabalhadores formais, a equipe usou séries sobre o mercado de trabalho disponíveis nas contas nacionais harmonizados no tempo e inferiram o emprego informal total obtendo a diferença entre os dois.[13] No contexto do estudo, as crises foram definidas com base no PIB trimestral de cada país, normalizado no intervalo [0,1] (onde 0 é a recessão mais profunda e 1 é a maior expansão) e usado para definir a tendência da economia no longo prazo. O PIB ficou abaixo ou acima da sua tendência de longo prazo quando o ciclo se aproximou do valor de 0 ou 1, respectivamente. Em seguida, os ciclos de negócios definidos foram usados para obter um *dummy* da recessão. A duração correspondeu ao tempo entre o pico e o vale do ciclo.

O estudo apresenta três resultados-chave. Primeiro, as crises causam reduções no emprego durante vários anos no Brasil, Chile e México (figura 2.10). Segundo, o emprego formal vem diminuindo de forma acentuada e duradoura nos três países. A recuperação de uma contração no emprego induzida por uma crise demora vários anos nas economias da ALC. No Brasil, o emprego formal permaneceu bem abaixo do nível inicial mais de 30 meses após o começo da recessão e, o que é mais preocupante, a recuperação não foi particularmente expressiva. De modo geral, os níveis de emprego continuaram mais baixos durante 20 meses após o início da recessão, com sinais de recuperação apenas no Chile e México; o emprego formal também permaneceu mais baixo por mais de 20 meses, com uma tendência de recuperação apenas no Chile; e a informalidade permaneceu mais alta, com pouco sinal de reversão no Brasil e Chile. Esses resultados sugerem que a exposição a um mercado de trabalho moroso não só direciona as pessoas temporariamente para a informalidade, como também causa mudanças estruturais de base. Depois de uma crise grave, o emprego pode não se recuperar até o patamar anterior; a crise pode muito bem empurrar o mercado de trabalho para um novo equilíbrio. Terceiro: embora no Brasil e no Chile a informalidade funcione como um colchão que absorve os choques, isso não acontece no México, onde o emprego informal estagna por cerca de 10 meses antes de começar a melhorar. O efeito retardado sobre a informalidade pode ser causado por trabalhadores formais que procuram outro emprego formal mas, eventualmente, acabam desistindo e passam para a informalidade. Em média, após três anos, a recessão média no Brazil, Chile e México acarreta a perda líquida de 1,5 milhão de empregos, com uma contração de 3 por cento no emprego formal e uma expansão do emprego informal. A crise atual deverá ser ainda pior e causar uma contração de até 4 por cento no emprego formal.

As conclusões do estudo ajudam a racionalizar as diferenças entre os países da ALC em termos do tempo que leva para que uma mudança na produção afete a taxa de desemprego. Na Colômbia, o desemprego reage de forma rápida e elástica aos choques na produção: a taxa de desemprego diminui em média 45 pontos base após um aumento de 1 por cento na produção. No Brasil o desemprego também é sensível a choques na produção, mas reage mais lentamente: embora a taxa de desemprego caia em média 10 pontos base após um aumento de 1% na produção, a variação acumulada após um ano é de cerca de 40 pontos base. O desemprego na Argentina, Chile e Peru, por outro lado, é altamente inelástico a mudanças na produção: a mudança acumulada após um ano é de, no máximo, 10 pontos base (FMI, 2019).

FIGURA 2.10 **Funções impulse-resposta, por tipo de emprego, durante os 30 meses posteriores ao início da recessão**

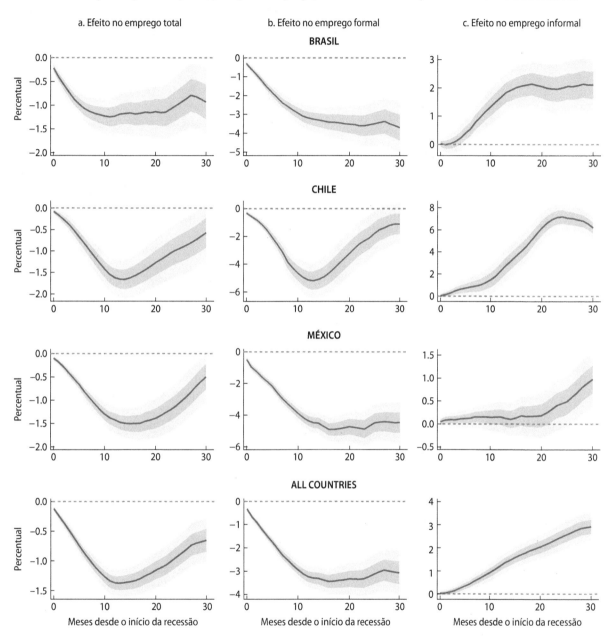

Fonte: Regis e Silva (2021).
Nota: As defasagens são medidas em meses após o começo da crise. As áreas sombreadas representam intervalos de confiança de 95% (faixas de erro padrão de 1,96, azul mais claro) e de 68% (faixas de erro padrão de 1, azul mais escuro) em relação às estimativas de resposta.

Conclusão

Os resultados apresentados neste capítulo mostram que, a despeito da presença de grandes setores informais, o desemprego representa uma margem de ajuste considerável nos mercados de trabalho da região da ALC em períodos de retração econômica. Embora a perda de empregos esteja presente nos setores formal e informal, um das grandes causas do desemprego é a desaceleração da criação de empregos no setor formal. Ao mesmo tempo, há indícios de que o setor informal funcione como um amortecedor dos empregos durante retrações, absorvendo trabalhadores que de outro modo entrariam no setor formal ou ficariam desempregados. A redução do horário de trabalho, uma terceira margem de ajuste em potencial, não parece ser um fator importante na maioria dos países, seja no setor formal ou informal.

As crises econômicas afetam o bem-estar dos trabalhadores não só por essas margens de ajuste, mas também pela redução no número de oportunidades de trabalho disponíveis. Menos oportunidades equivale a menos rotatividade, o que, por sua vez, diminui a qualidade da compatibilidade entre o trabalhador e o emprego. Essa menor compatibilidade reduz a produtividade e os rendimentos dos trabalhadores ao longo da vida, causando reduções reais no bem-estar. Finalmente, o impacto das crises sobre o nível de emprego podem durar muito tempo após o fim da recessão; além disso as crises também podem provocar ajustes permanentes na estrutura do mercado de trabalho de uma economia.

Este capítulo utilizou as principais fontes de dados disponíveis para fornecer medições empíricas dos ajustes nos mercados de trabalho da região da ALC. A primeira seção da análise tomou por base dados sobre fluxos de emprego de pesquisas da força de trabalho (*labor force surveys*) referentes a seis países da ALC (Argentina, Brasil, Chile, Equador, México e Peru). Já as seções dois e três apresentaram análises de bases de dados mensais vinculados de empregados e empregadores, desenvolvidas especialmente para o estudo utilizando informações em nível individual de admissões e desligamentos mensais de trabalhadores no Brasil, Chile, Equador e México. Embora os dados administrativos da primeira seção forneçam detalhes valiosos sobre os fluxos de trabalhadores e a destruição de empregos no setor formal, os novos dados da pesquisa traçam um panorama mais amplo do mercado de trabalho completo, incluindo os desempregados e a grande proporção de trabalhadores que trabalham informalmente na região da ALC.

Em razão dos elevados requisitos de dados necessários para produzir as analíticas, muitos dos países menores ou mais pobres da região da ALC não puderam ser incluídos nesta análise. No entanto, as estimativas da lei de Okun para um conjunto mais amplo de países da ALC mostram que os países incluídos nesta análise abrangem toda a gama de resultados da lei de Okun na região. Existe uma ampla variação na relação entre as taxas de crescimento econômico e as taxas de desemprego na região (figura 2.11). A estimativa da lei de Okun é relativamente alta na Bolívia (-0,63), porém se aproxima de 0 no vizinho Paraguai, enquanto o Chile e a Jamaica têm estimativas comparáveis às dos EUA (-0,48) (Aguiar-Conraria, Martins e Soares 2020; Ball, Leigh e Loungani 2017). Embora a falta de dados impeça um

FIGURA 2.11 **Estimativas da Lei de Okun para os países da região da ALC, 1991–2018**

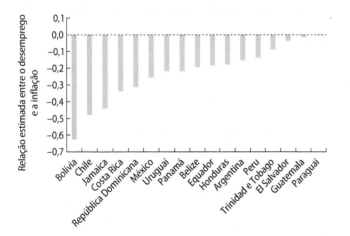

Fonte: Cálculos dos autores baseados em indicadores do FMI.
Nota: As estimativas da Lei de Okun representam a relação inversa entre a inflação e o desemprego. Essas estimativas representam a inclinação dessa relação.

exame detalhado dos mecanismos de ajuste do mercado de trabalho em cada um dos países da ALC, os países que foram incluídos na análise deste capítulo, como o Chile, México e Peru, podem dar alguma indicação dos mecanismos em outros países da região com valores semelhantes segundo a lei de Okun.

Notas

1. Estatísticas do Instituto Salvadoreño de Seguro Social e do Observatório do Mercado de Trabalho do Banco Interamericano de Desenvolvimento.
2. Fonte: Tabulações dos autores com base no SEDLAC (Banco Mundial e Celdas)
3. Por exemplo: Shimer (2005); Elsby, Hobijn e Sahin (2013).
4. Nesta tabela e nas figuras subsequentes é usada a medida padrão da ciclicidade de uma variável, que é a correlação incondicional dos seus desvios da tendência, com uma medida filtrada do PIB. As séries foram destendenciadas usando um filtro de Hodrik-Prescott.
5. Com efeito, pesquisas feitas em países de alta renda encontraram evidências de que a qualidade da compatibilidade entre trabalhador e emprego diminui em períodos de retração econômica, ou seja, as pessoas aceitam empregos de duração mais curta e pior remunerados nesses períodos (Bowlus, 1995) e há realocações para setores e empresas que pagam menos (Moscarini and Postel-Vinay, 2012).
6. Valores de 2018, baseados em tabulações do LAC Equity Lab usando dados do SEDLAC (Banco Mundial e CEDLAS).
7. Em alguns países da região da ALC, notadamente no Brasil, observemos que o trabalho autônomo formal está se tornando mais comum. No entanto, este estudo combina esses trabalhadores com os trabalhadores informais dependentes na discussão da informalidade, porque a grande maioria dos trabalhadores formais autônomos da região não paga imposto de renda, não contribui para a previdência social e não recebe seguro-desemprego.
8. Como parte de sua resposta à crise da COVID-19, o Brasil instituiu um programa temporário de subsídio de salários que permite a redução do horário de trabalho de trabalhadores formais em certas condições.
9. O Brasil, Equador e Peru têm uma correlação mais fraca, com 0,10, 0,15 e -0,14, respectivamente.
10. A chamada lei de Okun mostra a elasticidade entre o desemprego e a produção. Embora a elasticidade costume ser negativa, em termos absolutos é inferior a um. Isso significa que os mercados de trabalho não se ajustam plenamente a cada choque na produção cíclica no primeiro ano após sua ocorrência. Uma explicação ponderada para o ajuste parcial é precisamente a expectativa dos empregadores de que as mudanças cíclicas serão, por definição, temporárias. Além disso, se por um lado os resultados de ciclicidade deste estudo são derivados da análise das transições em nível individual, a lei de Okun simplesmente compara a série macro da taxa de desemprego à taxa de crescimento real do PIB.
11. A queda na criação de empregos pode também ser consequência da redução na abertura de empresas, e o aumento na destruição de empregos pode ser fruto do aumento no fechamento de empresas. Por apresentar um painel equilibrado, a figura 2.5 não inclui esses efeitos. Mas o uso de painéis não balanceados mostra que os padrões de criação bruta e destruição bruta de empregos são semelhantes nos dois países.
12. A criação líquida de postos de trabalho é igual à diferença entre a criação e a destruição de postos de trabalho como parcela do emprego total.
13. Embora este estudo mostre os resultados da função de resposta ao impulso em crises, também abrange os efeitos de outros grandes choques exógenos, incluindo o crescimento da importação entre parceiros comerciais, mudanças nos termos comerciais de commodities e movimentos na taxa de câmbio.

Referências

Abras, A., R. K. Almeida, P. Carneiro, and C. H. L. Corseuil. 2018. "Enforcement of Labor Regulations and Job Flows: Evidence from Brazilian Cities." *IZA Journal of Development and Migration* 8 (1).

Aguiar-Conraria, L., M. M. F. Martins, and M. J. Soares. 2020. "Okun's Law across Time and Frequencies." *Journal of Economic Dynamics and Control* 116.

Arias, J., E. Artuc, D. Lederman, and D. Rojas. 2018. "Trade, Informal Employment and Labor Adjustment Costs." *Journal of Development Economics* 133: 396–414.

Artuc, E., P. Bastos, and E. Lee. 2020. "Trade Shocks, Labor Mobility, and Welfare: Evidence from Brazil." World Bank, Washington, DC.

Ball, L., D. Leigh, and P. Loungani. 2017. "Okun's Law: Fit at 50?" *Journal of Money, Credit and Banking* 49 (7): 1413–41.

Belloc, F., and M. D'Antoni. 2020. "The Elusive Effect of Employment Protection on Labor Turnover." *Structural Change and Economic Dynamics* 54, 11–25.

Bosch, M., and J. Esteban-Pretel. 2012. "Job Creation and Job Destruction in the Presence of Informal Markets." *Journal of Development Economics* 98 (2): 270–86.

Bosch, M., and W. Maloney. 2008. "Cyclical Movements in Unemployment and Informality in Developing Countries." Policy Research Working Paper 4648, World Bank, Washington, DC.

Bosch, M., and W. F. Maloney. 2010. "Labor Dynamics in Developing Countries: Comparative Analysis using Markov Processes: An Application to Informality." *Labour Economics* 17 (4): 621–31.

Bowlus, A. J. 1995. "Matching Workers and Jobs: Cyclical Fluctuations in Match Quality." *Journal of Labor Economics* 13 (2): 335–50.

Campos-Vazquez, R. 2010. "The Effects of Macroeconomic Shocks on Employment: The Case of Mexico." *Estudios Economicos* 25 (1): 177–246.

Carneiro, A., P. Guimarães, and P. Portugal. 2012. "Real Wages and the Business Cycle: Accounting for Worker, Firm, and Job Title Heterogeneity." *American Economic Journal: Macroeconomics* 4 (2): 133–52.

Castellanos, S. G., R. Garcia-Verdu, and D. S. Kaplan. 2004. "Nominal Wage Rigidities in Mexico: Evidence from Social Security Records." *Journal of Development Economics* 75 (2): 507–33.

David, A., F. Lambert, and F. G. Toscani. 2019. "More Work to Do? Taking Stock of Latin American Labor Markets." IMF Working Paper 19/55, International Monetary Fund. https://www.imf.org/en/Publications /WP/Issues/2019/03/09/More-Work-to-Do -Taking-Stock-of-Latin-American-Labor -Markets-46661.

David, A. C., S. Pienknagura, and J. E. Roldos. 2020. "Labor Market Dynamics, Informality and Regulations in Latin America." IMF Working Paper 20/19, International Monetary Fund. https://ssrn.com/abstract=3545284.

Davis, S., and J. Haltiwanger. 1992. "Gross Job Creation, Gross Job Destruction, and Employment Reallocation." *Quarterly Journal of Economics* 107 (3): 819–63.

Devereux, P. J. 2004. "Cyclical Quality Adjustment in the Labor Market." *Southern Economic Journal* 70 (3): 600–15.

Dix-Carneiro, R., and B. K. Kovak. 2019. "Margins of Labor Market Adjustment to Trade." *Journal of International Economics* 117: 125–42.

Elsby, M. W., B. Hobijn, and A. Sahin. 2013. "Unemployment Dynamics in the OECD." *Review of Economics and Statistics* 95 (2): 530–48.

Erten, B., J. Leight, and F. Tregenna. 2019. "Trade Liberalization and Local Labor Market Adjustment in South Africa." *Journal of International Economics* 118: 448–67.

Freije, S., G. López-Acevedo, and E. Rodríguez-Oreggia. 2011. "Effects of the 2008-09 Economic Crisis on Labor Markets in Mexico." Policy Research Working Paper 5840, World Bank, Washington, DC.

Haltiwanger, J. C., H. R. Hyatt, L. B. Kahn, and E. McEntarfer. 2018. "Cyclical Job Ladders by Firm Size and Firm Wage." *American Economic Journal: Macroeconomics* 10 (2): 52–85.

IMF (International Monetary Fund). 2019. *Regional Economic Outlook: Stunted by Uncertainty.* International Monetary Fund, Washington, DC. https://www.imf.org/en /Publications/REO/WH/Issues/2019/10/22 /wreo1019.

Jaramillo, M., and H. Nopo. 2020. "COVID-19 and External Shock: Economic Impacts and Policy Options." COVID-19 Policy Document 5, United Nations Development Program in Latin America and the Caribbean, New York.

Jorda, O. 2005. "Estimation and Inference of Impulse Responses by Local Projections." *American Economic Review* 95 (1): 161–82.

Jorda, O., S. R. Singh, and A. M. Taylor. 2020. "Longer-Run Economic Consequences of Pandemics. Working Paper 26934, National Bureau of Economic Research, Cambridge, MA.

Jovanovic, B. 1979. "Job Matching and the Theory of Turnover." *Journal of Political Economy* 87 (5): 972–90.

Kaur, S. 2019. "Nominal Wage Rigidity in Village Labor Markets." *American Economic Review* 109 (10): 3585–3616.

Liu, Y. 2018. "Job Creation and Destruction in Japan: Evidence from Division-Level Employment Data." *Journal of Asian Economics* 58: 59–71.

Maloney, W. F. 1999. "Does Informality Imply Segmentation in Urban Labor Markets? Evidence from Sectoral Transitions in Mexico." *World Bank Economic Review* 13 (2): 275–302.

Moscarini, G., and F. Postel-Vinay. 2009. "Large Employers Are More Cyclically Sensitive." Working Paper 14740, National Bureau of Economic Research, Cambridge, MA.

Moscarini, G., and F. Postel-Vinay. 2012. "The Contribution of Large and Small Employers to Job Creation in Times of High and Low Unemployment." *American Economic Review* 102 (6): 2509–39.

Moscarini, G., and F. Postel-Vinay. 2013. "Stochastic Search Equilibrium." *Review of Economic Studies* 80 (4): 1545–81.

Ochieng, H. K., and B. Park. 2017. "The Heterogeneity of Job Creation and Destruction in Transition and Non-Transition Developing Countries: The Effects of Firm Size, Age and Ownership." *East Asian Economic Review* 21 (4): 385–432.

Regis, P., and J. Silva. 2020. "Employment Dynamics: Timeline and Myths of Economic Recovery." World Bank, Washington, DC.

Robertson, R., and D. H. Dutkowsky. 2002. "Labor Adjustment Costs in a Destination Country: The Case of Mexico." *Journal of Development Economics* 67 (1): 29–54.

Shimer, R. 2005. "The Cyclical Behavior of Equilibrium Unemployment and Vacancies." *American Economic Review* 95 (1): 25–49.

Silva, J., and L. Sousa. 2020. "Job Creation and Destruction in Small and Large Firms in Brazil and Ecuador." World Bank, Washington, DC.

Solon, G., R. Barsky, and J. A. Parker. 1994. "Measuring the Cyclicality of Real Wages: How Important Is Composition Bias?" *Quarterly Journal of Economics* 109 (1): 1–25.

Sousa, L. 2020. "Economic Shocks and Employment Adjustments in Latin America." World Bank, Washington, DC.

Taskin, T. 2013. "Intensive Margin and Extensive Margin Adjustments of Labor Market: Turkey versus United States" *Economics Bulletin* 33 (3): 2307–19.

Teulings, C. 1993. "The Diverging Effects of the Business Cycle on the Expected Duration of Job Search." *Oxford Economic Papers* 45: 482–500.

Van Rens, T. 2012. "How Important Is the Intensive Margin of Labor Adjustment? Discussion of Aggregate Hours Worked in OECD Countries: New Measurement and Implications for Business Cycles by Lee Ohanian and Andrea Raffo." *Journal of Monetary Economics* 59 (1): 57–63.

Anexo 2A. Transições de emprego por país, gênero e nível de habilidade

FIGURA 2A1   **Fluxos líquidos trimestrais de entrada no trabalho em tempo parcial, setores formal e informal, 2005–17**

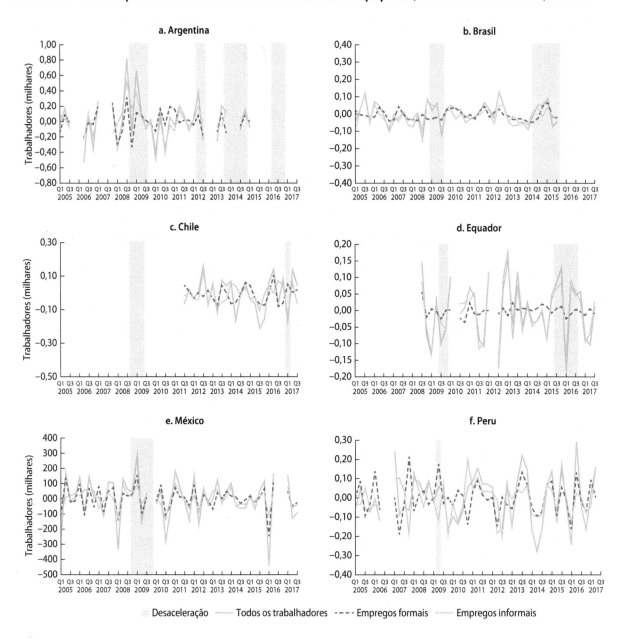

Fonte: Sousa, 2020.

Nota: Estes painéis mostram os componentes cíclicos de fluxos líquidos em direção ao trabalho em tempo parcial (número de trabalhadores transitando do trabalho em tempo integral para o trabalho em tempo parcial, menos o número de trabalhadores transitando do tempo parcial para o tempo integral) entre os trabalhadores empregados em formais dependentes ou empregos informais (independentes ou dependentes). Esta análise limitou-se a trabalhadores que não transitaram ao mesmo tempo entre a formalidade e a informalidade, à medida que passavam do trabalho em tempo parcial para o trabalho em tempo integral sem mudar de setor. Os fluxos foram estimados como o número de trabalhadores que transitaram entre dois trimestres consecutivos de observação. O componente cíclico foi estimado com ajustes sazonais e filtro de Hodrik-Prescott. As áreas sombreadas nas figuras rotuladas como "retração" representam trimestres de crescimento negativo do produto interno bruto, com base em estimativas oficiais.

TABELA 2A.1   **Ciclicidade das transições no emprego, por gênero e nível de qualificação**

País	S(0)	S(1)	Mulheres Altamente Qualificadas		Mulheres Pouco Qualificadas		Homens Altamente Qualificados		Homens Pouco Qualificados	
Argentina	Formal	Informal	0,19		0,12		0,17		0,14	
	Formal	Desemp.	−0,04		−0,01		−0,06		−0,15	
	Informal	Formal	0,09		0,23		0,45		0,93	*
	Ass. Informal	Formal	0,09		0,31		0,41		0,71	
	Ass. Informal	Desemp.	−0,34		−0,29		−0,69	**	0,09	
	Autônomo	Formal	0,08		−0,02		0,22		0,81	*
	Autônomo	Desemp.	0,40		0,17		−0,33		−0,41	
Brasil	Formal	Informal	0,29		0,19		0,30		0,15	
	Formal	Desemp.	0,02		0,05		−0,22	*	−0,20	
	Informal	Formal	0,86	**	0,80		0,60	*	0,93	*
	Ass. Informal	Formal	0,94		0,93		0,28		0,94	
	Ass. Informal	Desemp.	−0,10		−0,41		−0,28		−0,04	
	Autônomo	Formal	0,88	**	0,80		0,78	**	0,77	
	Autônomo	Desemp.	−0,01		0,09		−0,29	*	−0,11	
Chile	Formal	Informal	0,13		0,00		−0,72		−0,23	
	Formal	Desemp.	0,22		0,58		−0,03		−0,13	
	Informal	Formal	1,14		1,25		0,33		1,03	
	Ass. Informal	Formal	0,27		0,78		0,53		1,15	
	Ass. Informal	Desemp.	−0,09		−0,65		0,69		0,44	
	Autônomo	Formal	2,43		2,45		0,51		1,66	
	Autônomo	Desemp.	−0,53		−0,73		0,95		0,87	
Equador	Formal	Informal	0,12		0,72		−1,25		0,29	
	Formal	Desemp.	−0,58		−0,79		0,14		0,16	
	Informal	Formal	0,47		0,40		−0,33		−0,53	
	Ass. Informal	Formal	0,62		0,08		−0,03		−0,82	
	Ass. Informal	Desemp.	0,34		−0,93		0,33		−0,75	
	Autônomo	Formal	−0,09		−0,21		−0,20		−0,08	
	Autônomo	Desemp.	−0,27		0,10		0,08		−0,07	
México	Formal	Informal	−0,11		−0,44		0,22		−0,17	
	Formal	Desemp.	−0,38	**	0,02		−0,19		0,07	
	Informal	Formal	0,17		0,25		0,86	***	1,04	**
	Ass. Informal	Formal	−0,06		0,28		0,72	**	0,90	
	Ass. Informal	Desemp.	−0,10		−0,14		−0,47	**	−0,06	
	Autônomo	Formal	0,29		0,86		0,59	*	0,71	
	Autônomo	Desemp.	0,00		−0,40		0,00		−0,34	

table continues next page

TABELA 2A.1   **Ciclicidade das transições no emprego, por gênero e nível de qualificação** *(Continued)*

País	S(0)	S(1)	Mulheres		Homens	
			Altamente Qualificadas	Pouco Qualificadas	Altamente Qualificados	Pouco Qualificados
Peru	Formal	Informal	1,71	2,83	2,65 **	1,78
	Formal	Desemp.	0,67	0,80	0,09	−0,07
	Informal	Formal	−0,48	−1,27	−1,26	−1,32
	Ass. Informal	Formal	−1,27	−1,65	−1,18	−0,88
	Ass. Informal	Desemp.	0,86	0,98	1,37	0,29
	Autônomo	Formal	0,48	−0,23	−0,90	−0,86
	Autônomo	Desemp.	0,63	0,52	−0,55	0,06

Fonte: Sousa, 2020.

Nota: Esta tabela mostra os coeficientes de uma regressão de mínimos quadrados ordinários das taxas de transição trimestrais sobre a taxa de crescimento defasado do produto interno bruto, por gênero e nível de qualificação. "Pouco qualificado" equivale a ensino médio ou inferior e "altamente qualificado" equivale a ensino superior ou maior. As taxas de transição são definidas como a proporção de trabalhadores com um tipo de emprego no trimestre t que transitaram para outro tipo de emprego no trimestre t+1.

O impacto sobre os trabalhadores, empresas e localidades

Introdução

O capítulo anterior mostrou como as crises na América Latina e no Caribe (ALC) mudam a dinâmica agregada e a estrutura do emprego. As crises levam ao aumento do desemprego (mais do que a aumentos na informalidade), com uma perda de empregos bastante acentuada no setor formal. À medida que as boas oportunidades de emprego diminuem, a estrutura econômica geral é alterada. A perda de empregos resultante de uma crise é ainda mais grave na região da ALC devido aos lentos processos de recuperação característicos da região. Essa lenta criação de empregos depende de fatores do lado da demanda, como empresas e localidades, não apenas dos trabalhadores. Embora as evidências apresentadas até agora sugiram que as crises têm impactos prejudiciais em nível agregado, qual a severidade dos impactos das crises econômicas nos trabalhadores individuais? Como os setores e as empresas ajustam empregos e salários em resposta às crises? Que margens de ajuste são usadas além da eliminação de empregos, e quais são seus efeitos de médio a longo prazo sobre a eficiência? De que forma as características das localidades ditam os impactos das crises?

Essas são questões importantes para a agenda de resposta à crise da região da ALC, principalmente devido às suas implicações de longa duração. Se o desemprego for persistente, a decadência do capital humano que resultará será maior e levará a uma redução maior do potencial de crescimento de longo prazo. Independentemente do tamanho do choque, se ocorrerem grandes efeitos heterogêneos entre os trabalhadores, com alguns perdendo muito mais do que outros, o direcionamento do escasso apoio a esses trabalhadores que mais pedem pode gerar ganhos maiores. Os riscos são muito altos para a América Latina, não apenas em termos de potencial de crescimento, mas também em matéria de estabilidade social; alguns estudos recentes vinculando a perda involuntária do emprego ao aumento da violência (Dell, Feigenberg e Teshima, 2019). Além disso, o capítulo anterior mostrou que os ajustes quantitativos às crises afetam mais os trabalhadores menos qualificados do que os mais qualificados. O efeito cicatriz pode ampliar essa consequência, erodindo ainda mais os ganhos dos trabalhadores menos qualificados e aumentando a desigualdade em uma região já altamente desigual.

As crises podem diminuir o bem-estar individual, mas também podem aumentar a *eficiência* no curto e médio prazo. Durante uma crise, a compatibilidade empregador-empregado e o capital humano específico a cada posto de trabalho resultante dela, que demoraram muito para ser construídos e voltariam a ser viáveis com a volta da economia ao normal, podem ser permanentemente dissolvidos devido a esse choque temporário. Essa perda pode retardar o aumento posterior da produção e implica em uma perda de produtividade. No entanto, a perda de empregos provocada por uma crise econômica pode ter um importante efeito depurador e levar ao aumento da produtividade tanto na empresa quanto no mercado. Isso pode ser algo positivo, desde que novos empregos sejam criados após o fim da crise.

Este capítulo começa com uma caracterização minuciosa do efeito cicatriz causado pela perda involuntária e exógena do emprego ou seja, a perda do emprego não relacionada ao desempenho ou às preferências do trabalhador. Essa caracterização é realizada por meio da análise das perdas salariais de longo prazo dos trabalhadores que perderam o emprego após o fechamento da empresa. A literatura sobre a região da ALC identifica grandes efeitos de curto prazo desses desligamentos - por exemplo, Amarante, Arim e Dean (2014) encontram perdas salariais superiores a 14 por cento um ano após a separação do emprego entre trabalhadores uruguaios com alta estabilidade. Arias-Vázquez, Lederman e Venturi (2019) acrescentam a essa literatura crescente ao encontrar efeitos salariais grandes e duradouros da perda involuntária de emprego resultante do fechamento de empresas. Dois anos após o fechamento de uma empresa, os salários tendem a ser 11 por cento mais baixos para os trabalhadores que perderam o emprego involuntariamente do que para os que não perderam o emprego involuntariamente. Quatro anos depois do fechamento, a diferença salarial é de 6 por cento. Os salários não se recuperam totalmente antes de nove anos.

A seguir, este capítulo considera o efeito cicatriz decorrente das condições iniciais disponíveis para os novos ingressantes na força de trabalho na região da ALC, considerando se há consequências de longo prazo sobre empregos e salários resultantes do ingresso no mercado de trabalho durante uma recessão, gerando o que a imprensa popular chama de "geração perdida." Esta é uma questão particularmente importante para a região da ALC, dadas suas altas taxas de desemprego entre os jovens e seus investimentos para aumentar e melhorar o aproveitamento no ensino médio e superior. Esses investimentos no estoque de capital humano da região são prejudicados pelas crises frequentes? Pesquisas anteriores que encontraram evidências dos efeitos de longo prazo das retrações econômicas sobre os ingressantes no mercado de trabalho concentraram-se nas economias de alta renda.[1] Estudos de países como o Japão, Suécia e Estados Unidos encontram evidências de efeitos negativos de longo prazo nos salários dos trabalhadores egressos do ensino superior.

Mas até que ponto esses resultados se aplicam aos mercados de trabalho da região da ALC, onde a parcela de trabalhadores com formação de nível superior é muito menor e a informalidade continua sendo uma opção de emprego significativa? Moreno e Sousa (2021), estimam o grau do efeito cicatriz causado pelas condições iniciais de trabalho para novos ingressantes ao longo da primeira década de vida profissional em quatro economias latino-americanas. Os resultados confirmam que ingressar no mercado de trabalho durante uma crise tem, sim, consequências de longo prazo na região da ALC. No entanto, esse efeito cicatriz é visto nos resultados do emprego (menores taxas de participação, maiores taxas de desemprego e maior probabilidade de emprego informal), não como um efeito de longo prazo sobre os rendimentos; esse efeito é mais acentuado entre os trabalhadores com formação de nível médio. Da mesma forma, Fernandes e Silva (2021) encontraram um efeito cicatriz mais forte no emprego e nos resultados salariais dos trabalhadores menos qualificados do que no emprego e resultados salariais dos trabalhadores mais qualificados no setor formal no Brasil e no Equador. Uma explicação desse efeito é que há menos concorrência por empregos qualificados devido à relativa escassez de pessoas com formação superior na região da ALC. Ou seja, a análise sugere que o efeito cicatriz provavelmente exacerba o alto nível de desigualdade salarial na região.

Passando para a perspectiva da eficiência, este capítulo mostra que há três formas principais de ajuste de empresas e setores na ALC às crises que podem alterar sua eficiência no longo prazo. Primeiro, o ajuste do trabalhador varia de acordo com as características de seu empregador/empresa: trabalhadores de empresas maiores e mais bem administradas lidam melhor com os efeitos das crises (Fernandes e Silva, 2021). Isso tem implicações para a produtividade das empresas e a demanda de trabalho. Na região da ALC, os mecanismos de ajuste às crises incluem o efeito depurador; o efeito cicatriz que reflete a falta de oportunidades; e choques que afetam as distorções, levando a rendas com potenciais efeitos positivos no longo prazo.

Além disso, os resultados apresentados neste capítulo nos levam a questionar o impacto de fatores institucionais e de mercado externos aos trabalhadores sobre o efeito cicatriz e, em geral, sobre as perspectivas de recuperação do emprego no longo prazo. Os resultados deste capítulo mostram que o emprego em empresas protegidas, definidas como aquelas que enfrentam menos concorrência, é menos afetado pelas crises do que o emprego em empresas menos protegidas. Em setores onde algumas empresas detêm uma grande parcela do mercado, os choques não levam a nenhum ajuste de salário real para baixo. Em vez disso, podem causar aumentos no emprego – o contrário do que se esperaria de mecanismos econômicos normais. Pela mesma lógica, o emprego responderá menos a choques negativos de exportações se a empresa for estatal do que se for do setor privado.

O capítulo termina considerando o terceiro elemento do triângulo: localidades. Os resultados indicam que os trabalhadores em localidades com menos formalidade se saem melhor após a crise do que os trabalhadores em outras localidades. A presença de um grande setor informal pode proteger alguns trabalhadores contra choques. Por exemplo, este estudo conclui que há menores perdas de empregos e salariais em resposta a crises entre os trabalhadores formais do setor privado que vivem em localidades com maiores taxas de informalidade (Fernandes e Silva, 2021). Isso sugere que a informalidade pode ser um importante amortecedor do emprego no médio e longo prazo, quando os trabalhadores podem fazer a transição do desemprego para a informalidade; esse efeito foi demonstrado por Dix-Carneiro e Kovak (2019) no caso do ajuste à liberalização comercial. De fato, nos dados brasileiros as transições do desemprego para a informalidade são duas vezes mais prováveis que as transições do desemprego para a formalidade.

Finalmente, as conclusões indicam que os trabalhadores em localidades com mais oportunidades de emprego (alternativo) se recuperam melhor das crises. As perdas de emprego (e às vezes de salários) são maiores e mais duradouras para os trabalhadores formais em localidades com setores primários maiores, setores de serviços menores, menos empresas grandes e uma produção altamente concentrada no mesmo setor em que os trabalhadores estavam empregados antes da crise (Fernandes e Silva, 2021). Nestes casos, as perdas de rendimentos persistentes desses trabalhadores podem refletir a falta de oportunidades disponíveis na fase recuperação, não apenas o "efeito cicatriz" no sentido tradicional de uma perda persistente de capital humano associada a um período de desemprego ou a empregos de qualidade inferior.

Trabalhadores: uma carga maior sobre os não qualificados

O objetivo desta seção é melhorar nossa compreensão das implicações de longo prazo das crises para os trabalhadores da região da ALC. O foco principal do capítulo é caracterizar a incidência e a magnitude do efeito cicatriz na região. Efeito cicatriz se refere aos impactos de longo prazo da perda de emprego sobre os rendimentos do trabalhador, devido à deterioração do capital humano do trabalhador e a mudanças na qualidade de seu emprego. Desde a documentação dos primeiros efeitos salariais duradouros da perda de emprego nos Estados Unidos por Jacobson, LaLonde e Sullivan (1993a, b), estudos em todo o mundo constataram que os efeitos salariais da perda de um emprego são de longa duração. A decadência do capital humano e a realocação de trabalhadores e empresas entre os setores são dois canais importantes pelos quais as crises podem ter implicações de longo prazo para as perspectivas de bem-estar e crescimento econômico na região da ALC.

Esta seção responde a dois conjuntos de perguntas. Primeiro, qual a extensão do efeito cicatriz na América Latina e no Caribe e que formas ele assume? Esta sessão considera o efeito cicatriz a partir de suas três dimensões causais: a perda de emprego, as piores condições iniciais de ingresso da força de trabalho e os ajustes motivados pelas crises. Segundo, como o efeito cicatriz varia entre os diferentes tipos de trabalhadores?

O efeito cicatriz implica uma redução do capital humano e da produtividade do trabalhador, levando a piores resultados de emprego e salários mais baixos ao longo do tempo. O capital humano pode ser considerado de duas formas. O capital humano geral inclui habilidades que são valiosas em muitos setores da economia (como nível de escolaridade, alfabetização e algumas habilidades de informática). O capital humano específico está relacionado a habilidades específicas a um setor ou empresa, e é gerado por meio de experiência profissional e treinamento no local de trabalho que tornam o trabalhador mais produtivo nessa empresa ou setor. O efeito cicatriz resulta da deterioração de um desses tipos de capital humano (ou de ambos). Quando os trabalhadores perdem seus empregos, eles perdem o que aprenderam e construíram em seus empregos na forma de habilidades e relacionamentos específicos à empresa. Burdett, Carrillo-Tudela e Coles (2020) constataram que a perda de capital

humano é o fator mais importante na determinação dos custos da perda de emprego para os trabalhadores, mas Carrington e Fallick (2017) sugerem que outras pesquisas são necessárias para avaliar o grau de contribuição desse fator.

Contudo, o efeito cicatriz não exige estritamente a perda do emprego. Na medida em que o treinamento e a experiência no local de trabalho geram capital humano, evitam que o capital humano existente se desgaste e servem como um sinal da qualidade do trabalhador para outros empregadores, a qualidade da correspondência de emprego inicial de um trabalhador pode ter efeitos significativos em seu acúmulo de capital humano e sua trajetória profissional. Já foi demonstrado que os trabalhadores que ingressaram no mercado de trabalho em tempos difíceis têm rendimentos mais baixos do que trabalhadores semelhantes que ingressaram no mercado de trabalho em tempos bons.

Esta seção revê a literatura e relata os resultados de três novos estudos de referência desenvolvidos no contexto deste projeto de pesquisa emblemático sobre o tema do efeito cicatriz no mercado de trabalho na América Latina. Dois dos estudos usam dados de compatibilidade trabalhador-empresa para examinar o efeito cicatriz após a perda do emprego e as cicatrizes causadas pela exposição das empresas a crises. O terceiro usa pesquisas sobre a força de trabalho para analisar o efeito cicatriz para além dos empregados no setor formal, considerando o impacto das condições no momento de ingresso no mercado de trabalho sobre os resultados de emprego dos trabalhadores durante a primeira década de suas vidas profissionais.

Esta seção também examina se diferentes tipos de trabalhadores são afetados pelas crises de maneiras diferentes. Nem todos os trabalhadores sofrerão perdas motivadas pelo efeito cicatriz. As perdas se concentram em alguns tipos de trabalhadores. Esta seção identifica alguns desses grupos que merecem atenção especial dos formuladores de políticas para reduzir os custos econômicos e sociais das crises. Compreender as diferenças nas respostas às crises entre os tipos de trabalhadores é importante porque permite que os governos direcionem o apoio para onde ele é mais necessário.

Gravidade dos efeitos de longo prazo

Efeito Cicatriz causado pela perda de emprego

A perda do emprego tem custos significativos a curto e longo prazo. Os primeiros estudos sobre esse tema se concentraram nos Estados Unidos. Jacobson, LaLonde e Sullivan (1993a, 1993b) mostram que os trabalhadores dos Estados Unidos incorrem em períodos prolongados de salários perdidos após perderem o emprego. Também demonstram que uma amostra de trabalhadores na Pensilvânia sofreu perdas de rendimentos de aproximadamente 25 por cento em relação aos rendimentos anteriores à perda involuntária do emprego, que persistiram por cinco a seis anos após a perda do emprego (Jacobson, LaLonde, e Sullivan 1993a). Outros estudos constataram o mesmo fenômeno em outros países.[2] Períodos de desemprego mais longos ou mais frequentes têm consequências negativas maiores sobre os salários (Arulampalam 2001; Gregg e Tominey 2005; Gregory e Jukes 2001). Além disso, o efeito cicatriz da perda do emprego pode durar gerações. Oreopoulos, Page e Stevens (2008) constataram que os canadenses cujos pais perderam o emprego tinham rendimentos anuais 9 por cento mais baixos do que canadenses semelhantes cujos pais não sofreram choques semelhantes no emprego. No entanto, a maioria das pesquisas nessa área concentrou-se em países desenvolvidos.

Um dos sintomas mais marcantes das crises econômicas são as demissões em massa devido ao fechamento de empresas. A análise de eventos de demissão em massa ajuda a abordar a endogeneidade potencial dos trabalhadores que deixam as empresas voluntariamente, porque o motivo para deixar uma empresa (mesmo no contexto de uma demissão em massa) tem um efeito significativo sobre os rendimentos e empregos subsequentes (Flaaen, Shapiro e Sorkin, 2019). No entanto, o número de estudos

sobre o efeito cicatriz entre trabalhadores que perderam o emprego após o fechamento de empresas na América Latina é surpreendentemente pequeno. Amarante, Arim, e Dean (2014) e Kaplan, González e Robertson (2007), estudando o Uruguai e o México, respectivamente, são exceções importantes. Amarante, Arim e Dean (2014) encontraram perdas salariais superiores a 14 por cento um ano após a separação do emprego para trabalhadores uruguaios com alta estabilidade. Essa redução de salário é ainda maior para os trabalhadores que perderam o emprego durante uma retração. Para o México, Kaplan, Gonzalez e Robertson (2006) usam dados administrativos de compatibilidade empresa-trabalhador para acompanhar os trabalhadores que deixam a empresa durante "demissões em massa" - eventos em que uma grande parcela dos empregados deixa a empresa. Eles constataram uma redução salarial maior esses trabalhadores e reduções maiores para os trabalhadores que deixaram a empresa em épocas de retração.

Com base nessa abordagem, Arias-Vázquez, Lederman e Venturi (2019), em uma análise de referência para este relatório, constataram que os trabalhadores que perderam seus empregos quando a empresa foi fechada sofreram perdas salariais grandes e duradouras. Eles usam dados mexicanos de 2005 a 2017 (informações retrospectivas sobre emprego no nível de trabalhador da Pesquisa Nacional de Ocupação e Emprego do México) que lhes permitem identificar as perdas de empregos resultantes do fechamento de empresas. Os resultados indicam que levou em média 10 anos para o trabalhador que perdeu o emprego devido ao fechamento de uma empresa recuperar seu salário. Esse tempo médio de recuperação é bem maior do que para um trabalhador que se demite voluntariamente (três anos) ou para quem fecha seu próprio negócio (quatro anos). A Figura 3.1 ilustra a magnitude e a duração do impacto do fechamento de uma empresa sobre os salários reais de um trabalhador que perdeu involuntariamente o emprego em comparação com um trabalhador que não perdeu o emprego involuntariamente. Inicialmente, os salários são 11 por cento mais baixos nos

FIGURA 3.1   **Efeito da perda involuntária do emprego devido ao fechamento de empresas sobre os salários no México**

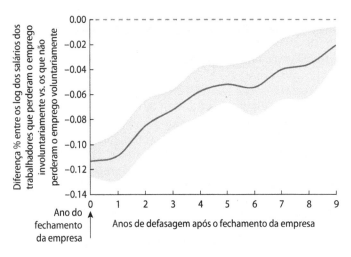

Fonte: Arias-Vázquez, Lederman e Venturi (2019).

Nota: Esta figura plota a diferença percentual entre os logs de salários de um trabalhador que perdeu involuntariamente o emprego e um trabalhador que não perdeu o emprego involuntariamente (ou seja, o coeficiente estimado para a variável de perda de emprego com defasagem) no eixo vertical em relação a cada ano desde a perda do emprego no eixo horizontal (onde 0 é o ano do fechamento da empresa). A linha contínua representa os coeficientes (a diferença salarial). As linhas pontilhadas refletem os intervalos de confiança de 95%. Os erros padrão são agrupados em nível estadual. Todas as regressões controlam para anos de ensino, sexo, estado civil, idade, quadrado da idade, status, período de pesquisa e efeitos fixos do setor.

primeiros dois anos após a perda do emprego para os trabalhadores que perderam o emprego devido ao fechamento da empresa do que para os trabalhadores que não perderam o emprego involuntariamente. A diferença salarial diminui para 6 por cento no quarto ano após o fechamento da empresa, e os salários dos trabalhadores que não perderam o emprego involuntariamente se recuperam completamente somente após dez anos.

Efeito cicatriz devido ao ingresso no mercado de trabalho durante uma retração

Conforme mencionado mais acima neste capítulo, o efeito cicatriz não exige estritamente a perda do emprego. Na medida em que a capacitação e a experiência no local de trabalho geram capital humano, evitam que o capital humano existente se desgaste e servem como um sinal da qualidade do trabalhador para outros empregadores, a qualidade da correspondência do emprego inicial de um trabalhador pode ter efeitos significativos em seu acúmulo de capital humano e sua trajetória profissional. Dessa forma, trabalhadores

jovens podem ser especialmente vulneráveis ao impacto das crises nos mercados de trabalho locais, porque ingressar no mercado de trabalho é mais difícil em tempos adversos e tem efeitos de longo prazo sobre os rendimentos (Hardoy e Schone 2013).

Foi demonstrado que os trabalhadores que ingressam no mercado de trabalho pela primeira vez em tempos adversos têm rendimentos mais baixos do que trabalhadores semelhantes que ingressaram no mercado de trabalho em tempos favoráveis (conforme demonstram Brunner e Kuhn [2014] para a Áustria e Kahn [2010]) para os Estados Unidos). Liu, Salvanes e Sørensen (2016) constataram que o mecanismo por trás desses efeitos negativos de longo prazo para trabalhadores com ensino superior é a incompatibilidade cíclica de qualificações - ou seja, menos oportunidades de emprego quando os candidatos ingressam no mercado de trabalho pela primeira vez os força a aceitarem empregos piores. O estudo conclui que a qualidade da compatibilidade no primeiro emprego desses trabalhadores explica a maior parte da perda de rendimentos no longo prazo quando o ingresso ocorre durante uma recessão.

Existem poucas pesquisas sobre o efeito cicatriz para novos ingressantes na força de trabalho da região da ALC. Cruces, Ham e Viollaz (2012) usam pseudopainéis e coortes de nascimento e encontram um impacto negativo forte, mas de curta duração, sobre os salários dos trabalhadores brasileiros expostos a retrações no início de sua experiência no mercado de trabalho. Martinoty (2016) conclui que as retrações levam a mudanças na composição do emprego dos jovens (já que alguns jovens optam por permanecer mais tempo na educação). Existem evidências de efeito cicatriz de longo prazo para todos os níveis de formação que adentram o mercado de trabalho durante retrações.

Para contribuirem para a literatura sobre os efeitos permanentes na região da ALC, Moreno e Sousa (2021) analisam os efeitos de coorte nos resultados do mercado de trabalho relacionados às condições econômicas durante o ano de ingresso na força de trabalho. A Figura 3.2 mostra as taxas de desemprego para coortes nos primeiros anos de

FIGURA 3.2 **Taxas de desemprego por coorte, Argentina e Colômbia**

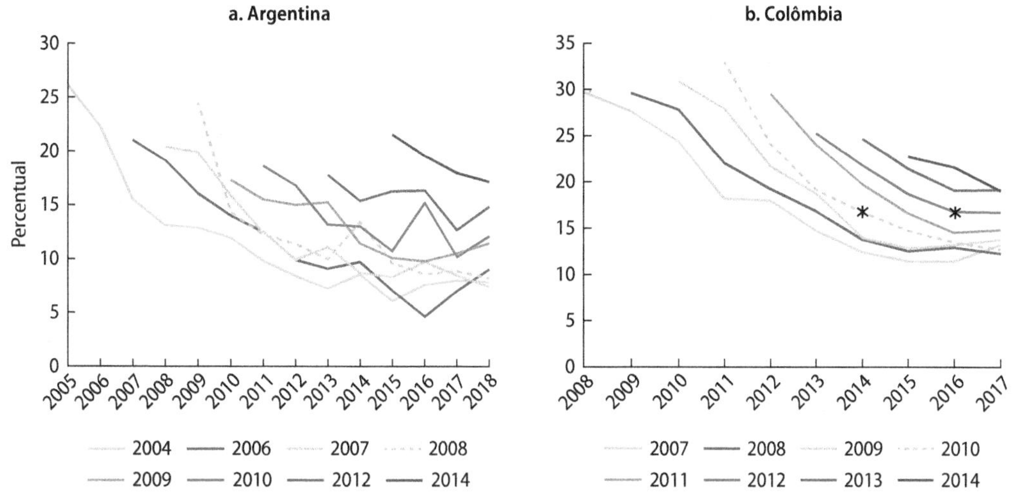
a. Argentina
Percentual
30
25
20
15
10
5
0
2005 2006 2007 2008 2009 2010 2011 2012 2013 2014 2015 2016 2017 2018
2004 2006 2007 2008
2009 2010 2012 2014
b. Colômbia
35
30
25
20
15
10
5
0
2008 2009 2010 2011 2012 2013 2014 2015 2016 2017
2007 2008 2009 2010
2011 2012 2013 2014

Fonte: Moreno e Sousa (2021).
Nota: Esta figura mostra as taxas de desemprego nacionais, por ano de ingresso no mercado de trabalho. As estrelas nas tendências das coortes de 2010 e 2012 da Colômbia mostram suas taxas de desemprego quatro anos após o ingresso.

participação no mercado de trabalho na Argentina e na Colômbia. Os níveis iniciais de desemprego diferiram perceptivelmente entre essas coortes: os jovens colombianos que ingressaram no mercado de trabalho em 2010 enfrentaram taxas de desemprego significativamente mais altas do que aqueles que ingressaram em 2012. A figura também ilustra que essa diferença pode persistir anos após o ingresso. A coorte de 2010 não alcançou a menor taxa de desemprego da coorte de 2012 até quatro anos após ingressar no mercado de trabalho.

Seguindo a metodologia de Genda, Kondo e Ohta (2010), Moreno e Sousa (2021) exploram as variações espaciais e temporais nas taxas de desemprego locais quando uma coorte ingressa no mercado de trabalho. Por meio de seções transversais repetidas e taxas de desemprego subnacionais, a mesma coorte é observada ao longo do tempo e em diferentes condições iniciais do mercado de trabalho. Por se basear em dados de pesquisas, esta metodologia pode ser utilizada para considerar a informalidade como resultado, o que não é possível com o uso de registros administrativos.

Nos quatro países com séries subnacionais suficientemente longas para uso nesta análise — Argentina, Brasil, Colômbia e México — Moreno e Sousa (2020) constatam que as condições iniciais de emprego podem causar o efeito cicatriz, experimentado na forma de uma combinação de maior desemprego, menor participação no mercado de trabalho e maior informalidade, dependendo do país. No entanto, seus resultados não refletem um efeito cicatriz significativo na forma de efeitos sobre os salários; esses efeitos são perceptíveis apenas nos primeiros três anos de participação no mercado de trabalho e apenas para subconjuntos específicos de trabalhadores (mulheres brasileiras e homens mexicanos pouco qualificados). A Figura 3.3 apresenta os resultados para trabalhadores pouco qualificados no México. No México, os novos ingressantes com apenas o ensino médio que ingressam no mercado de trabalho nos piores períodos têm taxas de participação mais baixas e taxas potencialmente mais altas de desalento, o que é sugerido pela combinação de menor participação e menor taxa de desemprego. Esse resultado mantém-se pelos primeiros nove anos desses trabalhadores no

FIGURA 3.3 **Efeitos do Desemprego Local Mais Alto sobre o Emprego e Salários no Momento de Ingresso no Mercado de Trabalho no México**

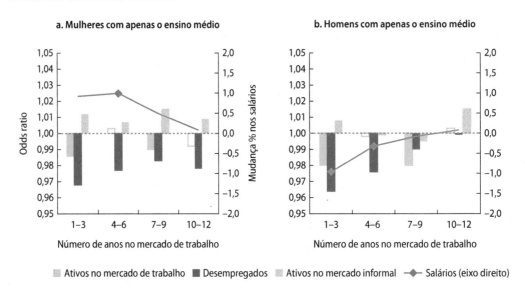

Fonte: Moreno e Sousa (2021).

Nota: Odds ratio logístico relatado para resultados binários e coeficientes de Heckman para log de salários. As barras coloridas (e pontos grossos) indicam a significância estatística. Os erros padrão entre parênteses são calculados por bootstrapping (rep = 50) e são agrupados por ano e região. O modelo inclui características individuais e efeitos fixos para região, coorte e ano. As barras sem cor e os traços sem pontos grossos das linhas não têm significância estatística.

mercado de trabalho. Curiosamente, apesar da diferença significativa nas taxas de participação na força de trabalho entre os homens e as mulheres no México, esse resultado é válido para ambos.

Os resultados referentes ao México também mostram taxas mais altas de informalidade nos últimos anos para os trabalhadores que ingressam no mercado de trabalho durante retrações. O mesmo resultado é encontrado na Colômbia e entre alguns tipos de trabalhadores no Brasil. Embora, conforme discutido no capítulo anterior, a informalidade não seja necessariamente uma opção de emprego inferior na região da ALC, esse resultado reflete a teoria mencionada anteriormente de que a informalidade atua como amortecedor para o emprego durante as crises econômicas. Uma das funções desse amortecedor é absorver novos ingressantes no mercado de trabalho que, em épocas melhores, poderiam encontrar emprego formal. Por outro lado, na Argentina, as taxas de informalidade para os homens que ingressam no mercado de trabalho durante uma

retração são mais baixas, enquanto as taxas de desemprego são mais altas, sugerindo que a informalidade não é um amortecedor eficaz para esse grupo.

O *efeito cicatriz* como uma transferência de empresas afetadas pela crise

A maioria das pesquisas existentes sobre o efeito cicatriz aborda os efeitos gerais da perda involuntária do emprego em momentos bons e ruins. Há, no entanto, muitos motivos para suspeitar que a perda involuntária do emprego durante uma crise pode não ter os mesmos efeitos que a perda de emprego durante épocas mais propícias. Essa distinção é particularmente relevante para a região da ALC, onde as crises são frequentes. Davis e von Wachter (2011) constatam que as perdas de rendimentos resultantes da perda involuntária do emprego são maiores nas recessões do que nas expansões, e Amarante, Arim e Dean (2014) encontram reduções salariais maiores para os trabalhadores que perdem o emprego durante uma retração do que para outros trabalhadores. McCarthy e Wright

(2018) constataram que os trabalhadores irlandeses que perderam seus empregos durante a crise financeira global de 2008-09 incorreram em perdas muito maiores e mais duradouras de renda do que os trabalhadores que perderam seus empregos entre 2005 e 2007. Com foco no mercado de trabalho dos Estados Unidos, Carrington (1993); Farber (2003); Howland e Peterson (1988); e Jacobson, LaLonde e Sullivan (1993b, capítulo 6) sugerem que as condições do mercado de trabalho podem afetar os salários que os trabalhadores recebem em seus novos empregos (se encontrarem novos empregos) depois de deixarem involuntariamente seus empregos anteriores. Kaplan, González e Robertson (2007) mostram que, no México, o efeito cicatriz é muito pior em tempos de crise do que em outros momentos.

Um dos principais desafios na identificação dos efeitos das crises sobre o efeito cicatriz entre os trabalhadores é que são raros os exemplos de mudanças de demanda específicas às empresas resultantes das crises. Em um documento de referência elaborado para este relatório, Fernandes e Silva (2021) exploram a heterogeneidade na exposição das empresas à crise financeira global de 2008-09 para medir o potencial de um choque de demanda acentuado para gerar empregos de longo prazo e efeitos salariais para os trabalhadores. Sua estratégia é baseada na ideia de que as empresas foram expostas de forma diferenciada a choques externos causados pela crise, dadas as diferenças em suas carteiras predeterminadas de destinos de exportação. Usando dados longitudinais da população empregador-empregado extraídos dos registros da previdência social associados a dados alfandegários de exportação das empresas, por destino, referentes a dois países da ALC (Brasil e Equador), elas compararam os resultados para trabalhadores formais inicialmente em empresas que enfrentaram maiores mudanças na demanda de trabalho com os resultados de trabalhadores em empresas que enfrentaram mudanças menores na demanda de trabalho, ao longo de oito anos.

Fernandes e Silva (2021) constatam que o efeito da crise financeira global foi mais forte e duradouro para trabalhadores em empresas mais afetadas negativamente. Os resultados do estudo são ilustrados na figura 3.4. Os efeitos da crise financeira global sobre o número médio de meses de emprego formal dos trabalhadores são apresentados no painel a, e os efeitos nos salários reais médios mensais dos trabalhadores estão no painel b. Cada ponto na figura representa o coeficiente de regressão sobre a crise no ano em questão.

O Brasil e o Equador têm respostas diferentes. O efeito sobre os meses trabalhados no Brasil é imediatamente mais negativo, mas diminui com o tempo (embora nunca se recupere totalmente). No Equador, o oposto é verdadeiro: o efeito negativo imediato cresce com o tempo. O emprego não se recuperou nem Brasil nem no Equador (nem os salários reais no Brasil) mesmo nove anos após a crise. Uma possível razão dessa diferença tem a ver com a flexibilidade salarial. A Figura 3.4, painel b, mostra que os salários reais dos trabalhadores afetados mais adversamente no Brasil caíram significativamente após a crise. Essa redução nos salários reais significa que os trabalhadores das empresas mais afetadas sofreram cortes salariais (na empresa original ou em seus novos empregos). No Equador, porém, os salários reais não caíram entre os trabalhadores das empresas mais afetadas. Esses são países com diferenças importantes nas regulamentações trabalhistas que podem gerar impactos bem diferentes sobre os trabalhadores em decorrência da crise. Mais especificamente, a rigidez salarial implica que o ajuste no mercado de trabalho deve ocorrer em termos de quantidades (ou seja, empregos) e não de preços (salários), portanto os ajustes de emprego podem ser maiores nos mercados de trabalhos que apresentam mais rigidez salarial.

Outros estudos também encontraram efeitos duradouros de outros choques. O aumento da concorrência da China, por exemplo, levou a perdas duradouras de empregos e salários em países de alta renda (para os EUA.: Autor, Dorn e Hanson [2013]; e Autor et al. [2014]; para a Dinamarca: Utar [2014]; e para a Alemanha: Dauth, Findeisen e Suedekum [2016]; e Yi, Müller e Stegmaier [2016]). A

FIGURA 3.4 **Efeitos dinâmicos da crise financeira mundial sobre os trabalhadores**

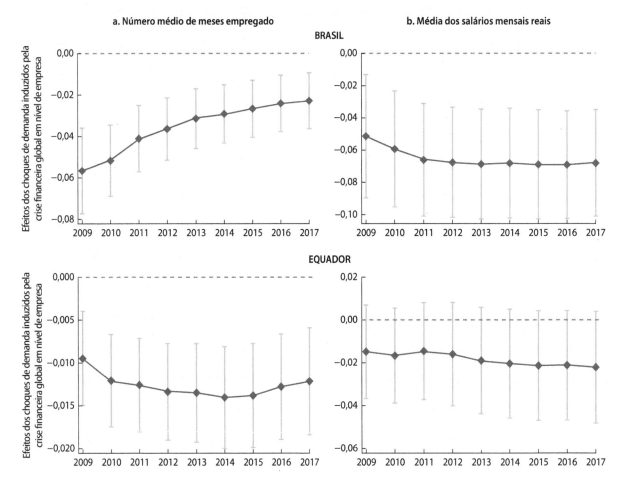

Fonte: Fernandes e Silva 2021.
Nota: Esta figura mostra os efeitos dos choques de demanda no nível de empresa induzidos pela crise financeira global (sentidos em 2008 a 2009) sobre o número médio de meses de emprego formal dos trabalhadores, de 2009 a 2017 (painel a) e sobre a média dos salários reais mensais, de 2009 a 2017 (painel b). Um número maior de estimativas negativas implicam em maiores reduções no respectivo resultado entre os trabalhadores empregados no momento da crise financeira global em empresas que enfrentavam maiores reduções de demanda externa (em relação aos que trabalhavam em empresas menos afetadas). As linhas horizontais representam intervalos de confiança de 95 por cento com base em erros padrão robustos agrupados por empresa. As amostras incluem cerca de três milhões de observações de trabalhador-ano para o Brasil e cerca de 800.000 observações de trabalhador-ano para o Equador.

literatura sobre o comércio internacional mostra que a dinâmica dos ajustes do mercado de trabalho aos choques comerciais é diferente nos países desenvolvidos do que em outros locais (Autor et al., 2014; Dauth, Findeisen e Suedekum, 2017, Dauth et al., 2019; Utar, 2018). Sobre o Brasil, Dix-Carneiro e Kovak (2017, 2019) enfocam os efeitos adversos de uma grande reforma de liberalização tarifária. Eles constataram que um trabalhador cuja região inicialmente enfrentou um declínio tarifário 10 pontos percentuais maior do que

outras regiões trabalhou, em média, 9,9 menos meses no setor formal entre 1990 e 2010. O efeito é grande: esses meses representam 8 por cento do número médio de meses totais trabalhados no setor formal durante o período de 21 anos (125 meses). Como Fernandes e Silva (2021), Dix-Carneiro e Kovak (2017, 2019) constataram que os resultados médios de empregos e salários não se recuperam mesmo uma década e meia depois do choque inicial. É surpreendente que um choque temporário constatado em Fernandes e Silva (2021) conduza ao tipo de efeitos normalmente associados a grandes choques permanentes, como a liberalização comercial.

Incidência de efeitos de longo prazo

Conforme indicado no capítulo 2, a perda de empregos devido a uma crise não é uniformemente distribuída entre os vários tipos de trabalhadores. Em uma pesquisa recente, Yagan (2019) mostra que choques localizados durante a crise financeira global foram associados ao aumento da desigualdade de rendimentos (salários) entre os tipos de trabalhadores nos EUA. Trabalhadores que eram inicialmente semelhantes tiveram resultados de empregos e rendimentos diferentes após serem expostos a diferentes choques locais relacionados às crises. Yagan (2019) constatou que os trabalhadores com salários baixos inicialmente sofreram mais efeitos sobre o emprego decorrentes desses choques. A literatura também tem mostrado que o impacto de longo prazo da explosão das exportações da China sobre os mercados de trabalho foi grande, e as perdas que ela causou se concentraram entre os trabalhadores pouco qualificados em países de alta renda (Autor et al., 2014; Autor, Dorn e Hanson, 2013; Dauth, Findeisen e Suedekum, 2016; Utar, 2014; Yi, Müller e Stegmaier, 2016). As evidências dos efeitos desse fenômeno sobre as trabalhadoras mulheres versus homens e trabalhadores jovens versus velhos são menos claras.

As características dos empregos e dos trabalhadores - especialmente a distribuição de habilidades, mas também a composição ocupacional e as taxas de participação na força de trabalho - são diferentes nos países da ALC e nos países de alta renda. Portanto, esta seção considera o efeito cicatriz em trabalhadores com diferentes características demográficas e níveis de experiência no mercado de trabalho. Apresenta novas evidências que se baseiam em dois dos documentos de referência para este relatório — Fernandes e Silva (2021) e Moreno e Sousa (2021). Ambos os estudos desagregam o efeito cicatriz entre diferentes tipos de trabalhadores,

proporcionando assim um entendimento mais profundo de como o efeito cicatriz afeta esses tipos.

Na medida em que trabalhadores pouco qualificados e trabalhadores de famílias de baixa renda têm maior probabilidade de sofrer ajustes quantitativos que levam ao desemprego ou do emprego de qualidade inferior, o efeito cicatriz pode ter implicações de longo prazo para a desigualdade salarial. Se as desacelerações reduzem desproporcionalmente o acesso ao treinamento no trabalho e à experiência de emprego para trabalhadores pouco qualificados, o acúmulo de capital humano desses trabalhadores será mais afetado em comparação com os trabalhadores altamente qualificados. Esse efeito pode causar um menor crescimento salarial para trabalhadores pouco qualificados, exacerbando a desigualdade salarial entre os dois grupos. Os resultados apresentados a seguir sugerem que o efeito cicatriz pode contribuir para uma maior desigualdade na ALC, uma região já altamente desigual. Em um determinado momento, os trabalhadores pouco qualificados têm maior probabilidade de sofrer não apenas a perda de emprego e maior desemprego, mas também impactos de longo prazo causados por esses choques.

O que sugerem os resultados deste projeto de pesquisa? Fernandes e Silva (2021) estimam as diferenças em termos de mudanças no emprego e nos salários após a queda induzida pela crise financeira global na demanda para pessoas que trabalham em empresas brasileiras e equatorianas entre ocupações e grupos demográficos. Elas acompanham os resultados de emprego de cada um desses indivíduos de 2009 a 2017. A Figura 3.5 resume os resultados.

No Brasil, os resultados indicam que uma forte resposta do emprego e dos salários à crise é encontrada apenas para trabalhadores com menor escolaridade, ao passo que os trabalhadores com nível superior não são significativamente afetados (Figura 3.6). Em relação aos trabalhadores mais velhos, os trabalhadores mais jovens vivenciaram uma resposta significativamente menor ao choque de exportações da empresa nos

FIGURA 3.5 **Heterogeneidade dodos efeitos da crise financeira global nos trabalhadores**

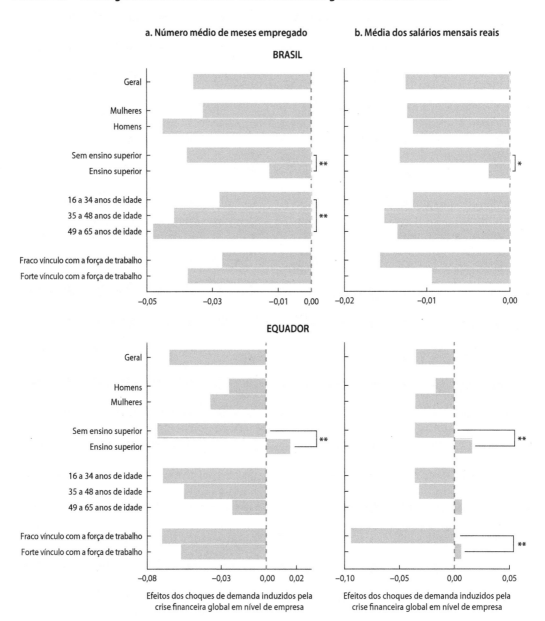

a. Número médio de meses empregado

b. Média dos salários mensais reais

Efeitos dos choques de demanda induzidos pela crise financeira global em nível de empresa

Efeitos dos choques de demanda induzidos pela crise financeira global em nível de empresa

Fonte: Fernandes e Silva (2021).
Nota: Esta figura mostra os efeitos dos choques de demanda no nível de empresa induzidos pela crise financeira global (2008 a 2009) sobre o número médio de meses de emprego formal de trabalhadores brasileiros e equatorianos de 2009 a 2017 (painel a) e a média dos salários reais mensais de 2009 a 2017 (painel b). Estimativas mais negativas indicam maiores reduções no respectivo resultado entre os trabalhadores empregados no momento da crise financeira global em empresas que enfrentavam maiores reduções de demanda externa (em relação aos trabalhadores de empresas menos afetadas). Cada barra mostra o coeficiente de uma regressão para cada subamostra com base nas características dos trabalhadores listados no eixo y. Linha a tracejado significa que o coeficiente do efeito da crise financeira global não é estatisticamente significativamente diferente de zero. As amostras completas têm cerca de três milhões de observações de trabalhador-ano para o Brasil e cerca de 800.000 observações de trabalhador-ano para o Equador.
***, ** e * indicam os níveis de significância de 1%, 5% e 10%, respectivamente, do "teste-t", que indica se a diferença nos coeficientes entre categorias de trabalhadores é significativa.

FIGURA 3.6 **Efeitos dinâmicos da crise financeira mundial nos trabalhadores por nível de qualificação**

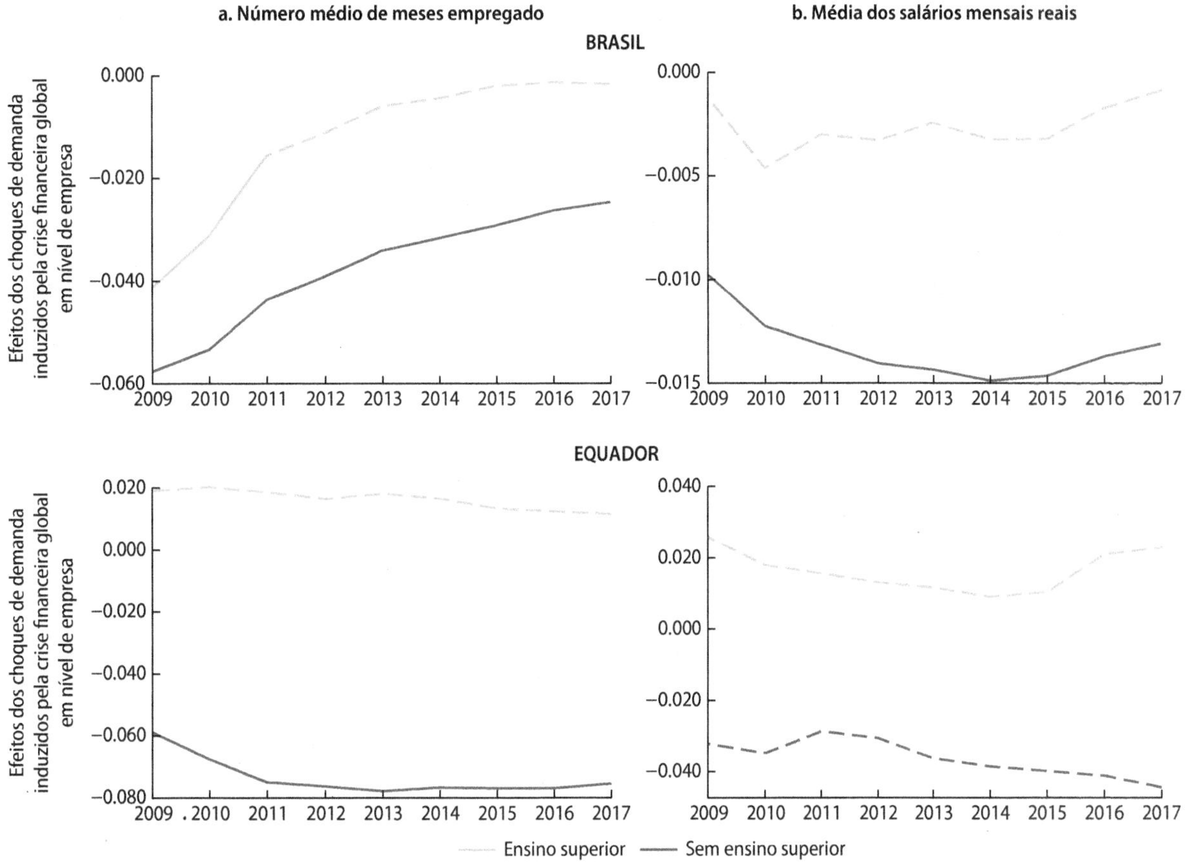

a. Número médio de meses empregado

b. Média dos salários mensais reais

BRASIL

EQUADOR

Ensino superior — Sem ensino superior

Fonte: Fernandes e Silva 2021.
Nota: Este gráfico mostra os efeitos dos choques de demanda no nível das empresas, causados pela crise financeira global (registrada de 2008 a 2009), sobre os trabalhadores brasileiros e equatorianos com e sem ensino superior em termos de número médio de meses com emprego formal entre 2009 e 2017 (painel a) e salários reais médios mensais entre 2009 e 2017 (painel b). Estimativas negativas implicam em maiores reduções nos resultados correspondentes entre os trabalhadores empregados na época da crise financeira global em empresas que sofreram maiores reduções na demanda externa (em comparação com empresas menos afetadas). As linhas unem os coeficientes de cada ano. As linhas tracejadas significam que o coeficiente do efeito da crise financeira global não é estatisticamente diferente de zero. As amostras incluem cerca de 3 milhões de observações de trabalhador-ano para o Brasil e cerca de 800.000 observações de trabalhador-ano para o Equador.

meses trabalhados. Os trabalhadores no quartil mais alto da distribuição de salários reais antes da crise sentiram uma resposta de seus empregos e salários à crise financeira global significativamente mais negativa do que os que estavam no quartil imediatamente inferior (outras diferenças não são estatisticamente significativas). As respostas à crise financeira global foram semelhantes para trabalhadores do sexo masculino e feminino e trabalhadores com alta e baixa participação anterior nos mercados de trabalho formais.

No Equador, o estudo encontra uma forte resposta de emprego à crise financeira global apenas para trabalhadores com menos escolaridade, enquanto os trabalhadores com nível superior não foram afetados de forma significativa (Figura 3.6). Curiosamente, há uma resposta negativa significativa dos salários às quedas do Produto Interno Bruto nos destinos de exportação das empresas para trabalhadores com baixa participação anterior no setor formal. As respostas do emprego à crise financeira global foram semelhantes entre os trabalhadores do sexo masculino e feminino, trabalhadores em diferentes faixas etárias e trabalhadores com diferentes graus de participação anterior no setor formal. Tomados como um todo, esses resultados sugerem que os trabalhadores menos qualificados no Brasil e no Equador e os trabalhadores mais velhos no Brasil foram os mais gravemente prejudicados pela crise financeira global.

Voltando ao efeito cicatriz em novos ingressantes com base nas condições iniciais do mercado de trabalho, Moreno e Sousa (2021) constataram que os trabalhadores com formação somente até o ensino médio eram aqueles para os quais as condições iniciais do mercado de trabalho geravam efeitos mais negativos de longo prazo em seus resultados de emprego (Tabela 3.1). Embora os mecanismos específicos que causam o efeito cicatriz e a duração desse efeito possam variar entre homens e mulheres, a história geral é semelhante. Para homens e mulheres, o efeito cicatriz ocorre para aqueles com níveis mais baixos de escolaridade. Tanto para os homens quanto para as mulheres, o efeito cicatriz é improvável entre aqueles que têm formação superior, e é muito mais provável que ocorra na forma de resultados de emprego do que de salários mais baixos.

Esses resultados estão de acordo com pesquisas em países de alta renda. Uma vez que trabalhadores mais experientes podem ter maior produtividade e pode ser mais caro para a empresa para substituí-los (Jovanovic 1979), perder trabalhadores com níveis mais baixos de capital humano (incluindo capital humano específico da empresa) implica menores custos de transação para os empregadores. Em economias de alta renda, trabalhadores de baixa renda deixam a força de trabalho em números desproporcionais durante as retrações (Carneiro, Guimarães e Portugal, 2011; Solon et al., 1994), e a perda involuntária de emprego é mais provável entre os trabalhadores jovens e pouco qualificados do que entre outros tipos de trabalhadores (Devereux, 2004; Teulings, 1993). Pesquisas nos países da ALC sugerem tendências semelhantes. Estudando a crise econômica de 2009 no México, Campos-Vazquez (2010) e Freije, Lopez-Acevedo e Rodriguez-Oreggia (2011) encontram maiores taxas de perda de empregos entre trabalhadores jovens e não qualificados do que entre outros trabalhadores.

A combinação de grandes setores informais e trabalhadores de vários níveis de qualificação na região da ALC sugere uma hierarquia nos custos de ajuste, em que os trabalhadores informais, que têm menos proteções trabalhistas, estão mais sujeitos a perder o emprego, independentemente da qualificação. Entre os trabalhadores formais, os trabalhadores de baixa qualificação e baixa renda teriam maior probabilidade de

TABELA 3.1 **Presença de efeitos negativos e efeitos cicatriz nos salários, por gênero e nível de ensino**

	Homens		Mulheres	
	Ensino Médio	**Ensino superior**	**Ensino médio**	**Ensino superior**
Menor participação na força de Trabalho inferior	Brasil [4-6] México [1-3]	N.D.	Colômbia [4-12] México [1-9]	N.D.
Maior desemprego	Argentina [4-6] Brasil [4-9]	N.D.	Argentina [1-6] Brasil [4-12]	Colômbia [1-3]
Maior informalidade	Colômbia [4-12] México [10-12]	Colômbia [10-12]	Brasil [4-9] Colômbia [4-12] México [7-9]	N.D.
Salários mais baixos	México [1-3]	N.D.	Brasil [1-3]	Brasil [1-3]

Fonte: Moreno e Sousa (2020).
Nota: Esta tabela apresenta os países e os anos desde o ingresso no mercado de trabalho para os quais foram encontradas evidências do efeito cicatriz (definido como um coeficiente estatisticamente significativo). N.D. significa que não foram encontrados indícios do efeito cicatriz.

perder o emprego do que os trabalhadores de alta qualificação e alta renda.

Empresas: o custo da concorrência limitada no mercado

A seção anterior estabeleceu que as crises afetam o bem-estar no longo prazo. Esta seção discutirá como as crises também afetam a eficiência. Os economistas estão reconhecendo cada vez mais o quanto a heterogeneidade das empresas determina e influencia os resultados dos trabalhadores. Alguns estudos sugerem que a estrutura da indústria (Koeber e Wright, 2001) e as práticas locais de negociação salarial (Janssen, 2018) são importantes para esses resultados, mas a relação entre a empresa e as características do mercado de trabalho local e o efeito cicatriz no mercado de trabalho têm recebido muito pouca atenção. Esta seção enfoca as funções de dois temas que são particularmente importantes na região da ALC: o poder de mercado e as condições do mercado de trabalho.

À medida que uma crise se alastra pela economia, o lado da oferta e o lado da demanda do mercado de trabalho são afetados. Do lado da oferta, trabalhadores menos qualificados e mais vulneráveis arcam com custos maiores e efeitos adversos duradouros. Do lado da demanda, as respostas no nível da empresa dependem da estrutura do mercado local. Essa estrutura pode indicar o grau de poder de mercado predominante de certas empresas. O poder de mercado é função de fatores externos à empresa, como concentração de mercado, e internos, como a produtividade. Esta seção destaca pesquisas de ponta nessa área na América Latina e no Caribe e apresenta novos resultados.

Efeitos de depuração

A perda de empregos causada por uma crise econômica pode reduzir a produtividade ao destruir a correspondência trabalhador-emprego e o capital humano específico gerado por ela. No entanto, os choques macroeconômicos resultam em realocação microeconômica no nível do trabalhador e no nível da empresa. Nesses momentos decisivos, os destinos dos trabalhadores e das empresas estão vinculados. As empresas podem ajustar o número de empregados, a carga horária desses empregados e as ofertas salariais, e os trabalhadores podem optar por aceitar essas ofertas ou procurar outras opções. A partir dessas interações, é estabelecido um novo equilíbrio de curto prazo. Este estudo mostra que esse equilíbrio depende das condições do mercado de trabalho local, bem como da capacidade das empresas de ajustar empregos e salários que, por sua vez, é ligada à regulamentação do mercado de trabalho. Como as empresas são um canal-chave de transmissão dos efeitos das crises para os trabalhadores individuais, esses efeitos também dependem da estrutura do mercado do produto, das rendas existentes e dos mecanismos de divisão de lucros.

Na transição para um novo equilíbrio, muitos trabalhadores perdem seus empregos ou têm seus rendimentos reduzidos, algumas empresas fecham as portas, e novos ingressantes no mercado de trabalho enfrentam um início de carreira mais desafiador. Conforme explorado mais acima neste capítulo, os impactos de uma crise deixam cicatrizes nos trabalhadores e nas empresas. Muitos trabalhadores não se recuperam totalmente, mesmo a longo prazo: seus rendimentos não voltam e suas carreiras seguem um caminho diferente e pior. Os perdedores perdem muito. Trabalhadores menos qualificados e aqueles com rendimentos mais baixos são os mais adversamente afetados na região da ALC. No mercado de trabalho, a compatibilidade empregador-empregado e o capital humano específico a cada posto de trabalho resultante dela podem ser permanentemente dissolvidos por um choque temporário. Essa dissolução pode retardar o aumento da produção mais tarde e implica em uma perda de produtividade. Uma crise também pode ter efeitos persistentes sobre insumos tecnológicos, que podem proporcionar às empresas uma margem de ajuste, e sobre a estrutura da economia, se a crise eliminar algumas empresas e aumentar a participação de mercado de outras. Grandes perturbações econômicas podem liberar os trabalhadores e outros insumos de produção de empresas de baixa produtividade, permitindo que esses recursos fluam para as empresas mais produtivas à medida que a economia se recupera. Da mesma forma, as crises podem motivar as empresas a saírem de setores de baixa produtividade. Tais mudanças podem ter efeitos persistentes sobre a economia.

Como resultado desses tipos de efeitos, as crises podem diminuir o bem-estar individual e também podem aumentar a eficiência e a produtividade (tanto em nível de empresa quanto de mercado) no curto e médio prazo.

Embora a crise da Covid-19, por sua natureza, tenha causado avanços persistentes na tecnologia motivados pela digitalização (Beylis et al. 2020), como as crises que não têm essa característica podem surtir efeitos persistentes sobre a tecnologia? De acordo com as evidências brasileiras, as empresas se ajustam a choques de demanda externa por meio de mudanças na produtividade, na demanda por qualificação, no apelo do produto e nas margens de lucro (Mion, Proença e Silva, 2020). Choques negativos de demanda em nível de empresa durante a crise financeira global causam uma redução da razão capital/trabalhador nas empresas mais afetadas em países como o Equador, ao passo que no Brasil as empresas simplesmente ajustam os empregos e salários em resposta a esses choques (Fernandes e Silva, 2021). Choques negativos de demanda externa também aumentam o conteúdo de qualificação da produção - a participação da mão de obra qualificada no emprego total aumenta em países como Argentina (Brambilla, Lederman e Porto, 2012), Brasil (Mion, Proença e Silva, 2020) e Colômbia (Fieler, Eslava e Xu, 2018).

Além disso, as crises na América Latina podem afetar a estrutura da economia através de mecanismos distintos. Os choques de demanda durante a crise financeira global induziram a saída das empresas - não no momento do impacto, mas cerca de dois anos após o choque no Brasil e no Equador (Fernandes e Silva 2021). Também foram documentados problemas com dívidas pendentes, com potencial de matar as empresas menos resilientes e aumentar a participação de mercado das mais resilientes. Além dos efeitos nas empresas existentes, as crises podem ter efeitos persistentes nas empresas criadas em tempos difíceis. A demanda é o fator mais importante da capacidade de uma empresa, e se a empresa abrir em um momento de baixa demanda, ela terá mais dificuldade para desenvolver sua rede de clientes e aprender como trabalhar bem com ela. Novas evidências para os EUA indicam que as empresas que nascem em tempos de crise acabam atrofiadas - ou seja, crescem lentamente ao longo do seu ciclo de vida, mesmo quando os tempos melhoram (Moreira 2018). São mudanças que podem ter implicações persistentes para a economia e que as empresas não conseguem reverter.

Ao induzirem a saída de empresas menos eficientes do mercado, as épocas economicamente adversas podem ter um efeito depurador. Suponha que o mercado de trabalho esteja sujeito a grandes fricções, de modo que empresas com produtividade muito baixa possam sobreviver contratando trabalhadores por salários muito baixos. Devido às grandes fricções do mercado, os trabalhadores que recebem essas ofertas de baixos salários as aceitam, porque continuar procurando emprego é uma opção ainda pior, pois as taxas de compatibilidade são baixas. Portanto, as empresas de baixa produtividade podem essencialmente reter recursos que poderiam ser usados com mais eficiência em outro lugar. Neste contexto, grandes rupturas econômicas podem ter um efeito depurador ao liberar os trabalhadores das empresas de baixa produtividade e permitir que eles se realoquem em empresas mais produtivas à medida que a economia se recupera. Da mesma forma, as crises poderiam permitir a realocação para fora de setores de baixa produtividade que operavam à margem da sobrevivência. Mas esses efeitos só são possíveis se forem criados empregos após o fim da crise. Os efeitos positivos das crises sobre a produtividade agregada, portanto, não são garantidos.

É importante ressaltar que os efeitos positivos das crises na produtividade das empresas também não são garantidos. Novas evidências produzidas no contexto deste relatório mostram que a crise financeira global de 2008-09 levou a uma redução na produtividade das empresas no Brasil e no Equador (ao contrário das evidências dos Estados Unidos de recuperação de empregos devido a aumentos na produtividade total dos fatores [PTF]) (Fernandes e Silva 2021). A Figura 3.7 mostra que, no Brasil, a queda na demanda de exportação de determinada empresa em decorrência de uma crise foi associada à produtividade bem mais baixa da empresa em questão, independentemente de essa produtividade ter sido medida usando o valor agregado por trabalhador ou PTF. No Equador, a relação entre produtividade e queda na demanda de exportação provocada pela crise vai na mesma direção. Uma possível razão da diferença nos efeitos da produtividade entre os dois países - queda duradoura no Brasil versus queda temporária no Equador - é a diferença documentada no ajuste de emprego dos países: a recuperação foi mais "sem empregos" no Equador. Essa diferença também é consistente com uma possível acumulação mais intensa de mão de obra por parte das empresas equatorianas em antecipação à recuperação da demanda, causada pela dificuldade de demitir e recontratar trabalhadores ou pelo caráter indireto de alguns tipos de mão de obra. Dois outros mecanismos também estavam em ação. Em primeiro lugar, os resultados mostram que as empresas no Brasil aumentaram a proporção de trabalhadores qualificados durante a crise, mas

esse ajuste não ocorreu no Equador. Em segundo lugar, as empresas brasileiras não ajustaram suas relações capital / trabalhador, mas as empresas do Equador registraram uma redução forte e duradoura dessa medida.

Setores e empresas protegidos: A concentração do mercado atenua a depuração positiva

Estruturas de mercado menos competitivas podem atenuar os efeitos positivos de depuração descritos anteriormente neste capítulo. Se as empresas protegidas - definidas como aquelas que enfrentam menos concorrência - se ajustam menos durante as crises, sua oportunidade de experimentar um efeito depurador é menor. Em vez de se tornarem mais ágeis e produtivas, se essas empresas ganharem mais participação de mercado e afastarem ainda mais a concorrência durante as retrações econômicas, elas podem aprisionar mais recursos que poderiam ser usados com mais eficiência em outro lugar. Essa dinâmica é ainda mais preocupante na ALC, por ser uma região de elevada desigualdade e baixo crescimento da produtividade.

É bem aceito que a concorrência perfeita é algo raro nos mercados de produtos e fatores. A concorrência imperfeita nos mercados de produtos geralmente implica que as empresas têm algum poder de mercado. O poder de mercado é frequentemente medido por meio de índices de concentração, como o índice de Herfindahl-Hirschman, que calcula a soma dos quadrados das participações de mercado de cada empresa em um mercado definido. Os economistas frequentemente associam medidas mais altas de concentração - resultantes da presença de menos empresas com maiores participações de mercado - com mais poder de mercado nas mãos dessas empresas. Embora as empresas com mais poder de mercado tendam a fazer os mesmos tipos de escolhas de insumos (como relações capital-trabalho) que as empresas que enfrentam mais concorrência, as

FIGURA 3.7 **Efeitos dinâmicos da crise financeira mundial nas empresas**

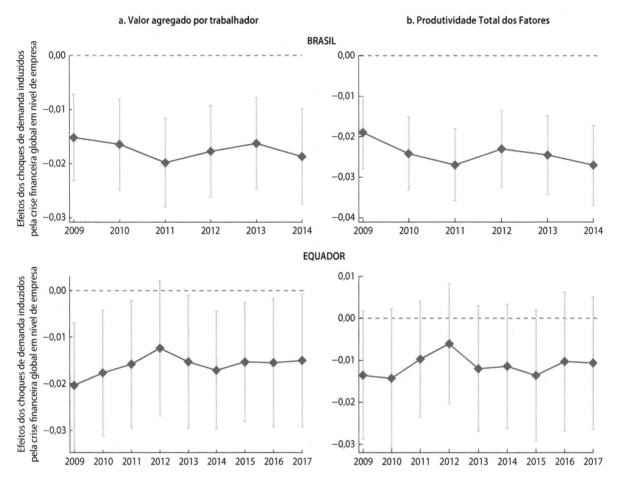

Fonte: Fernandes e Silva (2021).
Nota: Este gráfico mostra os efeitos dos choques de demanda ao nível das empresas, causados pela crise financeira global (registada entre 2008 e 2009), na produtividade das empresas entre 2009 e o ano indicado no eixo x. Um maior número de estimativas negativas implica maiores reduções nos resultados correspondentes entre as empresas que sofreram maiores reduções da procura externa (em comparação com as empresas menos afetadas). As linhas verticais representam intervalos de confiança de 95% com base em erros padrão robustos agrupados por empresa. Cada gráfico mostra os coeficientes de uma regressão baseada em aproximadamente 90.000 observações de empresa-ano para o Brasil e 23.000 observações de empresa-ano para o Equador.

empresas com mais poder de mercado têm um incentivo para reduzir a produção para aumentar o preço de mercado de seus produtos. Em um caso extremo, um mercado atendido por um monopolista tem menos produção do que se o mesmo mercado fosse atendido por um grande número de pequenas empresas competitivas. Como tal, o emprego total em um mercado concentrado pode ser menor do que seria em um mercado mais competitivo.

Ao mesmo tempo, a concentração de mercado está associada a diferenças maiores entre o preço de produção e os custos no nível de empresa (*markups* mais altos). Em alguns casos, *markups* mais altos geram rendas que a empresa pode compartilhar com seus trabalhadores. Uma "premiação" específica da empresa é o termo usado para descrever o que acontece quando uma empresa compartilha rendimentos superiores aos da concorrência com os trabalhadores na forma de pagamento adicional. As empresas também podem oferecer aos trabalhadores salários mais altos do que os concorrentes para retê-los ou incentivar a lealdade à empresa e reduzir a evasão. Trabalhos recentes demonstram a importância de prêmios específicos da empresa que podem ser compartilhados com os trabalhadores por meio de negociação (Card, Cardoso e Kline, 2016).

Vários estudos sugerem que a maior concentração de mercado está associada a uma menor desigualdade salarial porque as empresas que têm rendimentos adicionais repassam esses prêmios aos trabalhadores. Por exemplo, Magalhaes, Sequeira e Alfonso (2019) constataram que a desigualdade (medida como a razão entre os salários dos trabalhadores "qualificados" e os salários dos trabalhadores menos qualificados) é menor quando a indústria local está mais concentrada (conforme medição pelo índice de Herfindahl-Hirschman).

No entanto, a concentração mais baixa no mercado de produtos também pode estar relacionada à maior concorrência por trabalhadores, mas ela pode ajudar a amortecer os efeitos adversos da perda de empregos e do efeito cicatriz. Quando há mais empresas em uma área que valorizam um conjunto específico de habilidades, os trabalhadores que têm essas habilidades sofrem menos perdas após a perda do emprego (Green, 2012; Neffke, Otto e Hildalgo, 2018). Além disso, Yang (2014) constata que o aumento da aglomeração - definida como o aumento do número de empresas em um determinado setor em determinada região - reduz as taxas de desemprego dentro desse setor, mas está associada a taxas de desemprego mais altas na região. Um número menor de estudos enfoca o ajuste do emprego em resposta a choques na presença de prêmios salariais. Orazem, Vodopivec e Wu (2005) mostram que, pelo menos na Eslovênia, as empresas com maiores lucros dispensam menos trabalhadores que as empresas com menores lucros quando expostas a choques adversos na produção.

Nesse contexto, a concentração do mercado de produtos pode afetar o tamanho e a distribuição dos ajustes do mercado de trabalho às crises. Esse efeito é mais relevante na América Latina, onde há evidências de má alocação de recursos em benefício de empresas com conexões políticas. O

valor do capital político já foi estudado em diferentes contextos na região. Por exemplo, durante o regime Pinochet no Chile (1973 – 1990), as empresas ligadas à ditadura eram relativamente improdutivas e se beneficiaram da má alocação de recursos, sendo que essas distorções continuaram na transição do país para a democracia (González e Prem, 2020). No Brasil, após a realização de auditorias de combate à corrupção, os municípios tiveram um aumento da atividade econômica concentrada nos setores mais dependentes das relações governamentais. Também foram encontradas no Brasil evidências de patrimonialismo na seleção de trabalhadores para organizações do setor público (Colonnelli, Prem e Teso, 2020). No Equador, onde foi demonstrado que conexões políticas causam má alocação de contratos de compras, as empresas que estabelecem vínculos com a administração têm maior probabilidade de ganhar um contrato com o governo (Brugués, Brugués e Giambra, 2018). Na Costa Rica, Alfaro-Urena, Manelici e Vasquez (2019) encontram grandes mudanças nos ganhos auferidos por uma empresa quando ela começa a fornecer para empresas multinacionais. No geral, De Loecker et al. (2020) mostram que os *markups* são muito altos na América Latina em comparação a outros continentes.

Embora a literatura existente mostre uma ligação entre concentração (e aglomeração) do mercado de produtos, salários e desemprego, poucos estudos enfocam a relação entre concentração e o efeito cicatriz no mercado de trabalho. Para preencher esta lacuna, Fernandes e Silva (2021) usam dados detalhados de nível micro para avaliar mudanças no empregos e salários dos trabalhadores e as cicatrizes de acordo com o tipo de estrutura de mercado e tipo de empresa. Os resultados são apresentados na Figura 3.8. Eles mostram, por exemplo, que trabalhadores que trabalham na época da crise em mercados com baixa concentração sofrem efeitos cicatriz maiores. Salários mais baixos e empregos mais baixos ocorrem em resposta a choques em setores menos concentrados, conforme prevê a teoria econômica. Inversamente, em setores nos quais poucas

FIGURA 3.8 **Efeitos da crise financeira global sobre os trabalhadores no Brasil, por concentração setorial e propriedade estatal**

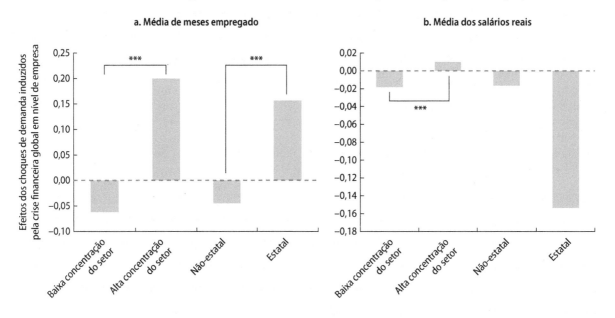

Fonte: Fernandes e Silva (2021).
Nota: Este gráfico mostra os efeitos dos choques de demanda no nível das empresas, causados pela crise financeira global (2008), sobre o número médio de meses que os trabalhadores brasileiros tiveram um emprego formal e o salário real médio mensal entre 2009 e 2017 em setores de baixa e alta concentração, no primeiro grupo de barras. Os setores de alta concentração apresentam um índice de concentração de empregos de Herfindahl e Hirschman dentro do setor acima da mediana. O segundo grupo de barras do gráfico mostra os efeitos dos choques de demanda ao nível das empresas, causados pela crise financeira global (registada entre 2008 e 2009), nas empresas públicas e nas empresas privadas. Estimativas negativas implicam em maiores reduções no resultado correspondente entre os trabalhadores ocupados no momento da crise financeira global em empresas que sofreram maiores reduções na demanda externa (em comparação com empresas menos afetadas). Cada gráfico mostra os coeficientes de duas regressões diferentes: uma para o primeiro grupo de duas barras e a outra para o segundo grupo de duas barras.
***, ** e * indicam os níveis de significância de 1%, 5% e 10%, respectivamente, do "teste-t", que indica se a diferença nos coeficientes entre categorias de trabalhadores é significativa.

empresas controlam uma grande fatia do mercado, um choque negativo de demanda não resulta em perda de empregos - ao contrário, aumenta o emprego - e os salários não se ajustam. Esses resultados são consistentes com a ideia de que empresas com maior poder de mercado estão mais protegidas de choques adversos. Embora os trabalhadores desses setores estejam mais bem insulados da crise do que outros trabalhadores, os custos dessa proteção recaem sobre a economia como um todo.

A existência de concorrência imperfeita nos mercados de produção é bem aceita pelos economistas (como afirmado por Card et al., 2018), e preocupações sobre a concorrência imperfeita nos mercados de produtos da América Latina têm surgido nas discussões sobre políticas (OCDE, 2015). As discussões sobre políticas giram em torno da fonte de concentração nesses mercados de

produtos. Existem várias fontes potenciais de concentração de mercado, incluindo barreiras econômicas à entrada (como grandes custos fixos), barreiras políticas à entrada (como proteção ou regulamentação governamental) e diferenças de produtividade em nível de empresa que resultam na expulsão das empresas menos produtivas pelas mais produtivas (Melitz, 2003).

Trabalhos recentes sugerem que empresas rentistas predominam nos países em desenvolvimento e estão frequentemente associadas a conexões políticas na América Latina (Brugués, Brugués e Giambra, 2018) e em outros lugares (Rijkers, Freund e Nucifora, 2017). As empresas estatais são um exemplo extremo de empresas com fortes conexões políticas.

Essas empresas são menos lucrativas em geral e têm uma proporção de trabalho para capital mais alta do que as empresas do setor privado (Dewenter e Malatesta, 2001).

Embora haja muita literatura descrevendo a diferença nas opções de emprego entre empresas estatais e privadas, há pouca evidência empírica que compare as diferenças no ajuste do emprego a choques entre as empresas protegidas pelo estado e as empresas desprotegidas.

Para preencher esta lacuna, Fernandes e Silva (2021) comparam a mudança no emprego que se segue a um choque adverso em empresas estatais e empresas privadas. Elas concluem que as empresas estatais fizeram um ajuste menor ao longo da margem intensiva (meses de trabalho do trabalhador) em resposta à crise financeira global de 2008 – 09 porque essas empresas estavam protegidas do choque.

Localidades: o papel das oportunidades locais e da informalidade

Até aqui, este capítulo explorou as possíveis diferenças no efeito cicatriz que podem ser devidas a diferenças em características pessoais (demográficas) e das empresas. Uma terceira dimensão que pode afetar o efeito cicatriz no mercado de trabalho são as características dos mercados de trabalho locais onde os trabalhadores vivem e trabalham. Pesquisas recentes têm dado crescente atenção aos custos significativos que os trabalhadores têm que suportar quando se deslocam entre cidades e setores. Dix-Carneiro (2014) estima que os custos medianos de mobilidade direta que os trabalhadores enfrentam ao mudar de setor variam de 1,4 a 2,7 vezes os salários médios anuais. Artuc, Chaudhuri e McLaren (2010) e Artuc e McLaren (2015) obtêm estimativas semelhantes para o custo de mudar de setor. Os custos de uma mudança de localidade, por algumas estimativas, podem chegar a sete vezes a renda média anual (Bayer, Keohane e Timmins [2009], Bishop [2008]; Kennan e Walker [2011]).[3] Como resultado, os trabalhadores, especialmente os de baixa renda, tendem a estar mais fortemente ligados a seus mercados de trabalho locais do que se pensava anteriormente.

Esses vínculos com o mercado de trabalho local significam que as características desses mercados podem ter um papel considerável na formação do efeito cicatriz no mercado de trabalho. Por exemplo, Meekes e Hassink (2019) mostram que o mercado imobiliário local afeta significativamente os trabalhadores após a perda de emprego - o efeito da perda involuntária do emprego na probabilidade de mudar de casa é negativo. As lições da seção anterior já sugerem que o nível de concentração de determinado setor pode afetar o emprego e os salários. A vida em uma "cidade corporativa" oferece oportunidades muito diferentes da vida em uma área metropolitana grande e diversificada. O grau de informalidade do mercado de trabalho local também é importante.

A informalidade pode afetar o desenvolvimento do efeito cicatriz de várias maneiras importantes, e nem todas apontam na mesma direção. Para muitos trabalhadores, especialmente na região da ALC, o mercado de trabalho informal é considerado uma rede de segurança que substitui o papel tradicional da seguridade social. Os trabalhadores que perdem o emprego no setor formal e não recebem apoio da família ou do governo têm pouca escolha a não ser aceitar qualquer oportunidade de emprego disponível. Quando os requisitos legais para abrir ou operar uma empresa não são estritamente aplicados, esses trabalhadores podem ter mais facilidade em abrir negócios informais (por exemplo, os vendedores ambulantes, ou *tianguis*, vistos com frequência no México) do que encontrar um emprego formal. O emprego no setor informal pode, portanto, oferecer oportunidades para a acumulação de capital humano através da experiência e do empreendedorismo.

No entanto, a presença de um grande setor informal pode indicar uma aplicação imperfeita da legislação que rege o salário-mínimo ou de outras leis trabalhistas. Em muitos casos, os empresários do setor informal oferecem serviços a empresas exportadoras e empresas do setor formal que ajudam essas empresas a lidar com flutuações da demanda. Devido aos vários tipos de custos de ajuste dos empregos nas empresas, as empresas do setor formal preferem manter as forças de trabalho formais relativamente constantes. Em alguns casos, as leis trabalhistas podem até motivar as empresas a contratarem menos trabalhadores em épocas de pico do que do que contratariam em outros momentos. Em vez disso, quando a demanda aumenta, as empresas do setor exportador formal contratam empresas informais ou contratam trabalhadores informalmente para atender o aumento da demanda. Quando a demanda cai, as empresas do setor formal simplesmente reduzem os contratos e o emprego junto ao setor informal, ou mesmo reduzem o uso de trabalhadores informais, mantendo seus empregos formais mais ou menos constantes. Portanto, o aumento de salários pode ficar fora do alcance dos trabalhadores em áreas com alta informalidade, porque a oferta essencialmente infinita de trabalhadores informais e disponíveis para ocupar vagas de trabalho enfraquece a ligação entre o aumento da demanda por trabalho e a necessidade de as empresas aumentarem os salários. Esse efeito gera

resultados semelhantes ao efeito cicatriz do mercado de trabalho mas, por outro lado, a perda de empregos no setor formal pode ser menor nessas localidades do que em localidades com menos informalidade.

As pesquisas recentes para a confecção deste estudo lançam luz sobre essa aparente contradição de várias maneiras. Em primeiro lugar, Fernandes e Silva (2021) constataram que os trabalhadores formais em municípios com níveis mais altos de informalidade perderam menos na crise financeira global. Em particular, dentro de um determinado país, a pesquisa encontra menos emprego e perdas salariais para trabalhadores formais atingidos pelo choque que vivem em mercados de trabalho locais menos formais, sugerindo que os efeitos de médio prazo das crises sobre o desemprego são menores para os trabalhadores formais em localidades onde a informalidade é mais alta. Ironicamente, os efeitos das crises podem até mudar de negativo para positivo para os trabalhadores de municípios com maiores taxas de informalidade. Esses resultados da pesquisa são consistentes com as ideias de que: a) na presença da

FIGURA 3.9   Efeitos da crise financeira mundial sobre os trabalhadores brasileiros, por nível de informalidade no mercado de trabalho local

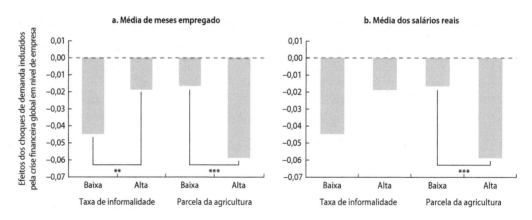

Fonte: Fernandes e Silva 2021.
Nota: Esta figura mostra os efeitos dos choques de demanda no nível das empresas, causados pela crise financeira global (2008) sobre os trabalhadores brasileiros, em termos de número médio de meses de emprego formal e salários reais médios mensais entre 2009 e 2017, e em alta e baixa informalidade. Municípios com alta informalidade são aqueles com nível de informalidade acima da mediana. As barras de participação da agricultura em cada painel mostram os efeitos dos choques de demanda no nível das empresas, causados pela crise financeira global (2008-2009), nas empresas localizadas em municípios com alta e baixa participação no emprego no setor agrícola. Estimativas negativas implicam em maiores reduções no resultado correspondente entre os trabalhadores ocupados no momento da crise financeira global em empresas que sofreram maiores reduções na demanda externa (em comparação com empresas menos afetadas). Cada painel mostra os coeficientes de duas regressões diferentes: uma para o primeiro grupo de duas barras e a outra para o segundo grupo de duas barras.
***, ** e * indicam os níveis de significância de 1%, 5% e 10%, respectivamente, do teste "t", que indica se a diferença nos coeficientes entre categorias de trabalhadores é significativa.

informalidade, as empresas podem empregar trabalhadores informais; e b) essas empresas reduzem o emprego dos trabalhadores informais, e não dos trabalhadores formais, quando enfrentam choques adversos nas exportações (Figura 3.9). Nesse contexto, a informalidade pode fornecer uma flexibilidade real para empresas e trabalhadores enfrentarem choques adversos. Esse resultado está de acordo com os resultados encontrados sobre o efeito da liberalização comercial no Brasil por Dix-Carneiro e Kovak (2019) e Ponczek e Ulyssea (2018).

Este estudo também constatou que os trabalhadores em localidades com mais oportunidades de emprego (alternativas) se recuperam melhor das crises. Especificamente, perdas maiores e mais duradouras no emprego (e às vezes nos salários) em resposta a uma crise são encontradas para trabalhadores formais em localidades com setores primários maiores, setores de serviços menores, menor número de grandes empresas e uma produção altamente concentrada no mesmo setor de seu emprego anterior à crise (Fernandes e Silva 2021). As perdas de rendimentos persistentes desses trabalhadores podem refletir uma falta de oportunidades na recuperação, não apenas o "efeito cicatriz" no sentido tradicional de uma perda persistente de capital humano associada a um período de desemprego ou a um período de emprego de qualidade inferior.

Conclusão

As crises podem causar efeitos de longo prazo no mercado de trabalho por meio de dois canais principais. Primeiro, na medida em que as crises levam a interrupções no emprego, destruindo ou reduzindo o estoque de capital humano da região, elas podem ter efeitos de longo prazo nas perspectivas de crescimento da região.[4] A acumulação de capital humano é fundamental para o crescimento econômico contínuo e ganhos sociais da região. Embora o estoque de capital humano de um país seja um fator determinante do crescimento por meio de seu papel como insumo na produção (Mincer, 1984),

os pesquisadores também enfatizam sua contribuição para o crescimento por meio de mais inovação, produtividade e absorção tecnológica (Benhabib e Spiegel, 1994; Nelson e Phelps, 1966; Romer, 1990).

O segundo canal pelo qual as crises podem levar a mudanças de emprego com efeitos de longo prazo no crescimento é a indução de uma realocação de trabalhadores e empresas (por exemplo, entre setores ou ocupações) ou alteração do uso de tecnologia por parte das empresas (por exemplo, a forma como as empresas combinam seus diferentes insumos). Essa realocação causa tanto a destruição de empregos (que ocorre imediatamente) e a criação de empregos sendo desacelerada por fricção de mercado. As constatações apresentadas neste capítulo sugerem que ambos os canais atuam na América Latina.

As evidências apresentadas neste capítulo indicam que as crises deixam cicatrizes - não em todos, mas em muitos trabalhadores. Alguns trabalhadores se recuperam da perda involuntária do emprego e de outros choques sobre seus meios de subsistência, enquanto outros ficam com cicatrizes permanentes. Por exemplo, no Brasil e no Equador, os efeitos sobre o emprego e os salários dos trabalhadores ainda estão presentes, em média, 9 anos após o início da crise. É surpreendente que um choque temporário possa acarretar o tipo de efeito normalmente associado a grandes choques permanentes, como a liberalização do comércio.[5] Esse achado sugere que o aumento da taxa de crescimento econômico de longo prazo na região da ALC dependerá de medidas de resposta que previnam efetivamente a destruição desnecessária do capital humano e das capacidades das empresas.

Para trabalhadores menos qualificados (sem formação de nível superior), as perdas de rendimentos causadas pelas crises são persistentes. Os trabalhadores com ensino superior sofrem impactos mínimos da crise em seus salários, e os impactos em seus empregos são de duração muito curta. Curiosamente, as respostas à crise financeira global de 2008-09 foram semelhantes entre trabalhadores do sexo masculino e feminino, e entre trabalhadores com alta e baixa participação anterior no mercado de trabalho formal. Os trabalhadores que ingressam no mercado de trabalho durante uma crise enfrentam um início de carreira pior, do qual é difícil se recuperar. Embora os mecanismos específicos e a duração do efeito cicatriz possam variar entre homens e mulheres, a situação geral nos países da ALC é semelhante – entre os homens e as mulheres, aqueles com níveis de escolaridade mais baixos são mais vulneráveis ao efeito cicatriz. Para homens e mulheres, o efeito cicatriz é mais provável entre aqueles que têm menos escolaridade do que entre os trabalhadores com ensino superior. Também é muito mais provável que ocorra por meio do emprego do que de salários mais baixos.

Neste contexto, é crucial direcionar recursos para os mais afetados pelas crises e garantir que esses recursos cheguem até eles de forma eficaz. Contudo, se os trabalhadores em localidades onde há mais oportunidades de trabalho se recuperam melhor das crises (conforme constatado neste estudo), seja por causa da existência de mais oportunidades de trabalho informal ou porque os empregadores disponíveis (mais empresas de grande porte e setores de serviços maiores com empregos compatíveis) aumentam as chances de se conseguir emprego - as perdas de rendimentos observadas entre outros trabalhadores podem não ser tão marcantes no sentido tradicional de perda de capital humano, mas sim um sintoma da falta de oportunidades para esses trabalhadores. Nesse caso, abordar o problema apenas a partir da perspectiva do trabalhador não resolverá a questão.

Os efeitos sobre os trabalhadores descritos acima têm implicações importantes para a equidade e a pobreza. O que este relatório também mostra é que eles também podem afetar a eficiência a longo prazo. As crises vão além de destruir empregos; elas trazem implicações para a produtividade no futuro. Dois fatos são consistentes com a lenta recuperação do emprego após as crises. Em primeiro lugar, as crises podem ter efeitos persistentes sobre o uso da tecnologia pelas empresas existentes e sobre o tamanho

e a capacidade das novas empresas criadas durante as crises. As empresas pré-existentes ajustam a demanda por qualificação, o apelo do produto e as *markups* em resposta a choques de demanda. Por exemplo, Fernandes e Silva (2021) descobriram que, em resposta à crise financeira global, as empresas brasileiras e equatorianas aumentaram sua razão capital-trabalhador. As crises também aumentam o conteúdo de qualificação da produção: foi demonstrado que a participação da mão de obra qualificada no emprego total aumenta na presença de choques negativos de demanda externa negativos em países como a Argentina (Brambilla, Lederman e Porto, 2012) e Brasil (Mion, Proença e Silva, 2020) e Colômbia (Fieler, Eslava e Xu, 2018).

Em segundo lugar, as empresas que nascem em tempos de crise acabam atrofiadas, crescendo lentamente ao longo de seu ciclo de vida, mesmo quando os tempos melhoram. Se a empresa começa em um momento de baixa demanda, ela é menos capaz de desenvolver relacionamentos com os clientes e de aprender a trabalhar bem com eles, e essa debilidade é algo que persiste por muito tempo. Se os empregos demoram para se recuperar após uma crise por causa do efeito cicatriz sobre as empresas nesse sentido mais amplo, implantar políticas que tratam somente das cicatrizes do mercado de trabalho pode não ser suficiente para resolver o problema, conforme discutido no próximo capítulo.

Outro mecanismo importante em jogo é o efeito de depuração. Empresas menos produtivas são mais propensas a perder lucratividade e desaparecer em uma recessão do que empresas altamente produtivas. No entanto, as unidades instaladas podem não experimentar o impacto total da queda total da demanda se tal queda for compensada por uma redução na taxa de criação de empregos. Os efeitos de destruição e realocação são positivos, desde que empregos sejam criados após o fim da crise. Uma vez incluídas as dimensões espaciais e de empresa dos ajustes dos mercados de trabalho às crises, a importância do lado da demanda fica clara. É importante destacar que os resultados mostram que os setores e empresas protegidos se ajustam menos durante uma crise (Fernandes e Silva, 2021), sugerindo que esses setores têm menos oportunidade de usufruírem do efeito depurador.

Notas

1. Ver, por exemplo, Brunner e Kuhn (2014) para evidências sobre a Áustria; Genda, Kondo e Ohta (2010) sobre o Japão e os Estados Unidos; Kwon, Milgrom e Hwang (2010) sobre a Suécia e os Estados Unidos; e Kahn (2010) sobre os Estados Unidos.
2. Por exemplo, Hyslop e Townsend (2019); Menezes-Filho (2004); Burda e Mertens (2001); Couch (2001); Fallick (1996); Kletzer (1998); Ruhm (1991a, 1991b).
3. Há diferenças importantes nos determinantes da mobilidade nos diversos países da região da ALC. Um relatório emblemático sobre 'desenvolvimento espacial' está sendo elaborado para analisar essas determinantes na região.
4. As crises também podem causar cicatrizes nas empresas, impondo um custo fixo, do qual as empresas com restrições financeiras podem não ser capazes de se recuperar, e uma perda de capital humano específica da empresa.
5. A literatura sobre comércio internacional mostra ajustes um amplo e duradouro ajuste dinâmico do mercado de trabalho aos choques comerciais (ver, por exemplo, Autor et al. 2014; Dauth, Findeisen e Suedekum 2017; Dauth et al. 2019; Dix-Carneiro e Kovak 2017, 2019; e Utar 2018).

Referências

Alfaro-Urena, A., I. Manelici, and J. P. Vasquez. 2019. "The Effects of Multinationals on Workers: Evidence from Costa Rica." Mimeo.

Amarante, V., R. Arim, and A. Dean. 2014. "The Effects of Being out of the Labor Market on Subsequent Wages: Evidence for Uruguay." *Journal of Labor Research* 35 (1): 39–62.

Arias-Vázquez, Lederman, and Venturi. 2019. "Transitions of Workers Displaced due to Firm Closure." Mimeo.

Artuc, E., and J. McLaren. 2015. "Trade Policy and Wage Inequality: A Structural Analysis with Occupational and Sectoral Mobility." *Journal of International Economics* 97: 278–94.

Artuc, E., S. Chaudhuri, and J. McLaren. 2010. "Trade Shocks and Labor Adjustment: A Structural Empirical Approach." *American Economic Review* 100: 1008–45.

Arulampalam, W. 2001. "Is Unemployment Really Scarring? Effects of Unemployment Experiences on Wages." *Economic Journal* 111 (475): 585–606.

Autor, D. H., D. Dorn, and G. H. Hanson. 2013. "The China Syndrome: Local Labor Market Effects of Import Competition in the United States." *American Economic Review* 103 (6): 2121–68.

Autor, D. H., D. Dorn, G. H. Hanson, and J. Song. 2014. "Trade Adjustment: Worker-Level Evidence." *Quarterly Journal of Economics* 129 (4): 1799–1860.

Bayer, P., N. Keohane, and C. Timmins. 2009. "Migration and Hedonic Valuation: The Case of Air Quality." *Journal of Environmental Economics and Management* 58: 1–14.

Benhabib, J., and M. M. Spiegel. 1994. "The Role of Human Capital in Economic Development: Evidence from Aggregate Cross-Country Data." *Journal of Monetary Economics* 34 (2): 143–73.

Beylis, G., R. Fattal Jaef, M. Morris, A. Rekha Sebastian, and R. Sinha. 2020. *Going Viral: COVID-19 and the Accelerated Transformation of Jobs in Latin America and the Caribbean.* World Bank Latin American and Caribbean Studies. Washington, DC: World Bank.

Bishop, K. C. 2008. "A Dynamic Model of Location Choice and Hedonic Valuation." Unpublished, Washington University in St. Louis, 5.

Brambilla, I., D. Lederman, and G. Porto. 2012. "Exports, Export Destinations, and Skills." *American Economic Review* 102 (7): 3406–38.

Brugués, F., J. Brugués, and S. Giambra. 2018. "Political Connections and Misallocation of Procurement Contracts: Evidence from Ecuador." Research Department Working Papers 1394, CAF Development Bank of Latin America, Caracas, Venezuela.

Brunner, B., and A. Kuhn. 2014. "The Impact of Labor Market Entry Conditions on Initial Job Assignment and Wages." *Journal of Population Economics* 27 (3): 705–38.

Burda, M. C., and A. Mertens. 2001. "Estimating Wage Losses of Displaced Workers in Germany." *Labour Economics* 8 (1): 15–41.

Burdett, K., C. Carrillo-Tudela, and M. Coles. 2020. "The Cost of Job Loss." *Review of Economic Studies* 87 (4): 1757–98.

Campos-Vazquez, R. 2010. "The Effects of Macroeconomic Shocks on Employment: The Case of Mexico." *Estudios Economicos* 25 (1): 177–246.

Card, D., A. R. Cardoso, J. Heining, and P. Kline. 2018. "Firms and Labor Market Inequality: Evidence and Some Theory." *Journal of Labor Economics* 36 (S1): 13–70.

Card, D., A. R. Cardoso, and P. Kline. 2016. "Bargaining, Sorting, and the Gender Wage Gap: Quantifying the Impact of Firms on the Relative Pay of Women." *Quarterly Journal of Economics* 131 (2): 633–86.

Carneiro, A., P. Guimarães, and P. Portugal. 2012. "Real Wages and the Business Cycle: Accounting for Worker, Firm, and Job Title Heterogeneity." *American Economic Journal: Macroeconomics* 4 (2): 133–52.

Carrington, W. J. 1993. "Wage Losses for Displaced Workers: Is It Really the Firm That Matters?" *Journal of Human Resources* 28 (3): 435–62.

Carrington, W. J., and B. Fallick. 2017. "Why Do Earnings Fall with Job Displacement?" *Industrial Relations* 56 (4): 688–722.

Colonnelli, E., M. Prem, and E. Teso. 2020. "Patronage and Selection in Public Sector Organizations." *American Economic Review* 110 (10): 3071–99.

Couch, K. A. 2001. "Earnings Losses and Unemployment of Displaced Workers in Germany." *Industrial and Labor Relations Review* 54 (3): 559–72.

Cruces, G., A. Ham, and M. Viollaz. 2012. "Scarring Effects of Youth Unemployment and Informality: Evidence from Brazil." Center for Distributive, Labor and Social Studies (CEDLAS) working paper, Economics Department, Universidad Nacional de la Plata, Argentina.

Dauth, W., S. Findeisen, and J. Suedekum. 2016. "Adjusting to Globalization: Evidence from Worker-Establishment Matches in Germany." Düsseldorf Institute for Competition Economics (DICE) Discussion Paper 205, Heinrich Heine University, Düsseldorf, Germany.

Dauth, W., S. Findeisen, and J. Suedekum. 2017. "Trade and Manufacturing Jobs in Germany." *American Economic Review* 107 (5): 337–42.

Dauth, W., S. Findeisen, J. Suedekum, and N. Woessner. 2019. "The Adjustment of Labor Markets to Robots." University of Würzburg, Würzburg, Germany.

Davis, S. J., and T. M. Von Wachter. 2011. "Recessions and the Cost of Job Loss." Working Paper 17638, National Bureau of Economic Research, Cambridge, MA.

De Loecker, J., J. Eeckhout, and G. Unger. 2020. "The Rise of Market Power and the Macroeconomic Implications." *Quarterly Journal of Economics* 135 (2): 561–644.

Dell, M., B. Feigenberg, and K. Teshima. 2019. "The Violent Consequences of Trade-Induced Worker Displacement in Mexico." *American Economic Review: Insights* 1 (1): 43–58.

Devereux, P. J. 2004. "Cyclical Quality Adjustment in the Labor Market." *Southern Economic Journal* 70 (3): 600–15.

Dewenter, K., and P. Malatesta. 2001. "State-Owned and Privately Owned Firms: An Empirical Analysis of Profitability, Leverage, and Labor Intensity." *American Economic Review* 91: 320–34.

Dix-Carneiro, R. 2014. "Trade Liberalization and Labor Market Dynamics." *Econometrica* 82: 825–85.

Dix-Carneiro, R., and B. K. Kovak. 2017. "Trade Liberalization and Regional Dynamics." *American Economic Review* 107 (10): 2908–46.

Dix-Carneiro, R., and B. K. Kovak. 2019. "Margins of Labor Market Adjustment to Trade." *Journal of International Economics* 117: 125–42.

Fallick, B. C. 1996. "A Review of the Recent Empirical Literature on Displaced Workers." *Industrial and Labor Relations Review* 50 (1): 5–16.

Farber, H. S. 2003. "Job Loss in the United States, 1981–2001." Working Paper 471, Industrial Relations Section, Princeton University, Princeton, NJ.

Fernandes, A., and J. Silva. 2020. "Labor Market Adjustment to External Shocks: Evidence for Workers and Firms in Brazil and Ecuador." Background paper written for this report. World Bank, Washington, DC.

Fieler, A. C., M. Eslava, and D. Y. Xu. 2018. "Trade, Quality Upgrading, and Input Linkages: Theory and Evidence from Colombia." *American Economic Review* 108 (1): 109–46.

Flaaen, A., M. D. Shapiro, and I. Sorkin. 2019. "Reconsidering the Consequences of Worker Displacements: Firm versus Worker Perspective." *American Economic Journal: Macroeconomics* 11 (2): 193–227.

Freije, S., G. López-Acevedo, and E. Rodríguez-Oreggia. 2011. "Effects of the 2008-09 Economic Crisis on Labor Markets in

Mexico." Policy Research Working Paper 5840, World Bank, Washington, DC.

Genda, Y., A. Kondo, and S. Ohta. 2010. "Long-Term Effects of a Recession at Labor Market Entry in Japan and the United States." *Journal of Human Resources* 45 (1): 157–96.

González, F., and M. Prem. 2020. "Losing Your Dictator: Firms during Political Transition." *Journal of Economic Growth* 25 (2): 227–57.

Green, C. P. 2012. "Short Term Gain, Long Term Pain: Informal Job Search Methods and Post-Displacement Outcomes." *Journal of Labor Research* 33 (3): 337–52.

Gregg, P., and E. Tominey. 2005. "The Wage Scar from Male Youth Unemployment." *Labour Economics* 12 (4): 487–509.

Gregory, M., and R. Jukes. 2001. "Unemployment and Subsequent Earnings: Estimating Scarring among British Men." *Economic Journal* 111 (475): 607–25.

Hardoy, I., and P. Schone. 2013. "No Youth Left Behind? The Long-Term Impact of Displacement on Young Workers." *Kyklos* 66 (3): 342–64.

Howland, M., and G. E. Peterson. 1988. "Labor Market Conditions and the Reemployment of Displaced Workers." *Industrial and Labor Relations Review* 42 (1): 109–22.

Hyslop, D. R., and W. Townsend. 2019. "The Longer-Term Impacts of Job Displacement on Labour Market Outcomes in New Zealand." *Australian Economic Review* 52 (2): 158–77.

Jacobson, L. S., R. J. LaLonde, and D. G. Sullivan. 1993a. "Earnings Losses of Displaced Workers." *American Economic Review* 83 (4): 685–709.

Jacobson, L. S., R. J. LaLonde, and D. G. Sullivan. 1993b. *The Costs of Worker Dislocation*. Kalamazoo, MI: W. E. Upjohn Institute for Employment Research.

Janssen, S. 2018. "The Decentralization of Wage Bargaining and Income Losses after Worker Displacement." *Journal of the European Economic Association* 16 (1): 77–122.

Jovanovic, B. 1979. "Job Matching and the Theory of Turnover." *Journal of Political Economy* 87 (5): 972–90.

Kahn, L. B. 2010. "The Long-Term Labor Market Consequences of Graduating from College in a Bad Economy." *Labour Economics* 17 (2): 303–16.

Kaplan, D. S., G. M. González, and R. Robertson. 2007. *Mexican Employment Dynamics:*

Evidence from Matched Firm-Worker Data. Washington, DC: World Bank.

Kennan, J., and J. R. Walker. 2011. "The Effect of Expected Income on Individual Migration Decisions." *Econometrica* 79 (1): 211–51.

Kletzer, L. G. 1998. "Job Displacement." *Journal of Economic Perspectives* 12 (1): 115–36.

Koeber, C., and D. W. Wright. 2001. "Wage Bias in Worker Displacement: How Industrial Structure Shapes the Job Loss and Earnings Decline of Older American Workers." *Journal of Socio-Economics* 30 (4): 343–52.

Krolikowski, P. 2017. "Job Ladders and Earnings of Displaced Workers." *American Economic Journal: Macroeconomics* 9 (2): 1–31.

Kwon, I., E. M. Milgrom, and S. Hwang. 2010. "Cohort Effects in Promotions and Wages: Evidence from Sweden and the United States." *Journal of Human Resources* 45 (3): 772–808.

Lachowska, M., A. Mas, and S. A. Woodbury. 2018. "Sources of Displaced Workers' Long-Term Earnings Losses." Working Paper 24217, National Bureau of Economic Research, Cambridge, MA.

Liu, K., K. G. Salvanes, and E. Ø. Sørensen. 2016. "Good Skills in Bad Times: Cyclical Skill Mismatch and the Long-Term Effects of Graduating in a Recession." *European Economic Review* 84: 3–17.

Magalhães, M., T. Sequeira, and Ó. Afonso. 2019. "Industry Concentration and Wage Inequality: A Directed Technical Change Approach." *Open Economies Review* 30: 457–81.

Martinoty, L. 2016. "Initial Conditions and Lifetime Labor Outcomes: The Persistent Cohort Effect of Graduating in a Crisis." Mimeo.

McCarthy, N., and P. W. Wright. 2018. "The Impact of Displacement on the Earnings of Workers in Ireland." *Economic and Social Review* 49 (4): 373–417.

Meekes, J., and W. H. J. Hassink. 2019. "The Role of the Housing Market in Workers' Resilience to Job Displacement after Firm Bankruptcy." *Journal of Urban Economics* 109: 41–65.

Melitz, M. J. 2003. "The Impact of Trade on Intra-industry Reallocations and Aggregate Industry Productivity." *Econometrica* 71 (6): 1695–1725.

Menezes-Filho, N. 2004. "Costs of Displacement in Brazil." University of São Paulo, Brazil.

Mincer, J. 1984. "Human Capital and Economic Growth." *Economics of Education Review* 3 (3): 195–205.

Mion, G., R. Proenca, and J. Silva. 2020. "Trade, Skills, and Productivity." Mimeo.

Moreira, S. 2016. "Firm Dynamics, Persistent Effects of Entry Conditions, and Business Cycles." Northwestern University.

Moreno, L., and S. Sousa. 2020. "Early Employment Conditions and Labor Scarring in Latin America." Background paper written for this report. World Bank, Washington, DC.

Neffke, F. M. H., A. Otto, and C. Hidalgo. 2018. "The Mobility of Displaced Workers: How the Local Industry Mix Affects Job Search." *Journal of Urban Economics* 108: 124–40.

Nelson, R. R., and E. S. Phelps. 1966. "Investment in Humans, Technological Diffusion, and Economic Growth." *The American Economic Review* 56 (1/2): 69–75.

OECD (Organisation for Economic Co-operation and Development). 2015. "Competition and Market Studies in Latin America: The Case of Chile, Colombia, Costa Rica, Mexico, Panama and Peru." Organisation for Economic Co-operation and Development, Paris.

Orazem, P. F., M. Vodopivec, and R. Wu. 2005. "Worker Displacement during the Transition: Experience from Slovenia." *Economics of Transition* 13 (2): 311–40.

Oreopoulos, P., M. Page, and A. H. Stevens. 2008. "The Intergenerational Effects of Worker Displacement." *Journal of Labor Economics* 26 (3): 455–83.

Ponczek, V., and G. Ulyssea. 2018. "Is Informality an Employment Buffer? Evidence from the Trade Liberalization in Brazil." Unpublished manuscript.

Rijkers, B., C. Freund, and A. Nucifora. 2017. "All in the Family: State Capture in Tunisia." *Journal of Development Economics* 124 (C): 41–59.

Romer, P. M. 1990. "Endogenous Technological Change." *Journal of Political Economy* 98 (5, Part 2): 71–102.

Ruhm, C. J. 1991a. "Are Workers Permanently Scarred by Job Displacements?" *American Economic Review* 81 (1): 319–24.

Ruhm, C. J. 1991b. "Displacement Induced Joblessness." *Review of Economics and Statistics* 73 (3): 517–22.

Solon, G., R. Barsky, and J. A. Parker. 1994. "Measuring the Cyclicality of Real Wages: How Important Is Composition Bias?" *Quarterly Journal of Economics* 109 (1): 1–25.

Teulings, C. 1993. "The Diverging Effects of the Business Cycle on the Expected Duration of Job Search." *Oxford Economic Papers* 45: 482–500.

Utar, H. 2014. "When the Floodgates Open: 'Northern' Firms' Response to Removal of Trade Quotas on Chinese Foods." *American Economic Journal: Applied Economics* 6 (4): 226–50.

Utar, H. 2018. "Workers beneath the Floodgates: Low-Wage Import Competition and Workers' Adjustment." *Review of Economics and Statistics* 100 (4): 631–47.

Yagan, D. 2019. "Employment Hysteresis from the Great Recession." *Journal of Political Economy* 127 (5): 2505–58.

Yang, X. 2014. "Labor Market Frictions, Agglomeration, and Regional Unemployment Disparities." *Annals of Regional Science* 52 (2): 489–512.

Yi, M., S. Müller, and J. Stegmaier. 2016. "Industry Mix, Local Labor Markets, and the Incidence of Trade Shocks." US Census Bureau, Suitland, MD.

Rumo a uma política de resposta integrada | 4

Introdução

Poucos duvidam de que ter melhores políticas para mitigar, administrar e ajudar as pessoas a se recuperarem de crises é crucial para que os países da América Latina e do Caribe (ALC) consigam elevar suas taxas de crescimento de longo prazo e aumentar o bem-estar de suas populações. As estruturas macroeconômicas dos países da região mudaram drasticamente na década de 1990, assim como as políticas de proteção social e trabalho no início dos anos 2000. Mas as políticas foram pouco modificadas desde então. A pandemia de COVID-19 e a consequente lentidão da economia global podem ser prolongadas. Enquanto isso, ocorrem mudanças estruturais nos mercados de trabalho. Dadas essas circunstâncias, a resposta à crise passou a encabeçar o debate sobre políticas na região da ALC.

Considerando as evidências apresentadas nos capítulos anteriores sobre a importância da demanda para os ajustes nas crises e a tríade de trabalhadores, setores/empresas e localidades, como as políticas podem mitigar o impacto das crises sobre os trabalhadores e promover uma melhor recuperação? Este estudo mostra que as crises têm um grande efeito negativo sobre o bem-estar na região da ALC e que os efeitos cicatriz documentados no mercado de trabalho provavelmente afetarão o potencial de crescimento econômico da região. Para mitigar esses danos, os formuladores de políticas devem desenhar e implantar instrumentos para amortecer os efeitos das crises sobre os trabalhadores no curto prazo; os impactos dos choques se espalham de forma desigual entre os trabalhadores e empresas. Muitos não recuperarão o emprego, o salário ou os clientes perdidos. Mas os formuladores de políticas devem prestar a mesma atenção a eficiência e resiliência - promovendo a capacidade de recuperação após exposição a um choque negativo (e que pode ser auxiliado por um crescimento econômico saudável).

Este capítulo se baseia nas conclusões dos três primeiros capítulos para identificar os elementos necessários para uma política de resposta eficaz às crises na América Latina e no Caribe, conforme revelados por essas lentes mais amplas. Discute as implicações das conclusões dos capítulos anteriores para as políticas, avaliamos a capacidade dos sistemas existentes de enfrentar os desafios de resposta às crises e discute possíveis reformas, embora não faça uma avaliação de impacto das diferentes políticas de resposta propostas. Os resultados das políticas e os detalhes de implementação são provenientes da literatura existente e as novas evidências sobre a efetividade das reformas se baseiam em crises anteriores ocorridas na América Latina.

As evidências apresentadas nos capítulos anteriores sugerem que o sucesso das políticas de resposta à crise desencadeada pela pandemia de COVID-19 dependerá da eficácia das medidas em prevenir efetivamente a destruição desnecessária do capital humano e de negócios que seriam, de outra forma, viáveis. Dependerá ainda da qualidade das políticas internas complementares e reformas para além do mercado de trabalho. Amortecer o impacto de curto prazo das crises por meio de políticas macroeconômicas e de proteção social e trabalho será crucial para evitar a pobreza e a perda excessiva de empregos, dados os prejuízos em termos de postos de trabalho e salários documentados neste relatório. Estruturas macroeconômicas fortes e prudentes e estabilizadores automáticos constituem a primeira linha de defesa para proteger os mercados de trabalho de uma crise. Políticas fiscais e monetárias prudentes podem reduzir a probabilidade e a gravidade de certos tipos de crises e garantir o espaço fiscal necessário para fornecer apoio e evitar tensões financeiras generalizadas quando as crises ocorrem.

Além das políticas macroeconômicas, o estabilizador automático típico utilizado nos países da Organização para a Cooperação e Desenvolvimento Econômico (OCDE) é o seguro-desemprego, que não existe em muitos países da ALC. Esse tipo de programa de proteção social e trabalho é fundamental para amortecer o impacto das crises nos trabalhadores formais. Mas muitos trabalhadores da região da ALC ganham a vida na economia informal e a melhor forma de proteger seu consumo é por meio de programas de transferência de renda responsivos. Direcionados com base nas necessidades das famílias - e não se a perda de emprego foi formal ou informal - esses programas atenuam o grau em que o ajuste do mercado de trabalho se traduz em impactos de curto e longo prazo

sobre os pobres e vulneráveis. Como o reemprego é crucial para evitar o efeito cicatriz, programas ativos de mercado de trabalho para apoiar a requalificação e o reemprego compõem um terceiro elemento vital dos sistemas eficazes de proteção social e trabalho.

Embora os sistemas de proteção social e trabalho possam proteger os trabalhadores dos impactos das crises, eles não tratam das questões estruturais que determinam a magnitude desses impactos e a capacidade da economia de se recuperar. Este estudo destaca, por exemplo, a dicotomia entre as empresas protegidas e desprotegidas na região da ALC (devido ao poder de mercado desse primeiro grupo) e a baixa mobilidade geográfica dos trabalhadores da região; esses dois aspectos ampliam os efeitos dos choques no bem-estar. Este estudo também destaca bolsões de rigidez da regulamentação trabalhista que estão mudando a natureza do trabalho e retardando as transições dos trabalhadores entre empregos. Portanto, as políticas de concorrência, as políticas regionais e as regulamentações trabalhistas constituem uma terceira dimensão fundamental em termos de políticas de resposta a crises. Essas questões estruturais importantes também estão por trás dos ajustes precários dos mercados da ALC às crises e podem exigir intervenções nos níveis setorial e local, além de intervenções no âmbito dos trabalhadores e da economia que interagem com as necessidades e incentivos de proteção social.

As características do mercado de trabalho local e as condições do mercado de produtos setoriais ditam a magnitude dos impactos das crises sobre os trabalhadores. Em termos de regulamentações e instituições do mercado de trabalho, este estudo documenta poucos ajustes por meio da redução das horas, mais ajustes por meio do desemprego e um setor informal que serve de amortecedor em alguns países. Com relação às condições do mercado de produtos, o estudo conclui que, inicialmente, trabalhadores semelhantes têm experiências diversas em termos de emprego e renda após a exposição à mesma crise porque atuam em setores com estruturas de concorrência diferentes. Também documenta que a localidade onde o trabalhador vive afeta os impactos que ele enfrenta. Os resultados do estudo sugerem que, após os choques, há menores impactos em termos de perdas de empregos e salários para trabalhadores que vivem em áreas com mais informalidade. Por que trabalhadores em alguns lugares sofrem mais os impactos das crises do que em outros? Um fator é a mobilidade geográfica dos trabalhadores, que é menor do que o esperado por economistas e formuladores de políticas. As restrições de movimentação criam atrito nos mecanismos estilizados de ajuste do mercado de trabalho que, como mostrado nos capítulos anteriores, podem aumentar as perdas de bem-estar social. A política de resposta às crises precisa abordar essas questões estruturais de forma direta, de acordo com o nível de prioridade de cada questão nos diferentes países/cenários.

Dada a complexidade do ajuste dos mercados de trabalho às crises econômicas na região da ALC, este relatório defende que os países podem melhorar suas respostas ao avançar em três frentes. A combinação necessária de políticas é intersetorial por essência, incluindo políticas voltadas para macroeconomia, proteção social e trabalho, concorrência e políticas regionais. Essa combinação determinará a velocidade do ajuste e a trajetória de recuperação dos trabalhadores.

O capítulo começa com uma discussão sobre o "escudo" de políticas públicas que pode determinar como a crise afeta os trabalhadores e suas famílias - a estrutura macroeconômica e os estabilizadores automáticos do país. Políticas macroeconômicas sólidas e robustas podem reduzir a frequência das crises, protegendo, por exemplo, contra desequilíbrios fiscais e pressões inflacionárias internas. Elas também podem atenuar a gravidade das crises, reduzindo o tamanho dos ajustes necessários e moldando sua composição. A região da ALC melhorou muito em termos de estrutura macroeconômica nas últimas décadas, resultando em menos crises internas e taxas de inflação consideravelmente mais baixas. Mesmo assim, a política fiscal da região, em particular, permanece frágil e, em muitos países, insustentável, com bases tributárias pequenas e programas de benefícios relativamente generosos. Muitos

países da região carecem de programas de proteção social e trabalho capazes de servir como estabilizadores automáticos adequados (como o seguro-desemprego).

Em seguida, o capítulo se dedica a como os governos podem usar os mercados de trabalho e as políticas de proteção social para aliviar ou reverter os impactos das crises nos trabalhadores e na economia. Para começar a responder a essa pergunta, este capítulo avalia por que a maioria das pessoas na região da ALC não possui cobertura por nenhuma assistência formal de renda para o desemprego. Consideram-se os programas de apoio à renda existentes na região (incluindo planos de seguro-desemprego, transferências condicionadas de renda e outros benefícios de assistência social), suas consequências não intencionais (positivas e negativas) vinculadas ao desenho atual desses programas e como eles poderiam ser reformulados para oferecer uma resposta mais eficaz às crises. A discussão neste capítulo sobre sistemas de proteção social e trabalho é concluída com destaque a alguns itens da agenda que os governos da região poderiam considerar a fim de melhorar o histórico variável de programas de apoio ao emprego e reduzir os impactos (de curto e longo prazo) das crises sobre os trabalhadores. É feita uma distinção entre programas transitórios de curto prazo implementados durante as crises para evitar perdas excessivas de empregos (incluindo esquemas de retenção de emprego, programas de emprego temporário e programas de estímulo de demanda) e programas de mais longo prazo implementados por governos para requalificar os trabalhadores e facilitar as transições entre empregos. Esse último conjunto de programas é discutido à luz do histórico variável da região da ALC na redução da duração do desemprego e na melhoria da qualidade da compatibilidade entre empregador e empregado. Visto que mesmo as crises de curta duração podem deixar cicatrizes duradouras nos trabalhadores, o grande desafio dos governos é distinguir as crises que exigem respostas transitórias das que exigem um apoio mais sustentado e responder de acordo à medida que os trabalhadores e a economia se ajustam. Além disso, o capítulo discute percepções abstraídas de evidências existentes e experiências com políticas e apresenta recomendações para melhorar as respostas da região à atual crise de COVID-19.

Em seguida, o capítulo muda o foco para os efeitos das crises na eficiência e analisa como lidar com questões estruturais que podem prejudicar os ajustes do mercado de trabalho - mais especificamente, como quebrar a rigidez, abordar a clivagem entre insiders e outsiders e a responder à falta de oportunidades. O Capítulo 3 mostrou como fatores além do mercado de trabalho afetam o tamanho dos impactos das crises sobre os trabalhadores. Os desafios estruturais na região da ALC tendem a desacelerar e até mesmo impedir os ajustes necessários no mercado de trabalho, enfraquecendo assim as recuperações econômicas. Essas questões estruturais podem mudar a natureza - e o impacto nas pessoas - dos choques sistêmicos, de algo transitório para uma situação de longo prazo. As implicações desses achados e da literatura relacionada são que, mesmo que as políticas de ajuste macroeconômico, proteção social e trabalho do país em questão estejam em perfeita ordem, melhores resultados poderiam ser alcançados para os trabalhadores prejudicados por meio do reforço de políticas setoriais e locais para lidar com as questões estruturais que estão impedindo recuperações mais robustas. Essa reforma envolveria abordar as ineficiências no ajuste do mercado de trabalho causadas pela legislação, pela estrutura do mercado de produtos, pela falta de mobilidade geográfica dos trabalhadores e pelas áreas desfavorecidas. Enfrentar esses desafios estruturais requererá mudanças nas estruturas legais e regulamentações, bem como investimentos públicos direcionados.

Três dimensões principais das políticas

Até aqui, este relatório revelou as situações de bem-estar e eficiência advindas da tríade trabalhadores, setores e empresas e localidades e examinou quais são os mecanismos em jogo.

Um choque exógeno é transmitido ao mercado de trabalho por meio de impactos na oferta e na demanda, alterando o funcionamento normal do mercado de trabalho e gerando perdas de empregos e transições para empregos informais, em taxas superiores às observadas em tempos normais. Esses fluxos excedentes afetam o tamanho e a composição do emprego. O Capítulo 2 descreve esse processo de ajuste na região da ALC, considerando as várias margens pelas quais o mercado de trabalho pode se ajustar aos choques e os que fatores ajudam a determinar a severidade do ajuste em questão.

O que esse processo significa para os trabalhadores e como as características dos setores, empresas e localidades afetam o tamanho e a natureza dos impactos das crises? Um choque macroeconômico resulta em realocação microeconômica nos níveis dos trabalhadores e das empresas. Nesses momentos decisivos, os destinos dos trabalhadores e das empresas estão interligados. As empresas podem ajustar o número de empregados, as horas trabalhadas e os salários oferecidos, e os trabalhadores podem optar por aceitar essas ofertas ou procurar outras opções. A partir dessas interações, um novo equilíbrio de curto prazo é formado. Este estudo mostra que esse equilíbrio depende das condições locais do mercado de trabalho, bem como da capacidade das empresas de ajustar empregos e salários, o que está ligado a regulamentações do mercado de trabalho. Como as empresas são um canal fundamental de transmissão dos efeitos das crises para os trabalhadores individuais, esses efeitos também dependem das rendas existentes, dos mecanismos de compartilhamento de renda e da estrutura dos mercados de produtos.

Na transição para um novo equilíbrio, muitos trabalhadores perdem seus empregos ou sofrem queda em sua renda, algumas empresas fecham as portas e os novos ingressantes no mercado de trabalho enfrentam um início de carreira mais desafiador. Conforme explorado no capítulo 3, os impactos de uma crise deixam cicatrizes nos trabalhadores e nas empresas. Muitos trabalhadores não se recuperam totalmente, mesmo a longo prazo: seus lucros não voltam, suas carreiras seguem um caminho diferente e pior. Quem perde, perde muito. Trabalhadores menos qualificados e aqueles com rendimentos mais baixos são os mais afetados adversamente na região da ALC. Da perspectiva do mercado de trabalho, a compatibilidade entre empregador e empregado e o capital humano específico resultante disso, que costuma demorar muito para ser construído e continuaria lucrativo quando a economia voltasse ao normal, podem ser definitivamente dissolvidos por um choque temporário. Essa perda pode retardar o aumento da produção mais tarde e implica em uma perda de produtividade. Uma crise também pode ter efeitos persistentes sobre os insumos de tecnologia, que podem ser uma margem de ajuste usada pelas empresas, e sobre a estrutura da economia, pois a crise mata algumas empresas e aumenta a participação de mercado de outras. São mudanças que podem ter implicações persistentes para a economia e que as empresas não conseguem reverter.

Considerando-se a tríade trabalhadores, setores/empresas e localidades, como as políticas podem mitigar os impactos descritos acima? A Figura 4.1. apresenta uma estrutura para pensar sobre as áreas relevantes para políticas. Dadas as características dos ajustes dos mercados de trabalho da região da ALC identificadas nos capítulos 2 e 3, este capítulo aborda quais políticas são necessárias na região para mitigar os impactos negativos das crises e melhorar as respostas a elas. A análise deixa claro que as políticas de mercado de trabalho por si só são insuficientes. Estruturas macroeconômicas fortes e prudentes e estabilizadores automáticos (o escudo na figura 4.1) compõem a primeira linha de defesa, que serve para proteger os mercados de trabalho das crises. São medidas preventivas macroeconômicas e de proteção social que mitigam os impactos de choques externos na economia do país e reduzem as chances de choques internos ao estabilizar o ambiente macroeconômico. Políticas fiscais e monetárias prudentes previnem certos tipos de crises e garantem espaço fiscal suficiente

FIGURA 4.1 **Como funciona o ajuste e um triplo pacote de políticas para facilitá-lo**

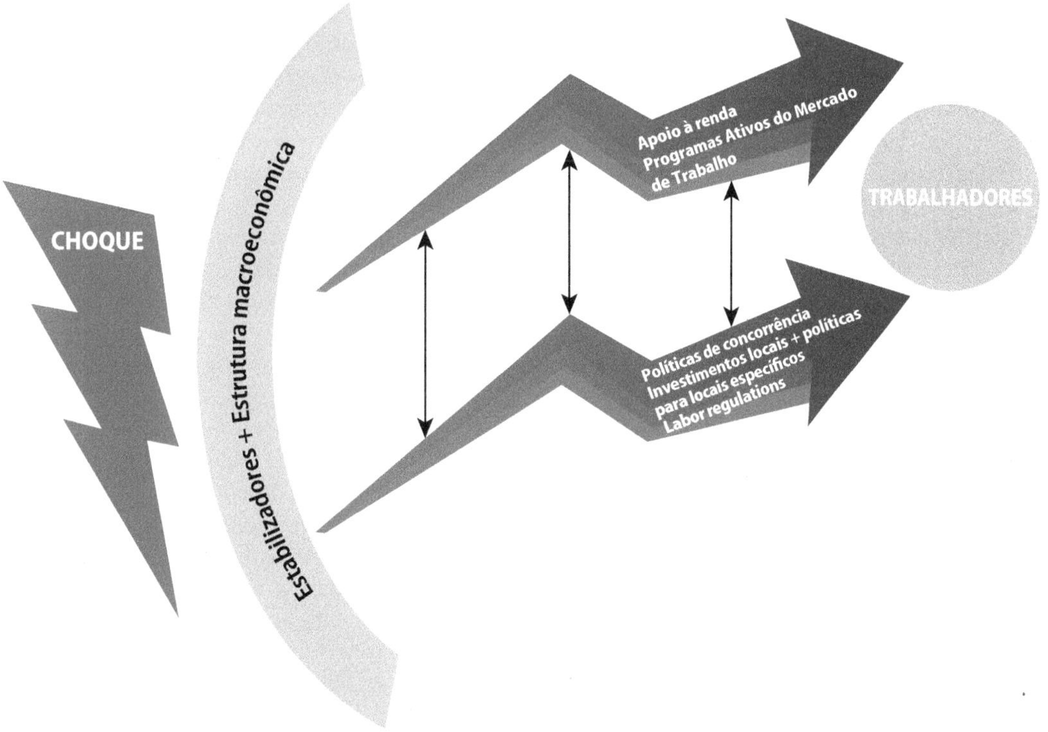

Fonte: Banco Mundial.

para fornecer apoio e evitar tensões financeiras em todo o sistema na ocorrência de outros tipos de crises.[1]

Para que as economias se protejam de forma mais eficaz de choques externos, é fundamental contar com estabilizadores macroeconômicos. Conforme será discutido em seções posteriores deste capítulo, os sistemas de proteção social e trabalho dos países podem incluir programas de garantia de renda administrados nacionalmente, como seguro-desemprego e outras formas de apoio com financiamento público para indivíduos afetados. Esses programas do tipo "rede de segurança" idealmente funcionam de forma anticíclica, expandindo e aumentando o apoio que oferecem em tempos difíceis para proteger e estimular o consumo, com o potencial de estimular a demanda e limitar os danos da crise, além de ajudar a acelerar a recuperação.

De modo geral, os estabilizadores automáticos, atuando no agregado, ajudam as famílias a suavizar seu consumo, reduzindo o impacto imediato do choque na demanda e no emprego e, portanto, na dimensão e composição dos efeitos do choque nos mercados de trabalho. Essas políticas podem atenuar a severidade das crises, reduzindo o tamanho do ajuste necessário e moldando sua composição. Elas afetarão a mudança no tamanho total do mercado de trabalho gerado pela crise e também a dinâmica do mercado de trabalho entre a economia formal, a economia informal e o desemprego (por exemplo, evitando a perda excessiva de empregos formais), conforme descrito no capítulo 2.[2]

As políticas de proteção social e trabalho são essenciais para amortecer os impactos das crises nos trabalhadores. Além de fornecerem um estabilizador automático (seguro-desemprego), quando organizadas em sistemas coerentes e coordenados, elas protegem a renda e o consumo das famílias por meio de redes de segurança e promovem o reemprego por meio de programas ativos de mercado de trabalho. Direcionados com base nas necessidades das famílias, e não se o emprego perdido era formal ou informal, esses programas atenuam a forma como o ajuste do mercado de trabalho se traduz em impactos de curto e longo prazo sobre os trabalhadores (ilustrado pela seta superior da figura 4.1).

O efeito cicatriz trabalhista documentado neste estudo e seu impacto negativo no potencial de produtividade dos países implica que um maior crescimento de longo prazo poderia ser alcançado na região da ALC se a queda do capital humano - induzida pela crise - ao nível do trabalhador fosse reduzida. Essa mudança exigiria amortecer o impacto de curto prazo das crises por meio de apoio à renda de curto prazo para proteger o bem-estar e políticas de proteção social e trabalho que constroem capital humano e promovem transições mais rápidas e de melhor qualidade para trabalhadores que ingressam em novos empregos. A velocidade e a extensão do efeito cicatriz na região exigem que os sistemas de proteção social e trabalho forneçam mais do que apenas apoio à renda. Também devem ajudar as pessoas a renovarem e redistribuírem seu capital humano. É nesse sentido mais amplo que as reformas nas políticas e sistemas existentes de proteção social e trabalho são necessárias. Essas transformações, por sua vez, afetarão os fluxos do mercado de trabalho e fornecerão uma rede de segurança responsiva que contribui de forma significativa e eficaz para os estabilizadores automáticos dos países, conforme detalhado abaixo.

Embora os programas de proteção social e trabalho amorteçam os impactos das crises nos trabalhadores, não abordam as questões estruturais que ajudam a determinar a magnitude desses impactos. Por exemplo, este relatório destaca a dicotomia entre as empresas protegidas e desprotegidas na região da ALC (devido à falta de contestabilidade e concorrência, altos níveis de concentração e poder de mercado desse primeiro grupo de empresas) e a lentidão da mobilidade da mão-de-obra entre localidades economicamente atrasadas e avançadas, que servem para ampliar os efeitos dos choques no bem-estar. Este estudo também destaca bolsões de rigidez do mercado de trabalho que estão mudando a natureza do trabalho e retardando as transições entre empregos. Portanto, as políticas de concorrência, as políticas regionais e as regulamentações do mercado de trabalho são uma terceira dimensão fundamental que dita os efeitos das crises (conforme ilustrado pela seta inferior na figura 4.1). Essas questões estruturais importantes também podem estar por trás dos ajustes insuficientes às crises nos mercados de trabalho da ALC e podem exigir intervenções nos níveis de setor e de localidade, além de intervenções para os trabalhadores e para a economia como um todo. É preciso que haja uma interação com as necessidades e incentivos de proteção social (conforme ilustrado pelas setas verticais na figura 1). As políticas de resposta dos países da ALC precisam abordar essas questões estruturais de forma direta, de acordo com o nível de prioridade de cada questão nos diversos países / cenários.

Agregado: estabilizadores macroeconômicos mais robustos

Conforme ilustrado na figura 4.1, o primeiro escudo contra as crises é a força da estrutura macroeconômica do país e estabilizadores automáticos robustos. Essas políticas filtram até que ponto um choque exógeno afeta o mercado de trabalho nacional e, de forma especialmente relevante para a América Latina e o Caribe, até que ponto as condições internas podem levar a uma situação de crise. Esta seção analisa como a região da ALC progrediu em termos de suas estruturas macroeconômicas, levando a menos crises internas, mesmo na ausência de estabilizadores automáticos suficientes.

Estrutura Macroeconômica mais Robusta

Poucos discordariam de que evitar crises, antes de mais nada, é uma prioridade importante para limitar seus efeitos, que ocorrem tanto em nível individual quanto agregado. Conforme documentado neste estudo, a região da ALC sofre de crises frequentes. Em um terço dos trimestres entre 1980 e 2018, um ou mais países da região estiveram em crise econômica (conforme mencionado no

capítulo 1). Políticas fiscais e monetárias prudentes, no entanto, podem diminuir a probabilidade de certos tipos de crises e as políticas macroeconômicas - incluindo o estímulo à demanda e as depreciações da taxa de câmbio - compõem uma primeira linha de resposta. Nas últimas décadas, os países da ALC progrediram bastante no fortalecimento de suas estruturas macroeconômicas e na melhoria da governança e de suas instituições. Esses esforços reduziram a frequência das crises na região, especialmente as de origem interna. Ainda existem desafios, no entanto - principalmente a crise na República Bolivariana da Venezuela e também as recentes crises políticas ou econômicas na Argentina, Brasil, Haiti e Nicarágua.

De importância crítica para compreender como as crises afetam os trabalhadores, as estruturas macroeconômicas mais robustas da região também alteraram a natureza dos ajustes de mercado de trabalho da região. Devido a essas estruturas mais robustas, as crises na região da ALC hoje ocorrem em um contexto de inflação relativamente baixa. Em contraste, a década de 1980 e o início da década de 1990 foram um período de alta inflação na maioria dos países da região. As políticas monetárias latino-americanas na década de 1990 e no início dos anos 2000 tentava cada vez mais manter a inflação baixa (Céspedes, Chang e Velasco, 2014). Por exemplo, após a crise do Efeito Tequila, o México mudou de uma política de taxa de câmbio fixa para câmbio flutuante e adotou regras relativamente rígidas para as metas de inflação. Desde o início dos anos 2000, a maioria dos países da região conseguiu controlar a inflação. A taxa de inflação média não-ponderada da região foi de 69,6 por cento na década de 1980 e 30 por cento na década de 1990, caindo para apenas 5,4 por cento nos anos 2000.[3]

Embora esse novo contexto macroeconômico signifique que ocorrem menos crises internas na região da ALC, ele também tem implicações na forma como os mercados de trabalho da região se ajustam às crises que, de fato, ocorrem. A inflação baixa reduz a flexibilidade descendente dos salários reais, enquanto a capacidade das empresas de cortar os salários nominais dos trabalhadores é limitada por contratos (acordos formais e informais) e pelas leis trabalhistas, como a que impõe o salário-mínimo.[4] Portanto, as empresas que operam em contextos em que a inflação é baixa e estável não podem contar com a inflação para ajudar a corroer os salários reais durante uma crise. Em vez disso, as empresas só podem reduzir os custos do trabalho por meio de ajustes quantitativos, como a redução do número de postos de trabalho. Como resultado, a redução da inflação provavelmente aumentou o grau de ajuste dos mercados de trabalho às crises ao longo da margem quantitativa: os empregos. Em um artigo recente, Gambetti e Messina (2020) mostram que a flexibilidade do salário real diminuiu no Brasil, no Chile, na Colômbia e no México durante 1980–2010. Esse resultado condiz com pesquisas anteriores que encontraram evidências de queda da flexibilidade do salário real nos países da ALC durante esse período (ver Lederman et al. [2011] sobre a região de modo geral; Messina e Sanz-de-Galdeano (2014) sobre o Brasil e Uruguai; e Casarín e Juarez [2015] sobre o México).

As mudanças resultantes no ajuste dos mercados de trabalho da ALC aos choques econômicos podem ser ilustradas pelas diferenças entre as respostas às crises no Brasil e no México durante a década de 1990 versus a década de 2000. Os painéis na figura 4.2 registram as oscilações no logaritmo do produto interno bruto (PIB) real, a taxa de inflação, os salários reais médios e a taxa de desemprego antes e depois do primeiro trimestre de crescimento negativo (identificado como $t = 0$ nos gráficos) para quatro crises: a crise conhecida como Efeito Tequila, de 1994 e a crise financeira global de 2008 no México e as recessões de 1990 e 2015 no Brasil. A Figura mostra que a inflação aumentou significativamente durante a crise do Efeito Tequila no México, enquanto permaneceu estável durante a recessão de 2008-09. Da mesma forma, no Brasil, a recessão de 1990 foi caracterizada pelo aumento da inflação que, por sua vez, permaneceu estável na segunda crise (a mais recente).

Dadas as taxas de inflação mais baixas da região durante essas crises mais recentes, a expectativa é de que os salários reais não tenham se ajustado tanto nessas crises quanto nas crises anteriores. Conforme mostra a figura 4.2, os salários reais caíram de forma mais significativa durante as crises anteriores no Brasil e no México. Essa diferença sugere que a margem de preço está se tornando menos importante para os ajustes do mercado de trabalho. Esses achados são confirmados por Robertson (2021).

Se o ajuste dos salários reais foi uma margem importante do ajuste do mercado de trabalho durante choques de crescimento anteriores, então, dado o contexto atual de taxas de inflação mais baixas, esperaríamos ver uma importância maior do ajuste quantitativo. De fato, conforme sugerem os casos do Brasil e México. Com o aumento da inflação, o desemprego aumentou apenas marginalmente durante a crise do Efeito Tequila no México. Em contraste, a inflação no México permaneceu relativamente estável na crise de 2008-09, enquanto o desemprego cresceu substancialmente mais do que na crise anterior. No Brasil, a recessão de 1990 também foi caracterizada por uma alta da inflação e baixos aumentos no desemprego, enquanto a recessão de 2015 teve uma inflação menor e um aumento mais significativo do desemprego.[5] A mudança da importância dos ajustes salariais em relação aos ajustes quantitativos é refletida na figura 4.3, que ilustra a sensibilidade do desemprego e dos salários aos choques de crescimento durante os anos de crise para Brasil, Colômbia e México nas décadas de 1990 e 2000. Em linha com os resultados da figura 4.2, a figura 4.3 sugere que houve uma redução estatisticamente significativa na sensibilidade dos salários e um aumento estatisticamente significativo na sensibilidade do desemprego em resposta às oscilações de produção.

Restaurando o espaço fiscal

Embora a região da ALC tenha protagonizado grandes avanços na redução da inflação, ainda batalha com outro aspecto

FIGURA 4.2   **Respostas salariais e de desemprego durante as crises nos anos 2000 versus crises na década de 1990. México e Brasil**

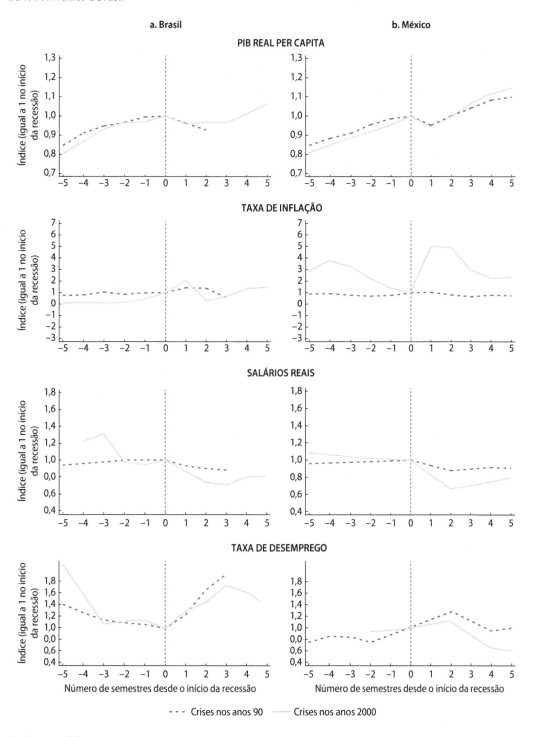

Fonte: Banco Mundial.
Nota: Os episódios de recessões nos anos 2000 foram a crise financeira global de 2008-09 no caso do México e a recessão de 2015 no Brasil. Os episódios de recessões na década de 1990 foram o Efeito Tequila no México e a crise de 1991 no Brasil. Todas as séries são indexadas ao ano em que o logaritmo do produto interno bruto real cai; o resultado inicial cai em t=0, indicado pelas linhas tracejadas.

FIGURA 4.3 **Sensibilidade do desemprego e dos salários às oscilações de resultados**

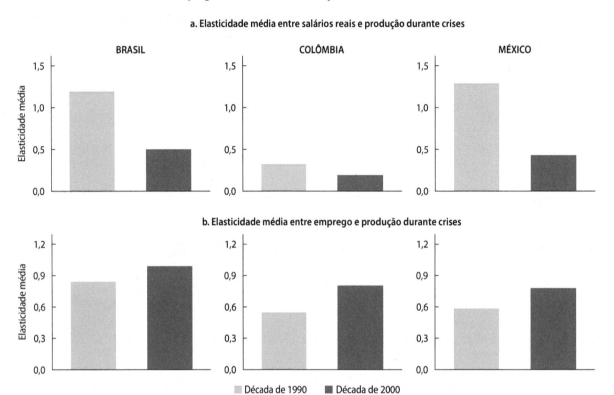

a. Elasticidade média entre salários reais e produção durante crises

Fonte: Cálculos do Banco Mundial usando dados sobre salários e emprego de Gambetti e Messina (2018), atualizados até 2018.
Nota: Esta figura relata os betas dinâmicos durante os anos de crise estimados usando a lei de Okun por meio de *rolling regressions,* seguindo a metodologia do FMI (2010). Em todos os países ilustrados, a diferença das médias entre as crises dos anos 1990 e dos anos 2000 é estatisticamente significativa no nível de 5 por cento.

fundamental para o escudo macroeconômico – a política fiscal. Políticas fiscais prudentes evitam certos tipos de crises e garantem o espaço fiscal necessário para fornecer suporte e evitar tensões financeiras generalizadas caso ocorram outros tipos de crises. Essa questão é particularmente preocupante ao considerar-se o ajuste fiscal que pode ser necessário na região da ALC. A região – principalmente a sub-região do Atlântico - tem apresentado um crescimento constante dos gastos públicos em anos recentes, e isso se traduziu em consideráveis déficits fiscais e dívidas públicas (Vegh et al., 2018). A adoção de uma perspectiva de longo prazo envolve lidar com questões complexas, como a eliminação de subsídios de energia, modernização das políticas tributárias e o aumento da eficiência dos gastos sociais, incluindo a

sustentabilidade financeira das aposentadorias para idosos, à medida que as populações envelhecem rapidamente.

Estabilizadores automáticos (e a falta deles)

Os estabilizadores automáticos conseguem amortecer os impactos das crises nas famílias, aumentando a renda disponível, atenuando o declínio no emprego e no consumo em resposta a choques negativos de demanda. Resumidamente, eles constituem um estímulo à demanda *de facto.* Os estabilizadores automáticos mais intensamente utilizados em países de renda alta e média são os sistemas de apoio à renda para aqueles que perdem seus empregos, incluindo verbas rescisórias (pagamento de montante único no momento da dispensa) e seguro-desemprego (pagamentos periódicos condicionados à situação de desempregado e à procura de emprego). Essas políticas fornecem liquidez aos trabalhadores no momento da demissão e podem suavizar seu consumo durante a busca por emprego.

A região apresenta um longo histórico institucional de oferecer seguro social para cobrir ameaças à renda e ao consumo decorrentes de idade avançada, invalidez e morte prematura dos principais provedores de renda da família. No entanto, na região da ALC é relativamente raro que os países adotem planos anticíclicos de apoio à renda, administrados nacionalmente, para cobrir perturbações no mercado de trabalho (seja apenas seguro-desemprego com mutualização de riscos ou abordagens mistas de poupança e mutualização de riscos). Dois terços dos países da região ainda não oferecem programas anticíclicos de apoio à renda em nível nacional para trabalhadores afetados. E dentre os poucos que o fazem, somente os programas do Brasil, Chile e Uruguai possuem programas suficientemente bem estabelecidos ou com cobertura e volumes de pagamento suficientes para contribuírem significativamente para a estabilização de suas economias. O panorama dos planos de seguro-desemprego na América Latina, os problemas do cenário atual e a agenda de políticas daqui para frente serão discutidos em detalhes na próxima seção. A falta de seguro-desemprego se soma à ausência de mecanismos eficazes de suavização do consumo na região, deixando uma lacuna importante nas respostas à crise que os países teriam condições de implementar.

Embora o seguro-desemprego seja um estabilizador automático usado com frequência, outras políticas também podem desempenhar essa função. Na crise da COVID-19, por exemplo, as políticas fiscais dos países da ALC foram fortemente anticíclicas. Estratégias como licenças, subsídios à retenção de empregos e a expansão de programas de transferência de renda representaram uma parcela importante dos gastos de resposta à crise. Tornar alguns desses instrumentos parte permanente dos estabilizadores automáticos das economias pode reduzir as perdas e os custos de ajuste na esteira de choques futuros. Essa mudança poderia ser implementada tornando alguns desses programas condicionados e automaticamente ativados quando, por exemplo, o desemprego subir acima de um determinado limiar.[6] Na verdade, ter um sistema dinâmico ou "adaptativo" de apoio contingente do estado é uma das motivações originais para os países investirem em sistemas nacionais de proteção social e "redes de segurança" do trabalho (Bowen et al., 2020; Grosh et al., 2008).

Ações de Políticas

A região da ALC melhorou muito nas últimas décadas em termos de sua estrutura macroeconômica e precisa continuar na mesma direção para ter uma estrutura macroeconômica prudente e sólida para que esses avanços continuem. A política fiscal – um instrumento fundamental para administrar crises e fornecer estímulo à demanda em apoio à recuperação – continua sendo um ponto de preocupação, com o histórico mais recente da região deixando margem para melhorias. As reformas ainda necessárias incluem o enfrentamento de questões difíceis, como as políticas tributárias, subsídios à energia, a eficiência do gasto social e a estabilidade financeira dos sistemas previdenciários.

Além disso, a região da ALC ainda carece de estabilizadores automáticos suficientes. Essa necessidade torna-se mais urgente pelo fato de que a principal margem de ajuste do mercado de trabalho mudou para o ajuste quantitativo. A disponibilidade limitada de planos anticíclicos de apoio à renda com financiamento público foi afetada negativamente pelos ajustes do mercado de trabalho, o que está dificultando a gestão das crises e ampliando seus efeitos. A maioria das pessoas que perdem seus empregos (formais ou informais) em uma recessão fica desprotegida.

A Figura 4.4 ilustra uma caracterização mais completa das possíveis políticas que visam alcançar uma estrutura macroeconômica mais robusta e criar estabilizadores automáticos (dimensão de política 1).

FIGURA 4.4 **Estabilizadores e estruturas macroeconômicas: reformas de políticas**

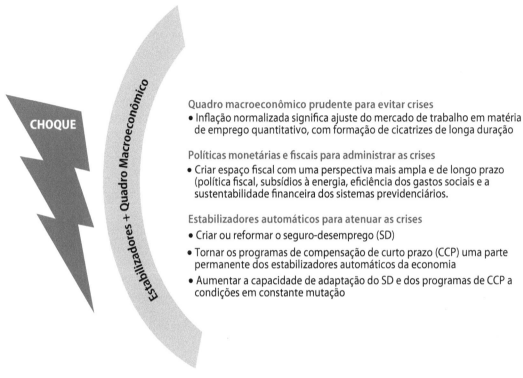

Quadro macroeconômico prudente para evitar crises
• Inflação normalizada significa ajuste do mercado de trabalho em matéria de emprego quantitativo, com formação de cicatrizes de longa duração

Políticas monetárias e fiscais para administrar as crises
• Criar espaço fiscal com uma perspectiva mais ampla e de longo prazo (política fiscal, subsídios à energia, eficiência dos gastos sociais e a sustentabilidade financeira dos sistemas previdenciários.

Estabilizadores automáticos para atenuar as crises
• Criar ou reformar o seguro-desemprego (SD)
• Tornar os programas de compensação de curto prazo (CCP) uma parte permanente dos estabilizadores automáticos da economia
• Aumentar a capacidade de adaptação do SD e dos programas de CCP a condições em constante mutação

Fonte: Banco Mundial.

Proteção social e sistemas de trabalho: amortecendo o impacto sobre os trabalhadores e preparando-se para a mudança

Os impactos profundos e duradouros dos ajustes do mercado de trabalho sobre os indivíduos e as economias em resposta às crises fornecem uma justificativa poderosa para políticas de intervenção que absorvam os impactos desses choques sistêmicos e protejam as famílias contra eles. Conforme documentado nos três capítulos anteriores, as crises costumam resultar em perda involuntária de empregos ou outros impactos negativos sobre os meios de subsistência, acompanhados de perdas duradouras de rendimentos. Nesse contexto, é fundamental contar com sistemas sólidos de proteção social e trabalho para proteger o bem-estar das pessoas e prevenir o esgotamento do capital humano. As crises também geram efeitos importantes de recolocação profissional, e sistemas eficazes de proteção social e trabalho podem ajudar as pessoas a conseguir novos empregos.

Esses sistemas existem na região da ALC? Para responder a essa pergunta, esta seção descreve a gama de instrumentos públicos de enfrentamento e compartilhamento de riscos disponíveis na região e discute suas principais lacunas. Em seguida, apresenta uma agenda de reformas para preencher essas lacunas e aumentar a coerência e coordenação entre as intervenções, de modo que operem como "sistemas" capazes de amortecer os impactos de curto prazo das crises, evitar perdas duradouras de capital humano e facilitar a recolocação profissional de trabalhadores por meio de apoio à requalificação e reemprego.

Amortecendo o impacto de curto prazo: apoio à renda para o desemprego

Cenário de apoio à renda para o desemprego na América Latina e no Caribe
Apenas cerca de um terço dos países da região da ALC contam com planos nacionais de apoio à renda por motivos de desemprego. O apoio à renda por perda involuntária de emprego – programas especificamente

elaborados para manter a renda e o consumo dos trabalhadores demitidos e de suas famílias – na forma de seguro-desemprego é, portanto, relativamente raro na região. Trabalhadores com contratos formais de emprego no Brasil, Chile e Uruguai têm acesso a grandes arranjos de mutualização de riscos oferecidos por um plano de seguro-desemprego a nível nacional (ou seja, não específico à empresa, ocupação ou setor). Além disso, Argentina, Bahamas, Barbados, Colômbia, Equador e a República Bolivariana da Venezuela também oferecem seguro-desemprego na forma de planos contributivos de mutualização de riscos (tabela 4.1).

Contas individuais de poupança-desemprego também estão disponíveis no Chile, Colômbia e Equador. Apenas no Chile esses vários instrumentos estão totalmente integrados em um plano coerente e coordenado: os trabalhadores que perdem seus empregos fazem saques programados e limitados de suas contas individuais de poupança, e um "fundo de solidariedade" de mutualização de riscos garante sua proteção caso esgotem suas economias antes de encontrar um novo emprego. No Panamá e no Peru, o apoio à renda para o desemprego está limitado a poupança individuais, sem mecanismo de mutualização de riscos. O México (com a notável exceção da Cidade do México e de Yucatán) e a maioria dos outros países da América Central e do Caribe não possuem

qualquer forma de seguro-desemprego, em nítido contraste com países com níveis semelhantes de renda em outras regiões. Por exemplo, todos os países da Europa e Ásia Central têm seguro-desemprego obrigatório com mutualização de riscos (ver mapa 4.1).

Em vez disso, o pagamento obrigatório de verbas rescisórias por parte das empresas existe na maioria dos países da ALC (ver tabela 4.1). A cobertura legal e a generosidade desta forma de proteção podem ser uniformes em todas as relações de emprego regulamentadas ou variar por tipo de contrato, setor e até mesmo entre províncias. Sendo um instrumento de compartilhamento de risco, a característica distintiva do pagamento de verbas rescisórias é que esse mecanismo mutualiza o risco de perda de renda por conta de demissões involuntárias exclusivamente dentro das empresas.

Seguro-desemprego: insuficiente para uma resposta adequada às crises

O apoio à perda involuntária de emprego está efetivamente fora do alcance da maioria dos trabalhadores na região da ALC. Apenas cerca de 12 por cento dos trabalhadores desempregados na região receberam benefícios de desemprego (OIT 2019). Essa taxa de cobertura efetiva fica muito abaixo da observada em países em desenvolvimento e com mercados emergentes da Europa Central e Oriental e em alguns países da Ásia e do Pacífico (ver figura 4.5).

TABELA 4.1 Panorama do apoio formal à renda no desemprego na região da ALC

"Mutualização do risco" dentro das empresas	Poupança (autosseguro)	Mutualização do risco em nível nacional
Obrigação de os empregadores arcarem com as verbas rescisórias	Demissão financiada e/ou contas individuais de poupança-desemprego	Seguro / benefícios para os desempregados
Maioria dos países	Argentina Brasil Chile Colômbia Equador Panamá Peru	Argentina Bahamas Barbados Brasil Chile Colômbia Equador Uruguai Venezuela, RB

Fontes: Fietz 2020; Packard e Onishi 2021.
Nota: As contas individuais de poupança-desemprego na Argentina estão disponíveis apenas para os trabalhadores registrados no setor de construção civil. O governo da Cidade do México administra um benefício para quem procura emprego, mas apenas para residentes e certos grupos considerados vulneráveis.

MAPA 4.1   **Seguro-desemprego no mundo**

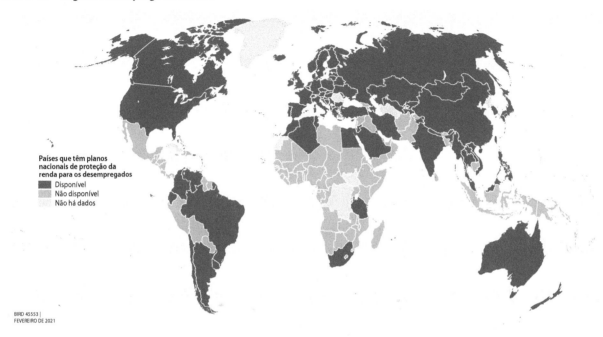

Países que têm planos nacionais de proteção da renda para os desempregados
- Disponível
- Não disponível
- Não há dados

BIRD 45553 |
FEVEREIRO DE 2021

FIGURA 4.5   **Cobertura efetiva dos benefícios de desemprego, países selecionados, último ano disponível**

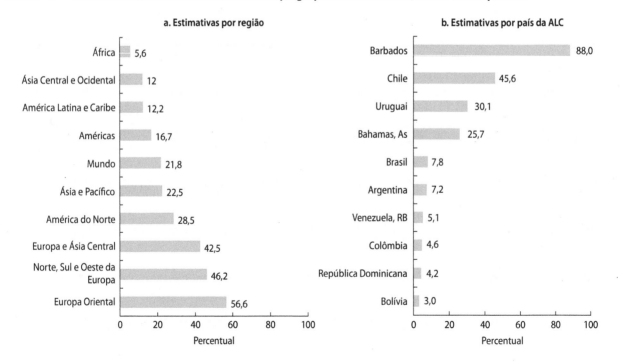

a. Estimativas por região

Região	Percentual
África	5,6
Ásia Central e Ocidental	12
América Latina e Caribe	12,2
Américas	16,7
Mundo	21,8
Ásia e Pacífico	22,5
América do Norte	28,5
Europa e Ásia Central	42,5
Norte, Sul e Oeste da Europa	46,2
Europa Oriental	56,6

b. Estimativas por país da ALC

País	Percentual
Barbados	88,0
Chile	45,6
Uruguai	30,1
Bahamas, As	25,7
Brasil	7,8
Argentina	7,2
Venezuela, RB	5,1
Colômbia	4,6
República Dominicana	4,2
Bolívia	3,0

Fonte: OIT 2019.
Nota: Os números referentes à Bolívia e à República Dominicana referem-se apenas a verbas rescisórias compulsórias. ALC = América Latina e Caribe.

Práticas generalizadas e não regulamentadas de emprego informal são as principais culpadas pelo fato de que apenas uma pequena parcela de trabalhadores tem acesso aos benefícios de desemprego na região da ALC. Essa baixa taxa de acesso ocorre mesmo em países com conjuntos abrangentes de instrumentos de seguro-desemprego disponíveis - por exemplo, Argentina, Brasil e Equador (OIT, 2020). Para os trabalhadores informais, qualquer tipo de apoio à renda por desemprego seja geralmente insuficiente - os trabalhadores urbanos informais costumam adentrar a pobreza durante as crises - e 55 por cento de todos os trabalhadores da região da ALC são informais (Messina e Silva, 2020).

No entanto, as práticas de trabalho informal são apenas uma parte do problema. Trabalhadores com contratos formais, porém mais precários, podem ser estatutariamente excluídos da cobertura dos programas de apoio à renda dos desempregados (Fietz, 2020). Ademais, mesmo entre os trabalhadores formalmente empregados com contratos de trabalho "padrão", a cobertura efetiva é decepcionantemente baixa. Exigir requisitos de elegibilidade que não refletem os padrões de emprego e estabilidade que podem ser alcançados até mesmo por trabalhadores formais inviabiliza a eficácia da cobertura. Falhas regulamentares e administrativas muitas vezes significam que as contribuições não são recebidas. Além disso, os custos de transação para garantir os benefícios podem ser muito elevados, principalmente se os benefícios forem escassos. Fora o caso excepcional de Barbados, cujo sistema beneficia 88 por cento dos trabalhadores desempregados, apenas nas Bahamas, no Chile e no Uruguai os arranjos nacionais de seguro-desemprego parecem oferecer uma cobertura efetiva ampla (figura 4.5, painel b). Fora desses três países, mesmo nos poucos países restantes da América Latina que oferecem seguro-desemprego, a cobertura ainda é muito baixa.

Além do acesso limitado e dos baixos níveis de cobertura efetiva resultantes disso, há três principais falhas nos mecanismos de seguro-desemprego (sejam eles apenas de mutualização de riscos ou de poupança individual) como mecanismos de resposta a crises na região da ALC. Primeiro, o valor dos benefícios é limitado. No Equador, por exemplo, os trabalhadores com carteira assinada devem contribuir para o seguro-desemprego por pelo menos 24 meses para ter direito aos benefícios e, ao perder o emprego, devem esperar mais 60 dias para poder usufruir do seguro-desemprego. Esse programa segue um padrão observado em vários países de renda média onde, por uma preocupação com o risco moral, os benefícios do mecanismo de mutualização de riscos são definidos em níveis inadequados ou as condições de elegibilidade para receber o benefício são demasiadamente rigorosas e guardam pouca relação com os padrões reais de emprego formal na economia (Fietz, 2020). Ademais, em países que oferecem planos centrados na poupança individual, os trabalhadores de baixa renda com capacidade limitada de economizar terão dificuldade em administrar longos períodos de desemprego. O *Seguro de Cesantia* nacional do Chile é o único que define parâmetros que combinam de forma eficaz a proteção e os incentivos positivos à procura de emprego (Holzman et al. 2012; Reyes, van Ours e Vodopivec 2012).

Em segundo lugar, na maioria dos países da América Latina e do Caribe que têm acordos de apoio à renda por desemprego, esses mecanismos são oferecidos como uma série de instrumentos sobrepostos e descoordenados. Por exemplo, um trabalhador formalmente empregado no Brasil com um contrato padrão tem direito a receber verbas rescisórias, seguro-desemprego e acesso ao saldo total do fundo de garantia por tempo de serviço (FGTS) pago pelo empregador. O acesso ao benefício de mutualização de riscos não é sequenciado com as poupanças, nem o acesso às contas de poupança é limitado por saques programados. Para os trabalhadores que ganham o salário-mínimo definido em lei – ou próximo do mínimo – essa falta de coordenação se soma a parâmetros que definem o benefício em um valor que supera muito o salário que tinham no emprego (Almeida e Packard, 2018; Fietz, 2020). Como resultado, há evidências crescentes de conluio entre empregados e empregadores e demissões induzidas: Pinto (2015) mostra um aumento repentino no número de demissões no período de aquisição de direitos para o seguro-desemprego e que 6 por cento dos demitidos "sem justa causa" voltam para a mesma empresa após um período semelhante ao período máximo de pagamento do seguro-desemprego. A perspectiva dessa "bonificação desemprego" foi identificada como a fonte das altas taxas de rotatividade dos funcionários no Brasil (Da Silva Teixeira, Balbinotto Neto e Soares Leivas 2020; Portela Souza et al. 2016). O seguro-desemprego no Brasil parece ter um efeito muito limitado de suavização do consumo para incentivar a procura por emprego: Gerard e Naritomi (2019) mostram que, assim que os trabalhadores desempregados cobertos recebem o benefício, seu consumo dispara, embora a perda de emprego ainda gere uma baixa de consumo de cerca de 14 por cento a longo prazo.

Terceiro, quando é mal planejado e descoordenado, o seguro-desemprego tem contribuído para resultados agregados perniciosos, oferecendo uma resposta "estabilizadora" silenciosa em retrações e aumentos de gastos durante períodos sustentados de crescimento econômico. Se os ajustes quantitativos agora predominam nas respostas dos mercados de trabalho às crises e levam a consequências de longo prazo devido ao efeito cicatriz, a falta de programas de apoio ao desemprego públicos, acessíveis e condicionados torna-se um problema ainda maior. Como estabilizadores automáticos, esses programas também devem contribuir para a política fiscal anticíclica. De fato, em muitos países da Organização para a Cooperação e Desenvolvimento Econômico (OCDE), os gastos com seguro-desemprego e outros programas de transferência de renda aumentam automaticamente em tempos difíceis (à medida que o desemprego e a pobreza passam por aumentos cíclicos) e decrescem nos tempos de maior prosperidade, amortecendo a situação dos trabalhadores. Em contraste, em três países da ALC com amplos planos nacionais de seguro-desemprego - Argentina, Brasil e Uruguai - há apenas uma correlação fraca entre os gastos com benefícios do seguro-desemprego e o crescimento destendenciado do PIB (figura 4.6).

Obrigações de pagamento de verbas rescisórias: Arranjos rasos e não confiáveis de mutualização de riscos

Em contraste à escassez de seguro-desemprego nacional, existe uma forte dependência de pagamento obrigatório de verbas rescisórias por parte de empregadores em quase todos os países da América Latina e do Caribe. Nos estágios iniciais da transformação estrutural das economias primariamente agrícolas, os governos da ALC – assim como outros países em desenvolvimento - ainda não haviam adquirido a capacidade de recolher impostos e administrar programas de compartilhamento de riscos. Por outro lado, obrigar os empregadores a pagar verbas rescisórias teve três vantagens sociais substanciais: (a) desincentivou demissões frívolas ou injustas; (b) deu aos empregados maior poder de barganha nas negociações com os empregadores dominantes nos mercados ainda relativamente concentrados e oligopolísticos (tendendo ao monopsônio nos setores rurais, da agricultura em grande escala e extrativistas); e (c) forneceu às famílias alguma proteção contra a miséria em um momento em que benefícios de assistência social eram raramente pagos ou insuficientes.

No entanto, à medida que cresceu a capacidade dos governos da ALC de arrecadar impostos e administrar arranjos de compartilhamento de riscos, tornou-se aparente a deficiência do pagamento de verbas rescisórias como único ou mesmo principal instrumento de proteção de renda para o desemprego. As deficiências no pagamento de verbas rescisórias são particularmente claras no contexto de choques sistêmicos, como as crises da região da ALC, uma vez que os impactos se sobrepõem a acordos de mutualização de riscos relativamente superficiais ao nível das empresas. Na Argentina, de acordo com as razões relatadas pelos trabalhadores para a perda de seus empregos, dos 22,8 por cento que relataram a falência da empresa como razão em 2018, apenas 33,1 por cento realmente receberam verbas

FIGURA 4.6　**Ciclo econômico, desemprego e gastos com políticas e programas trabalhistas**

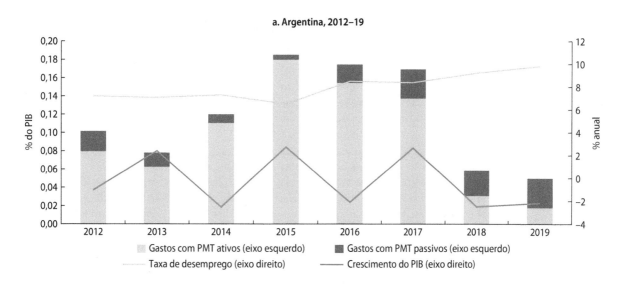

a. Argentina, 2012–19

Gastos com PMT ativos (eixo esquerdo)　　Gastos com PMT passivos (eixo esquerdo)

Taxa de desemprego (eixo direito)　　Crescimento do PIB (eixo direito)

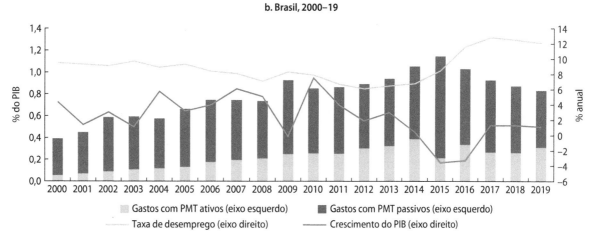

b. Brasil, 2000–19

Gastos com PMT ativos (eixo esquerdo)　　Gastos com PMT passivos (eixo esquerdo)

Taxa de desemprego (eixo direito)　　Crescimento do PIB (eixo direito)

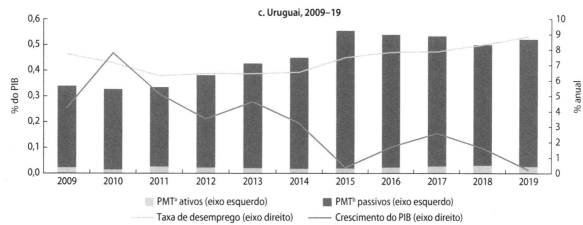

c. Uruguai, 2009–19

PMT[a] ativos (eixo esquerdo)　　PMT[b] passivos (eixo esquerdo)

Taxa de desemprego (eixo direito)　　Crescimento do PIB (eixo direito)

Fonte: Prática Global de Proteção Social e Emprego com dados do Ministério da Economia do Brasil; Administracion Nacional de Seguridad Social e Ministério do Trabalho e Emprego da Argentina; e o Banco de Prevision Social do Uruguai.

rescisórias (Banco Mundial, 2020). Essa taxa é quase a mesma que em 2010 e representa uma melhoria das taxas de cobertura anteriores. No entanto, na prática isso deixa dois terços dos trabalhadores cobertos efetivamente por lei sem o apoio à renda que lhes foi prometido em situações de desemprego. Em países onde a lei trabalhista e as varas do trabalho impõem o ônus da prova às empresas em contenciosos relativos a verbas rescisórias e onde as obrigações rescisórias são pagas pelos proprietários de empresas, e não pelas próprias empresas, grandes encargos de rescisão combinados a restrições à contratação e demissões têm um efeito inibidor sobre novas ofertas de emprego formal (Holzmann et al., 2012). Esse efeito pode explicar, em parte, o padrão de redução do trabalho formal na região da ALC durante a crise, principalmente por meio da redução das novas ofertas de emprego.

Dependência exclusiva de verbas rescisórias ou de seguro-desemprego não é um arranjo de compartilhamento de risco tão bom quanto uma combinação de ambos (Schmieder e von Wachter, 2016). Um apoio à renda mais confiável, robusto e com incentivos mais compatíveis para a perda involuntária de emprego pode ser obtido quando os encargos de rescisão de contrato são pré-financiados e geridos com prudência; quando as contribuições regulares para este pré-financiamento podem ser feitas de forma transparente, com contas-poupança individuais (de preferência administrada por partes independentes); e quando esse pré-financiamento pode ser integrado a um mecanismo nacional mais amplo, de mutualização de riscos, como no caso de vários países membros da OCDE. Muitos países, incluindo o Chile na América Latina (conforme discutido em detalhes mais adiante neste capítulo), combinam verbas rescisórias, poupanças individuais e planos de mutualização de riscos em sistemas de proteção eficazes que desencorajam demissões frívolas, eliminam conluios entre empresas e funcionários, toleram choques sistêmicos e idiossincráticos, além de incentivarem fortemente os esforços de buscar emprego (Castro, Weber e Reyes 2018; Robalino e Weber 2014).

O que pode ser feito?

Um histórico de choques sistêmicos frequentes combinado com o surgimento de uma classe média significativa criou mais demanda por mecanismos robustos de seguro-desemprego nos países latino-americanos do que em outras regiões (De Ferranti et al., 2000). Entre os poucos planos nacionais de desemprego disponíveis na América Latina, dois foram introduzidos nos anos após a crise do final dos anos 1990. Crises passadas e o choque pandêmico de 2020 demonstram dramaticamente a utilidade de se ter sistemas de apoio à renda por desemprego com mecanismos extensos e profundos de mutualização de riscos que servem de plataforma e canal de medidas adicionais quando necessário. A crise pandêmica provavelmente motivará propostas de planos nacionais de seguro-desemprego nos países que ainda não os possuem e propostas para ampliar a cobertura naqueles que os possuem. Aumentar o apoio ao desemprego através da criação ou reformulação do seguro-desemprego é, portanto, uma política fundamental a ser considerada.

Na América Latina e Caribe, vários países recentemente implementaram mudanças nos planos de seguro social que simplificam os requisitos de elegibilidade e aumentam os benefícios (OIT, 2020). No Brasil e no Chile, por exemplo, o sistema de seguro-desemprego também tem servido como plataforma para a implementação de medidas de licença remunerada e outros programas de retenção de funcionários. Esses sistemas fazem toda a diferença na qualidade dos ajustes do mercado de trabalho às crises. Por exemplo, nos Estados Unidos, as extensões dos benefícios do seguro-desemprego introduzidas durante recessões profundas tiveram o efeito de melhorar a qualidade da compatibilidade trabalhador-emprego e o impacto na qualidade da compatibilidade é maior entre as pessoas que são mais propensas a ter restrições de liquidez, como mulheres, não brancos e trabalhadores com menos escolaridade (Farooq, Kugler e Muratori, 2020). Na contração induzida pela pandemia de 2020, mais do que em outros países da OCDE, os Estados Unidos usaram complementos de seguro-desemprego e extensões de benefícios mais intensamente do que licenças remuneradas ou outros subsídios de retenção (Furman et al., 2020). Dada a carga imposta às empresas individuais, bem como a perda possivelmente irrecuperável de negócios viáveis e capital humano especializado, a escolha desse tipo de política é controversa. Porém, a ampliação do acesso já generalizado e expandido ao seguro-desemprego conteve os custos humanos dessa forte contração e evitou que suas taxas sem precedentes de perda de empregos terminassem em miséria (Furman et al., 2020).

Por que mesmo os países de renda média e média alta da região da ALC, administrativamente sofisticados, se abstiveram de oferecer planos nacionais de apoio à renda para os desempregados? Deixando de lado as questões que surgem na maioria dos países em relação ao risco moral e outras distorções nos incentivos, a relutância em oferecer apoio à renda por desemprego baseia-se geralmente em três argumentos. Primeiro, uma justificativa fiscal: oferecer seguro-desemprego pode ser caro, principalmente em um momento de déficits fiscais consideráveis. Ademais, os passivos contingentes poderiam ser fiscalmente explosivos, tendo em vista as crises relativamente frequentes na região. Em média, os países da ALC que contam com seguro-desemprego gastam cerca de 0,3 por cento do PIB com esses planos. Na OCDE, os gastos com esses planos variam de cerca de 0,3 por cento a 1,8 por cento do PIB[7]. Esse nível de gastos em um único programa de proteção social pode ser proibitivo para alguns países da ALC, devido às suas bases tributárias menores, capacidade limitada de fiscalização e dificuldades contínuas em estender os programas de redução da pobreza e serviços de construção de capital humano. O *trade-off* é mais agudo nos países de baixa renda da região. No entanto, as evidências sugerem que a introdução de alguns recursos pontuais pode reduzir o custo desses programas, mantendo o nível de capacidade de apoio e resposta a crises em níveis aceitáveis. O *Seguro de Cesantia*, do Chile, é um caso exemplar de um plano nacional bem estabelecido de apoio à renda na América Latina,

sendo responsivo em tempos de crise e financeiramente robusto.[8]

Além disso, as preocupações com os custos fiscais no curto prazo podem perder de vista os verdadeiros custos totais do ajuste prolongado do mercado de trabalho e da produtividade perdida advindos de: (a) trabalhadores que se apegam a empregos que já não são viáveis ou a atividades nas quais não são particularmente bons por medo de perder os direitos rescisórios adquiridos; (b) incentivos das empresas para despedir empregados mais novos, mais jovens e possivelmente mais qualificados, em vez de trabalhadores mais velhos com direitos a verbas rescisórias mais dispendiosas; (c) buscas por empregos motivadas exclusivamente pela necessidade urgente de auferir renda, que costuma gerar correspondências de má qualidade entre emprego e empregador; e (d) custos imediatos imprevistos ou investimentos adiados em saúde e educação por pessoas desempregadas sem um efetivo apoio à renda enquanto procuram por um novo emprego.

Ademais, na região da ALC a relutância em aumentar o apoio à renda no desemprego é frequentemente ancorada no argumento de que esse tipo de arranjo é desnecessário, dadas as amplas oportunidades na economia informal e a expectativa de que o trabalho informal funcione como uma rede de segurança anticíclica para a renda. Historicamente, os mercados de trabalho da América Latina têm se caracterizado por altos níveis de informalidade (Perry et al., 2007). De fato, a região da ALC é mais informal do que o esperado dado seu nível de desenvolvimento (Robertson, 2021). No entanto, as mudanças no tamanho da economia informal da região nem sempre são anticíclicas, assim como depender do trabalho informal como uma rede de segurança não é uma opção sem custos: evidências crescentes mostram que períodos de trabalho informal podem causar efeitos cicatriz (Cruces, et al., 2015). Além disso, a década de 2000 foi um período de importante crescimento no número de empregos formais na região. Entre 2002 e 2015, a proporção de trabalhadores com carteira assinada no emprego total aumentou de 47 para 55 por cento. Essa mudança foi causada por uma redução na proporção do trabalho autônomo, de 24 para 20 por cento, e na proporção do trabalho informal, de 29 para 25 por cento. Em contrapartida, entre 1995 e 2002, a proporção de trabalhadores autônomos manteve-se estável (Messina e Silva, 2020). Portanto, embora a informalidade permaneça alta na região, uma grande parcela do mercado de trabalho é formal na maioria dos países da ALC. Essa alteração mudou as aspirações das crescentes classes médias latino-americanas.

Além disso, conforme apontado por Antón, Trillo e Levy (2012) e por Levy (2018), o aumento da formalização pode ser desencorajada pelo desenho vigente dos sistemas de proteção social e trabalho da região. Tais sistemas podem não oferecer ainda a proteção que os trabalhadores realmente valorizam, tornando-a um imposto que os trabalhadores e as empresas procuram evitar ou sonegar. Embora a extensão dos custos não-salariais obrigatórios – a "cunha fiscal"[9] – na maioria dos países da ALC deixe pouco espaço para adicionar programas de benefícios, a percepção de benefícios pouco "eficazes" associados à formalidade pode levar a mais informalidade.

O terceiro argumento da relutância em aumentar o apoio à renda para desempregados é que tal benefício não é necessário em países onde as leis trabalhistas tornam as demissões quase impossíveis. De fato, algumas das leis e instituições de proteção ao emprego existentes ao redor do mundo foram elaboradas quando a perda involuntária de emprego formal era algo relativamente raro. Porém, em um número crescente de países de renda média e alta, houve uma mudança: da ênfase na preservação das relações de trabalho para a ênfase na proteção dos trabalhadores em sua transição de um emprego para outro. Adotada de forma ambiciosa por vários países da Europa, essa mudança de política envolve o afrouxamento das restrições à demissão, o alinhamento das proteções para os trabalhadores em diferentes tipos de contratos de trabalho e o aumento considerável do apoio à renda por desemprego e dos serviços públicos de emprego.

A direção geral da reforma foi para, ao invés de proteger os trabalhadores *das* mudanças, apoiá-los conforme atravessam as mudanças do mercado de trabalho. Na Europa, vários países adotaram uma combinação de reformas das leis trabalhistas com maior confiabilidade do apoio à renda por desemprego de forma não específica para a empresa.

Essa mudança aconteceu em vários países. Um exemplo é Portugal, que, ao longo de 2011-2015, reduziu suas obrigações rescisórias e melhorou consideravelmente a confiabilidade do apoio à renda por desemprego (não específico da empresa), uma vez que atenuou as restrições e penalidades para demissão de funcionários (OCDE, 2017). As reformas da política trabalhista na Espanha, em 2012, levaram a proteção do trabalhador contra o desemprego e o apoio ao reemprego em uma direção semelhante, com um afrouxamento substancial das restrições à demissão e das verbas rescisórias, embora estas permaneçam entre as mais altas em países da OCDE (OCDE, 2013). As reformas da política trabalhista na Itália em 2014-15 também causaram uma mudança nos objetivos regulatórios de proteção social e trabalho do país, passando da proteção de empregos para a proteção de trabalhadores, facilitando a recolocação profissional em ocupações mais produtivas (Pinelli et al., 2017). As reformas trabalhistas aprovadas na França em 2016-18 reduziram substancialmente as restrições à demissão de trabalhadores fixos e trouxeram, em 2018, a compensação financeira obrigatória total para trabalhadores demitidos para um valor abaixo da média dos países da OCDE, comparável ao nível dos países escandinavos (OCDE, 2019).

Finalmente, na crise atual, vários países com sistemas bem estabelecidos de seguro-desemprego ofereceram subsídios à retenção em vez do apoio direto aos trabalhadores por meio de um seguro-desemprego ampliado. O argumento é que, no caso de perda involuntária de emprego, o capital humano e, portanto, o potencial de crescimento de longo prazo podem ser perdidos para sempre. A magnitude da perda de capital humano (efeito cicatriz) evitada graças a esses programas depende de: (a) perdas estimadas de produtividade devido ao período de desemprego ou não-emprego; (b) desemprego evitado de forma permanente, ou seja, trabalhadores vinculados ao programa de retenção do emprego que teriam, sem ele, sido demitidos (direta ou indiretamente por falência/fechamento das empresas onde trabalham por falta de liquidez); e (c) desemprego evitado temporariamente, ou seja, trabalhadores que estão amparados pelo programa agora, mas que serão demitidos após o período de auxílio do programa, ou mesmo antes disso, por falência das empresas em que trabalham. Em termos de custo por trabalhador para o governo, na ausência desse programa o seguro-desemprego teria que ser pago integralmente a cada trabalhador demitido. Com o programa de retenção de empregos, no entanto, alguns dos custos são parcialmente cobertos pela empresa (e outros vêm de reduções salariais assumidas pelos trabalhadores). Além do tamanho desses programas, uma segunda escolha importante em sua concepção é a duração do programa e sua coordenação com o seguro-desemprego. Os custos e possíveis distorções na economia aumentam quando os efeitos das crises se estendem, passando de transitórios a permanentes, ou aceleram mudanças estruturais que eram apenas incipientes antes da crise.

Transferências de renda para assistência social: uma fonte vital, mas sobrecarregada, de apoio à renda em crises

No contexto da região da ALC, de informalidade generalizada e seguro-desemprego de difícil acesso ou inexistente, as transferências de renda tornaram-se os principais instrumentos para suavizar o consumo da maioria das pessoas que enfrentam choques em seus meios de vida e protegê-las do empobrecimento ou da miséria. Programas de transferência condicionada de renda (TCR) tornaram-se a base dos sistemas de proteção social na maioria dos países da ALC; consequentemente, são instrumentos intensamente usados em resposta às crises. Introduzidos

no final da década de 1990, eles cresceram consideravelmente desde a virada do século (Banco Mundial, 2015). Apesar de um aumento substancial nos gastos e de inovações na definição de metas e execução, esses programas continuam sendo um recurso importante, principalmente para famílias pobres ou perto da linha de pobreza. Outra característica proeminente das redes de segurança dos países da ALC são as transferências "não condicionadas" de renda, muitas das quais também são direcionadas. Além de programas direcionados à pobreza, muitos governos da região adicionaram transferências "categóricas" (como auxílios para crianças e pensões sociais) – transferências em dinheiro direcionadas a todos os grupos dependentes, como crianças, idosos e pessoas com deficiência de todas as idades.

A Figura 4.7 discrimina os gastos com transferências de renda para assistência social por tipo de programa em países selecionados. Em todos os países apresentados - exceto Colômbia e Nicarágua, onde os gastos com subsídios de preços são dominantes - as transferências condicionadas de renda e outros auxílios, tanto financeiros quanto de alimentos, são as maiores categorias de gastos com assistência social. Para as pessoas que trabalham informalmente ou tiram seu sustento da economia informal, essas transferências "não contributivas" são a única proteção. Nesse contexto, não é surpreendente que a assistência social e as obras públicas com uso intensivo de mão-de-obra ("*workfare*") sejam as principais respostas às crises na região da ALC (Grosh, Bussolo e Freije, 2014; Packard e Onishi, 2020). Embora esses programas de transferência de renda não tenham o objetivo de servir como o único seguro, nem como canal para estímulos fiscais de grande volume, mesmo nos países da ALC que têm planos nacionais de seguro-desemprego os governos responderam à crise financeira global de 2008-09 expandindo-os rápida e substancialmente (Grosh, Bussolo e Freije, 2014), da mesma forma que fizeram em 2020 em resposta à pandemia de COVID-19 (Gentilini et al., 2020).

FIGURA 4.7   **Nível e composição dos gastos públicos com transferências de programas de assistência social, países selecionados da ALC**

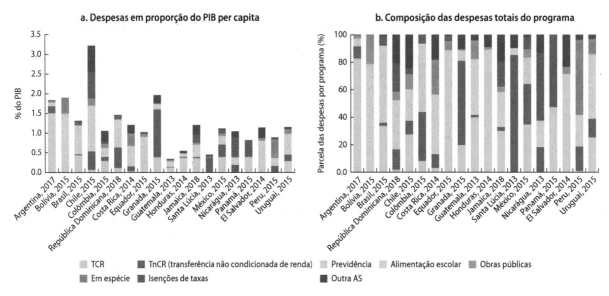

Fonte: Conjunto de dados ASPIRE do Banco Mundial, https://www.worldbank.org/en/data/datatopics/aspire.
Nota: Os dados apresentados correspondem ao último ano com dados disponíveis. PIB = produto interno bruto.

Para as pessoas que trabalham informalmente e seus dependentes, as transferências dos programas de assistência social são de vital importância e normalmente são seu único acesso a um mecanismo eficiente de mutualização de riscos, embora seja por meio de impostos e sistemas de despesas gerais do governo, em vez de arranjos específicos de proteção social (Packard, et al., 2019). Porém, enquanto instrumentos de suavização do consumo após um choque nos meios de subsistência, essas transferências são insuficientes. Isso não deve ser uma surpresa, uma vez que o propósito principal da maioria desses programas não é gestão de crise, mesmo se os programas de transferência de renda conseguirem evitar que os pobres aprofundem sua situação de pobreza, alienando ativos preciosos ou adiando o investimento em capital humano (Banco Mundial, 2018).

Em termos gerais, existem quatro limitações estruturais dos programas de transferência de renda existentes que dificultam o aumento rápido do apoio que oferecem em resposta a um choque: (a) direcionamento rígido baseado em cadastros "estáticos" de beneficiários carentes, (b) valores de benefícios baixos em relação às rendas das famílias beneficiárias; (c) restrições orçamentárias legais sobre o número de famílias elegíveis que são admitidas nos programas para receber benefícios, e (d) atrasos no investimento em sistemas de identificação e execução nos países da ALC.

Rigidez no direcionamento dos benefícios para os pobres e sistemas estáticos de identificação: a maioria dos programas de transferência de renda para fins de assistência social na América Latina foram concebidos para aliviar a pobreza ao invés de prevenir o empobrecimento. Dessa forma, a elegibilidade para esses programas é baseada em a família já ser pobre e incluir dependentes (crianças, idosos ou pessoas com deficiência).

Embora esses programas elaborados e administrados pela maioria dos países da ALC sejam a única salvação de muitas famílias, não são a forma mais adequada de ajudar as famílias a administrar os riscos associados a choques sistêmicos transitórios. Os programas cobrem poucos domicílios, mesmo entre os segmentos de renda mais baixa da população; seus cadastros e sistemas de execução não conseguem lidar bem no caso de um aumento rápido no número de domicílios que precisam de apoio; e os valores dos benefícios são baixos em relação aos níveis convencionais de seguro social de suavização do consumo (Figura 4.8).

O recente esforço para fazer com que os programas de transferência de renda da assistência social sejam responsivos ("adaptativos") aos desastres naturais (Bowen et al., 2020; Williams e Berger-Gonzalez, 2020) mitigou consideravelmente essas limitações. Em crises anteriores, programas de obras públicas intensivas em mão-de-obra – também conhecidos como "workfare" – ajudaram a suavizar o consumo de alguns trabalhadores, principalmente os empregados na economia informal e com um nível de remuneração que os mantinha logo acima da linha de pobreza (De Ferranti et al., 2000; Jalan e Ravallion, 2003; Subbarao et al., 2013). Esses programas representaram, na prática, o seguro-desemprego da maioria desses trabalhadores do mundo inteiro durante as crises dos anos 80 e 90, até mesmo em

vários países europeus na crise financeira global de 2008-09 (Packard e Weber, 2020). Porém, com exceção da Argentina e do Chile, a capacidade de implementar esses programas de forma rápida e eficaz ainda é limitada na região da ALC.

Benefícios insuficientes. As transferências de renda para fins de assistência social são normalmente concebidas para complementar, em vez de substituir, a renda auferida. São, tipicamente, valores muito mais baixos do que o nível de reposição de renda convencionalmente considerado adequado para a suavização do consumo (algo em torno de 40 a 70 por cento da renda anterior). Em vista do objetivo explícito de permitir e até mesmo incentivar as famílias a investirem em capital humano (p. ex., adotar e manter bons hábitos alimentares, cuidados de saúde preventivos e frequência escolar regular), os valores dos benefícios são baixos em relação à renda auferida. Um grande número de pesquisas sugere que, no geral, esses benefícios apoiam incentivos positivos ao retorno ao trabalho (Fiszbein e Schady, 2009; Garganta e Gasparini, 2015). No entanto, isso também pode

FIGURA 4.8 **Apoio insuficiente, com muitos deixados para trás**

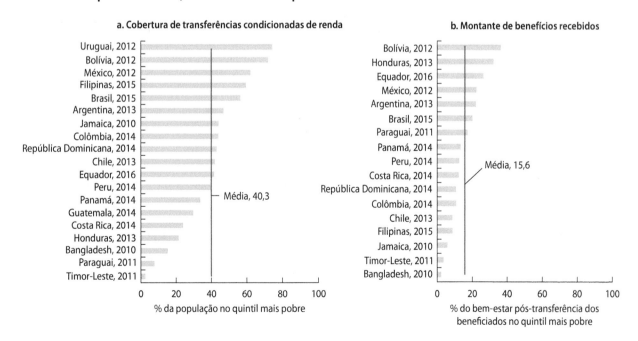

a. Cobertura de transferências condicionadas de renda

b. Montante de benefícios recebidos

Fonte: Banco Mundial, 2018.

significar que os valores transferidos são insuficientes para suavizar de forma robusta o consumo quando os meios de subsistência são destruídos por uma crise.[10]

Benefícios racionados. Poucos programas de transferência de renda para fins de assistência social configuram um direito na América Latina. Essa distinção é importante porque as alocações orçamentárias para a maioria desses programas de transferência são discricionárias, impondo limites sobre os montantes em benefícios que podem ser pagos a famílias elegíveis em determinado ano. Ser elegível não garante o acesso; devem existir vagas disponíveis no programa, o que depende da entrada e saída de famílias do programa e do orçamento do Governo. Na Argentina e no Chile, esse aspecto dos programas mudou. Porém, mesmo no Brasil – que é famoso por seu programa Bolsa Família, de TCR –, antes da recente expansão da cobertura em resposta à COVID-19, havia mais de um milhão de famílias elegíveis esperando que as limitações sobre os benefícios fossem afrouxadas ou suspensas

por completo. Como tais racionamentos são politicamente e até legislativamente complicados de se afrouxar rapidamente e os formuladores de políticas estão administrando muitas outras demandas com espaço fiscal limitado, a situação é difícil para as transferências de renda como existem atualmente na maioria dos países da ALC para substituir a cobertura de planos de seguro-desemprego. A Argentina e seu programa de auxílio familiar são uma exceção elucidativa (quadro 4.1).

Investimento lento em sistemas de identificação e execução. As bases da maioria dos programas de assistência social repousam em bancos de dados de identificação, conhecidos na maioria dos países como cadastros sociais, que possibilitam a esses programas identificar as pessoas mais necessitadas. No entanto, na região da ALC a parcela da população coberta por esses cadastros é baixa e limitada aos cronicamente pobres e vulneráveis. Na pandemia de 2020, os países da ALC dependeram fortemente das transferências de renda para fazer o dinheiro chegar rapidamente às mãos das pessoas

---

QUADRO 4.1   Auxílio Familiar como Seguro-Desemprego na Prática

A rede de segurança da Argentina é particularmente eficaz na mitigação do empobrecimento, principalmente entre famílias com crianças e que dependem de meios de subsistência informais (Banco Mundial, 2020). Para uma crescente maioria de trabalhadores e seus dependentes, auxílios familiares, especificamente o "não contributivo" *Asignacion Universal por Hijo* (AUH), tornaram-se, na prática, o seguro-desemprego na Argentina. De fato, para microempresários, outros trabalhadores autônomos e empregados não registrados com filhos, a AUH é, na verdade, o único meio rapidamente disponível de sustentar o consumo após choques.

Porém, mesmo para as pessoas com empregos formais, a AUH pode servir como um instrumento mais confiável de suavização do consumo que o programa oficial de apoio aos desempregados. Isso é irônico, já que a Argentina é um dos poucos países da América Latina que oferecem, nacionalmente, proteção de renda por desemprego. A crescente escassez de

ofertas de emprego formal e a tendência de épocas com empregos disponíveis mais curtas dificultaram conseguir cobertura e, mesmo para aqueles que conseguem, os valores benefícios diminuíram. Além disso, a lei trabalhista da Argentina determina que as verbas rescisórias sejam pagas aos trabalhadores demitidos por dificuldades econômicas ou insolvência de uma empresa. Ainda assim, em 2018, entre as pessoas que relataram perder o emprego formal por esses motivos, apenas um terço recebeu verbas rescisórias - aproximadamente a mesma parcela que as recebeu em 2009.

Os sistemas de cadastro, identificação e execução desenvolvidos pelo governo para transferir rapidamente trabalhadores e suas famílias do auxílio familiar "contributivo" para a AUH estão, por esta razão, cumprindo uma função vital de "seguro-desemprego" que os outros instrumentos de proteção social não dão conta de cobrir.

Fonte: Banco Mundial (2020).

vulneráveis, alguns de maneiras mais eficazes do que outros. Por exemplo, um fator determinante do sucesso desses esforços é a parcela da população coberta pelo cadastro do programa de assistência social, que varia de quase 100 por cento da população na Argentina e no Uruguai até cerca de 5 por cento na Bolívia (figura 4.9, painel a). Quando uma parcela maior da população é coberta por esses cadastros sociais, os governos são mais capazes de expandir os benefícios para os novos pobres e vulneráveis. Outro fator determinante do sucesso é o fato de contarem com sistemas de captação dinâmica, de modo que os programas possam ser rapidamente expandidos para incluir grupos de pessoas que antes não eram pobres ou vulneráveis. Os países que contavam com redes de segurança mais fracas no início foram menos capazes de fornecer uma proteção de renda significativa com esse mecanismo (figura 4.9, painel b). Em geral, a região da ALC carece de proteção

de renda confiável e robusta, além de apoio suficiente à procura de emprego para conter as perdas de capital humano (tema que será discutido na próxima subseção).

Como a região da ALC pode fazer mais por seus trabalhadores e comunidades em termos de proteção social e trabalho em resposta às crises? Anos de investimento no desenvolvimento de sistemas de gerenciamento de informações e execução de benefícios estão tornando os programas de transferência de renda da região da ALC mais responsivos. A Figura 4.10 ilustra a expansão dos programas de transferência de renda em resposta às crises na América Latina. Na época da crise financeira global, os países que tinham TCR e outros programas similares expandiram-nos "verticalmente" (aumentando o valor do benefício pago pelo programa aos beneficiários existentes) e "horizontalmente" (expandindo a cobertura a famílias não cobertas). O Brasil fez as duas coisas,

FIGURA 4.9 **Cobertura de cadastros sociais e apoio recebido por meio de programas de assistência social durante a pandemia de COVID-19 (Coronavírus)**

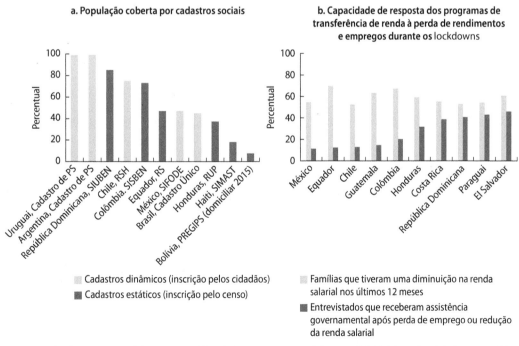

Fontes: Morgandi et al., 2020; Banco Mundial, Pesquisas por Telefone de Alta Frequência, 1ª e 2ª rodadas, Prática Global de Pobreza e Equidade do Banco Mundial.
Nota: As barras azuis claras no painel a indicam registros dinâmicos, com o registro aberto para o cidadão, o que permite uma expansão rápida; barras azuis escuras representam registros estáticos habilitados pelos censos. pd = pesquisa domiciliar; PREGIPS = Cadastro Integrado de Programas Sociais do Estado Plurinacional da Bolívia; PS = proteção social; RS = Registro Social do Equador; RSH = Registro Social de Domicílios do Chile; RUP = Registro Único de Participantes de Honduras; SIFODE = Sistema mexicano de direcionamento de desenvolvimento; SIMAST = Sistema de Informação do Ministério de Assuntos Sociais e Trabalho do Haiti; SISBEN = Sistema de Seleção de Beneficiários de Programas Sociais da Colômbia; SIUBEN = Sistema Único de Beneficiários da República Dominicana.

FIGURA 4.10   Expansão de programas de transferência de renda em resposta a crises

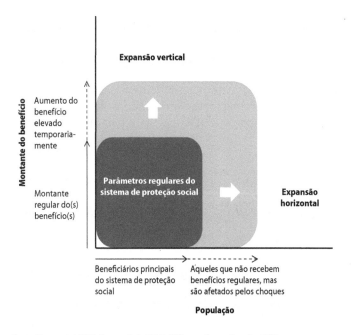

Fontes: Bowen et al. 2020; Morgandi et al. 2020; Williams e Berger-González 2020.

ao expandir a cobertura do Bolsa Família para um total de 12 milhões de famílias e aumentar o valor do benefício em 10 por cento. O governo da Colômbia expandiu a cobertura do *Familias en Acción* para novas famílias, enquanto o programa mexicano *Progresa* (que mais tarde passou a ser chamado de *Oportunidades* e depois *Prospera*) aumentou o valor do benefício pago aos beneficiários existentes (Grosh, Bussolo e Freije, 2014). Com mais experiência, os governos da região repetiram essa estratégia rapidamente para apoiar e ajudar as famílias durante o impacto econômico da pandemia de COVID-19 (Morgandi et al., 2020). O Quadro 4.2 mostra a resposta do Brasil à pandemia nesse sentido.

Conforme apresentado anteriormente, embora os programas nacionais de transferência de renda da América Latina fiquem aquém da rede de segurança anticíclica ideal, eles têm um valor social e econômico considerável em uma crise. Quais são os

---

QUADRO 4.2   Resposta de proteção social à pandemia de COVID-19 (Coronavírus) no Brasil

As medidas de proteção social estiveram no cerne do pacote de resposta fiscal à crise de COVID-19 no Brasil, visando explicitamente vários grupos vulneráveis, incluindo os pobres existentes, famílias que trabalham na economia informal e que se tornaram temporariamente pobres por causa da crise, mães solteiras de baixa renda e trabalhadores formais em risco de perder sua renda por conta de demissões (figura B4.2.1). Essas medidas tiveram dois objetivos: possibilitar o distanciamento social dos economicamente afetados e mitigar os impactos negativos da crise no bem-estar e no capital humano.

A primeira linha de políticas de resposta no Brasil expandiu os programas sociais emblemáticos existentes, incluindo o Bolsa Família (transferência condicionada de renda) e o seguro-desemprego horizontalmente (adicionando novos beneficiários) e verticalmente (fornecendo mais benefícios aos beneficiários existentes). Esses objetivos foram alcançados de duas formas: (a) afrouxando as restrições orçamentárias para que famílias já elegíveis e recém-elegíveis pudessem ser cobertas pelo Bolsa Família e por meio da inclusão automática de novos solicitantes no programa de seguro-desemprego; e (b) adiantando

o pagamento de direitos regulares, incluindo saques especiais do FGTS (Fundo de Garantia por Tempo de Serviço), pago pelos empregadores.

Como segunda linha de resposta, o Brasil lançou dois programas temporários para abordar vulnerabilidades específicas geradas pela COVID-19 nos mercados de trabalho formal e informal e que não foram cobertas pela expansão dos programas existentes. Um deles foi um programa emergencial de transferência de renda para os pobres (definidos como aqueles cadastrados no programa Bolsa Família), bem como para aqueles que estão fora do emprego assalariado formal, mas que normalmente não têm direito a assistência social, como trabalhadores autônomos não pobres informais e formais. No setor formal, o Brasil introduziu um abono salarial temporário para os trabalhadores que receberam licença ou tiveram suas horas reduzidas temporariamente, com a condição de as empresas manterem o vínculo empregatício por determinado período após o término do programa. Essas medidas direcionadas aos trabalhadores foram complementadas por subsídios às empresas, entre outras medidas; ato todos, elas representam 4,1 por cento do produto interno bruto brasileiro.

(quadro continua próxima página)

QUADRO 4.2 **Resposta de proteção social à pandemia de COVID-19 (Coronavírus) no Brasil** *(continuação)*

FIGURA B4.2.1 **Estratégia trabalhista e de proteção social adotada em resposta à COVID-19 no Brasil para dois grandes grupos vulneráveis**

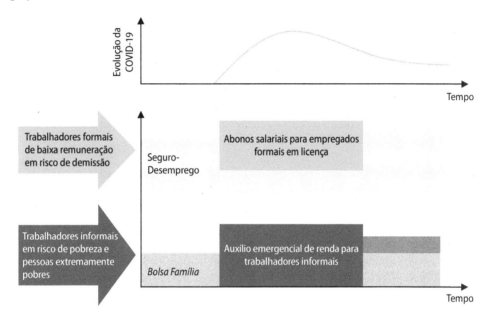

Fonte: Banco Mundial (2020).
Nota: Esta figura ilustra a resposta brasileira para proteger dois grandes grupos vulneráveis à crise de COVID-19: trabalhadores formais de baixa remuneração e famílias de baixa renda que trabalham na economia informal.

efeitos da expansão desses programas? Essas transferências de renda podem ter uma função "estabilizadora"? Com base em um raro experimento quase natural, Gerard, Naritomi e Silva (2020) mostram que a expansão de um programa de assistência social tem benefícios agregados (em toda a economia local) além de benefícios individuais. Esses efeitos positivos sobre oscilações no emprego e a renda funcionam como estabilizadores automáticos na economia e combatem a desigualdade induzida pela crise. Os programas de transferência de renda injetam fundos nas economias locais, potencialmente aumentando a demanda por trabalho, inclusive no setor formal. O estudo vincula registros administrativos sobre o universo de beneficiários do Bolsa Família e trabalhadores formais no Brasil para fornecer

evidências dos efeitos do programa nos mercados de trabalho formais. Analisando a variação da expansão do programa entre os municípios em 2009, o artigo conclui que essa expansão aumentou ou emprego formal. A evidência é consistente com o grande efeito multiplicador dos benefícios do Bolsa Família, que dominam os efeitos negativos na oferta de trabalho formal a nível individual, o que também é documentado usando a variação causada pelos limiares de renda para elegibilidade.

Vale ressaltar que Gerard, Naritomi, and Silva (2020) também mostram que a expansão do programa teve efeitos agregados positivos, além dos efeitos sobre os beneficiários individuais, por meio de transbordamento (*spillover*) dos efeitos para os não-beneficiários. Aproveitando dados

FIGURA 4.11   **Efeitos positivos dos programas de transferência para o bem-estar no emprego formal local**

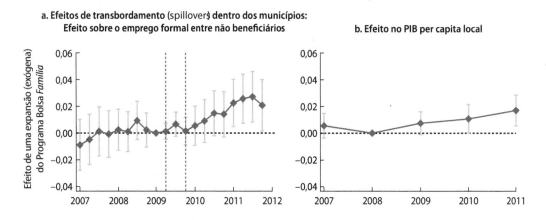

Fonte: Gerard, Naritomi e Silva (2020).

de emprego formal ligados ao cadastro de pobres e vulneráveis, os autores investigam se o emprego formal adicional que observaram vem de beneficiários ou não beneficiários. O painel a da Figura 4.11 apresenta os resultados: o efeito da expansão do programa é positivo e significativo entre as famílias não elegíveis. Esse aumento do emprego formal pode ocorrer por meio da criação de novos postos de trabalho ou da formalização de postos que antes eram informais (embora, nesse segundo caso, a expansão do programa não esteja associada a um aumento no emprego geral). A expansão do programa teve, de fato, efeitos positivos e significativos sobre o PIB (figura 4.11, painel b), sugerindo que a expansão motivou a geração de empregos, não apenas a conversão de empregos informais em formais. Os produtos locais aumentaram 1,5 por cento como consequência da expansão do programa. Esses resultados destacam a importância de se levar em conta os efeitos individuais e agregados dos programas de bem-estar social nos debates sobre políticas.

Para conceder auxílios emergenciais e maximizar seus efeitos positivos em resposta às crises, é fundamental que os países da ALC garantam que os programas de transferência de renda da região sejam suficientemente responsivos e adaptativos às

necessidades criadas por choques sistêmicos; devem também aumentar substancialmente sua capacidade. Um elemento fundamental dessa mudança é dispor de cadastros populacionais que cubram todos os pobres e vulneráveis – na verdade, estendendo os cadastros tanto quanto possível – e que compartilhem informações com todos os programas sociais, em vez de serem específicos a cada programa. Além disso, visto que a maioria dos países usa programas de TCR em resposta às crises, seus governos devem gerenciar melhor os processos de inscrição, cadastro e recertificação dessas transferências de forma rápida e eficaz. Os gestores dos programas de TCR da região almejam ter processos mais flexíveis de entrada e saída para os beneficiários, de modo que as famílias anteriormente não pobres possam receber benefícios quando necessário e aquelas que aumentaram sua renda além do limiar de elegibilidade do programa tenham os incentivos necessários para passar a tirar seu sustento de atividades produtivas sustentáveis. No entanto, como os programas de TCR são desenhados para abordar a pobreza crônica, eles normalmente têm processos demorados de identificação, inscrição e recertificação de beneficiários, que são implementados uniformemente em todas as famílias beneficiárias em potencial.[11]

Assim, embora os países da ALC com programas nacionais de TCR e similares tenham eficientemente adotado tais medidas para ajudar as famílias a se ajustarem aos choques, esses programas ainda não são suficientemente ágeis para atender às necessidades dos pobres e dos não pobres durante choques transitórios sistêmicos (por exemplo, crises financeiras ou longas recessões). Devido às demandas de capacidade administrativa que esses choques exigem, os sistemas de transferência de renda por si só ainda não são substitutos eficazes para arranjos nacionais mais abrangentes de compartilhamento de riscos.

As crises custam muito caro para alguns trabalhadores e, para a maioria das pessoas, as políticas de resposta a essas crises não conseguiram compensar os custos ou oferecer soluções eficazes. Um dos motivos dessa falha é que os sistemas de proteção social e trabalho ainda não estão totalmente estabelecidos na região da ALC, então certamente ainda não são capazes de fornecer uma rede de segurança dinâmica que responda de maneira robusta a choques e crises (Packard e Onishi, 2020; Williams e Berger-González, 2020).

O *que pode ser feito?*

As transferências de renda da assistência social são uma importante fonte de apoio à renda durante as crises na América Latina e, em muitos casos - devido à capacidade administrativa e aos cadastros amplos desses programas - são uma das poucas opções para a entrega rápida de benefícios à população. No entanto, o apoio fornecido em resposta às crises é insuficiente e muitas pessoas são deixadas para trás, uma vez que esses programas são destinados aos que já eram pobres. No futuro, seria importante melhorar a capacidade desses programas para aumentar de forma contracíclica o nível e a cobertura de benefícios para as populações vulneráveis.[12]

São três as principais prioridades políticas para melhorar o dinamismo das transferências de renda da assistência social. A primeira é melhorar a "adaptabilidade"

desses programas, ou seja, sua capacidade para responder às famílias que sofrem o impacto e as repercussões de choques variados, incluindo furacões, terremotos ou tsunamis, bem como de crises. Essa reforma incluirá a criação de cadastros sociais completos e dinâmicos que possam ser usados por todos os programas sociais, como é o caso do Cadastro Único no Brasil (Lindert et al., 2020). A segunda prioridade é passar de programas com orçamentos fixos e "cotas" racionadas para garantias de proteção - ou seja, da mera assistência prestada aos cronicamente pobres para a construção de redes de proteção que possam ser expandidas para beneficiar todos os indivíduos vulneráveis ao empobrecimento, antes que se tornem pobres (Packard et al., 2019). A terceira é evitar o surgimento de "guetos" assistenciais, estruturando benefícios para incentivar o retorno ao trabalho (com o apoio de serviços de reemprego ampliados).

A pandemia global de COVID-19 impulsionou a ação rápida dos governos para aprovar muitas partes dessa agenda (ver quadro 4.3). Grande parte das mudanças e ampliações necessárias nos programas dos sistemas de proteção social e trabalho na região da ALC já estavam bem encaminhadas antes da pandemia de 2020, especialmente em países mais vulneráveis a mudanças climáticas e a outros desastres naturais (Bowen et al., 2020; Williams e Berger-González, 2020). Muitas das mudanças que tornam um sistema de proteção social responsivo às famílias que sofrem o impacto e as repercussões de desastres naturais também melhoram a função do sistema como parte dos estabilizadores automáticos do país contra outros choques econômicos sistêmicos. Em economias avançadas e em vários países da ALC (por exemplo, Brasil e Peru), grandes pacotes fiscais foram introduzidos para enfrentar a crise atual de COVID-19. Os países da ALC como um grupo agiram de forma contracíclica em resposta à crise. Agora, é preciso cuidar para que esse apoio não seja retirado rápido demais. Embora alguns países tenham renovado o apoio à medida que a pandemia

QUADRO 4.3
Respostas de proteção social e trabalho à contração causada pela COVID-19 em 2020 na América Latina e Caribe

Gentilini et al. (2020) mantiveram um registro das medidas de proteção social e trabalho tomadas pelos países da América Latina e Caribe (ALC) desde que a pandemia COVID-19 foi declarada no início de março de 2020. O artigo documenta uma expansão sem precedentes das transferências de renda, mudanças nos planos de seguro social para facilitar a elegibilidade e aumentar os benefícios, uso extensivo de programas de licença para funcionários com financiamento público, implantação de subsídios e empréstimos "suaves" para pequenas e micro empresas e o lançamento de obras públicas com uso intensivo de emprego (embora este instrumento tenha sido usado com relativa raridade, em vista da necessidade de distanciamento social - evitando-se aglomerações de pessoas - e outros imperativos de saúde pública

da pandemia). Em todos os países da ALC, os confinamentos e fechamentos afetaram fortemente a subsistência dos empregados informais e destruíram muitos negócios informais. Vários países latino-americanos têm procurado aliviar a situação dessas pessoas não pobres mas ainda assim vulneráveis - o "meio perdido" - com transferências generosas de emergência em parcela única. Dessas transferências, as maiores são os programas *Ingreso Familiar de Emergencia* lançados na Argentina e no Chile.

A Figura B4.3.1 apresenta um diagrama estilizado que mostra como todas essas medidas de proteção social e trabalho foram usadas pelos países da ALC em resposta às consequências econômicas da pandemia. Esses países responderam de forma relativamente rápida e com uma ampla gama de

FIGURA B4.3.1   Respostas estilizadas de políticas trabalhistas e de proteção social à pandemia de COVID-19

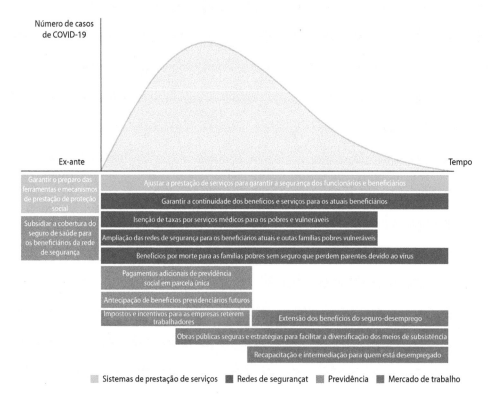

Fontes: Morgandi et al. 2020; Williams e Berger-González 2020.

(quadro continua próxima página)

QUADRO 4.3 **Respostas de proteção social e trabalho à contração causada pela COVID-19 em 2020 na América Latina e Caribe** *(continuação)*

instrumentos, tendo-se beneficiado de anos de investimento prévio para tornar seus sistemas de proteção social e trabalho adaptáveis.

Muitas dessas medidas inspiradas pela crise são transitórias. No entanto, também houve várias mudanças permanentes, especialmente na maneira como os dados domiciliares são coletados e usados

e na forma como os benefícios são entregues. Essas mudanças já vinham sendo planejadas há muito tempo, mas foram aceleradas para ajudar as pessoas a lidarem com as consequências econômicas das medidas vitais de saúde pública.

Fonte: Gentilini et al. 2020.

---

perdura, outros não o fizeram, e essa renovação (ou falta dela) tem implicações fiscais.

Preparar os trabalhadores para a mudança: subsídios de retenção (de curto prazo) e apoio ao reemprego e à requalificação (de longo prazo)

Além dos impactos de curto prazo das crises nos trabalhadores, este estudo destaca que durante as crises os trabalhadores enfrentam desemprego, perda de salário estável e inícios de carreira piores e de difícil recuperação. Esses efeitos são duradouros. O que pode ser feito para mitigá-los? Pesquisas de crises anteriores sugerem que a persistência desses efeitos depende de como a crise é administrada e do consequente ajuste do trabalhador. Historicamente, as evidências mostram que quanto mais longa a crise mais difícil a transição dos trabalhadores de setores em declínio para setores em expansão. As seções anteriores deste capítulo enfatizaram a importância de estabilizadores automáticos e do apoio efetivo à renda como políticas de resposta que ajudam os trabalhadores a manter seu nível de consumo. Esta seção, por sua vez, aborda a assistência ao emprego e esquemas de reemprego e requalificação. A discussão também abrange programas de retenção de emprego (licenças remuneradas e outros esquemas de curto prazo que mantêm a compatibilidade entre trabalhadores e seus empregos, ajudando a restaurar o emprego a níveis anteriores e a evitar a perda de capital

humano específico de determinados setores e empresas), dada a sua proeminência na resposta à crise atual em países como Argentina, Chile e, especialmente, Brasil.

Aumentar a velocidade e a qualidade da compatibilidade de empregos e/ou de investimentos em novas qualificações pode mitigar os efeitos da crise nos trabalhadores e melhorar as perspectivas de crescimento da região no futuro. Tradicionalmente, a primeira linha de resposta a ameaças ao emprego motivadas por crises inclui a intermediação e o apoio à procura de emprego para pessoas que perderam seus empregos, e a criação de oportunidades economicamente acessíveis de aperfeiçoamento e requalificação profissional.

Panorama do apoio ao reemprego e à requalificação na América Latina
Os serviços de reemprego não pecuniários são um complemento vital do apoio à renda de pessoas que perderam o emprego em decorrência de crises e outras categorias de choques. Os serviços de reemprego incluem programas que ajudam esses trabalhadores a reciclar suas qualificações. Essas medidas de apoio à requalificação e ao reemprego (às vezes coletivamente conhecidas como "programas ativos do mercado de trabalho"(PAMT)) são complementos necessários de duas maneiras importantes: (a) com o uso combinado e coerente de poupanças individuais e mutualização de riscos para apoiar a renda, envolver intensamente as

pessoas desempregadas com apoio para aju-dá-las a encontrar um novo emprego tem se mostrado uma iniciativa eficaz para reduzir os riscos de perigo moral e incentivos per-versos de oferta de trabalho que decorrem, quase que inevitavelmente, da oferta de segu-ro-desemprego (Fietz, 2020). e (b) esses pro-gramas ajudam a compensar a racionalidade limitada, as limitações de comportamento e as informações menos que perfeitas das pes-soas sobre novas perspectivas de trabalho e a demanda por qualificações. No entanto, as evidências globais disponíveis até o momento sobre a eficácia dos PAMTs podem ser desalentadoras.

Uma revisão recente das evidências mais rigorosas de avaliações de impacto de pro-gramas de capacitação, subsídios salariais e assistência à procura de emprego realizada por McKenzie (2017) mostra, na melhor das hipóteses, que esses programas têm impac-tos modestos na maioria das circunstân-cias.[13] Os serviços públicos de emprego são, normalmente, as áreas com menos recursos dos sistemas nacionais de proteção social e trabalho. A maioria dos governos é incapaz de oferecer intervenções especificamente adequadas a choques particulares, às neces-sidades variáveis de diferentes grupos de can-didatos a emprego (por exemplo, jovens, pais ou idosos) ou setores e locais específicos. O histórico dos PAMTs tradicionais também foi prejudicado pela tendência dos governos de implantá-los em vez de apoiar as refor-mas estruturais, institucionais e regulatórias necessárias. Outra limitação para a prestação desses serviços em resposta a crises é que, em países em todo o mundo os PAMTs públicos padecem tanto de subfinanciamento e subin-vestimento na capacidade de implementação; já o setor privado sofre com oferta limitada. Mesmo os países da América Latina com um longo histórico de administração de pro-gramas públicos de assistência ao emprego, como Argentina, Colômbia e Peru, não for-necem financiamento adequado (OIT, 2016). Essa falta de recursos resulta em baixa cobertura e dificuldades na implementação e adaptação de programas às necessidades de diferentes grupos da população.

Uma nova ênfase de políticas no reemprego requer quatro elementos raramente associa-dos aos PAMTs tradicionais: (a) especifici-dade aos choques que causaram desemprego ou às necessidades particulares dos candida-tos a emprego; (b) coerência e coordenação com outras partes do sistema de proteção social e trabalho (mais obviamente, seguro-desemprego ou outro plano de apoio à renda); (c) implementação de monitoramento e avalia-ção de seus impactos; e (d) obtenção adequada de recursos de orçamentos nacionais.

A figura 4.12 é um diagrama que organiza conceitualmente as crises em relação a uma série de outros choques e propõe conjuntos de intervenções (além do apoio à renda) mais ade-quadas para reconduzir as pessoas ao emprego após cada tipo de choque. Crises como a crise financeira de 2008-09, por afetarem toda a economia, são classificadas como choques sistêmicos transitórios (no canto superior esquerdo) e são diferentes dos choques sistê-micos permanentes (no canto superior direito), que consistem em disrupções impulsiona-das por transformações estruturais (como a mudança climática, adoção generalizada de novas tecnologias e mudanças na política comercial) que destroem determinadas ocupa-ções e criam novas com conjuntos de compe-tências diferentes. As crises também diferem de choques que são transitórios, mas idiossin-crásicos para indivíduos ou famílias (no canto inferior esquerdo), como o aumento da con-corrência e procedimentos de demissão mais flexíveis, rotatividade estrutural e oscilações cíclicas que podem levar a separações e reem-prego mais frequentes ou a variações salariais. E, finalmente, diferem de choques idios-sincrásicos permanentes (no canto inferior direito), que requerem políticas para facilitar transições mais longas de empregos de baixa produtividade para empregos de maior produ-tividade, particularmente em áreas e regiões defasadas, ou para a saída de períodos longos de desemprego e inatividade (Packard et al., 2019; Robalino, Romero e Walker, 2018). No entanto, este estudo mostra que as crises dei-xam cicatrizes duradouras, então parte de seu impacto não é transitório, mas sim de longo prazo (tendendo a ser permanente). Portanto,

FIGURA 4.12   Políticas de emprego e reemprego, por natureza dos choque que causa a perda involuntária de emprego

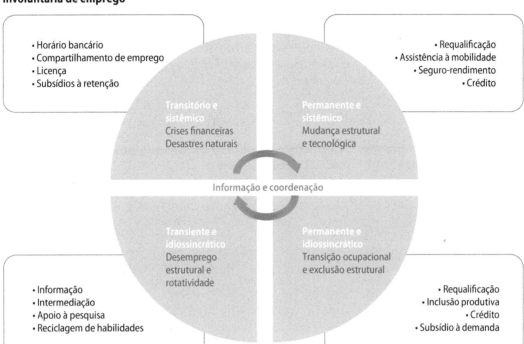

Fonte: Adaptado de Packard et al. 2019.

é preciso considerar programas normalmente associados a choques sistêmicos e permanentes, como os programas de reemprego e requalificação, em resposta às crises.

Registro misto de serviços de assistência ao reemprego

Uma revisão recente de Card, Kluve e Weber (2017) sintetiza as conclusões de mais de 200 estudos recentes de programas ativos do mercado de trabalho. Os autores estabelecem a distinção entre três horizontes temporais pós-programa e usam modelos de regressão para estimar os efeitos do programa para estudos que modelam a probabilidade de emprego, bem como o sinal e a significância dos efeitos estimados para todos os estudos na sua amostra. Os autores concluem que os impactos médios dos PAMTs são próximos de zero no curto prazo, mas tornam-se mais positivos dois a três anos após a conclusão dos programas. O perfil temporal desses impactos varia por tipo de programa, com ganhos médios maiores entre os programas que enfatizam o acúmulo de capital humano. Ademais, há heterogeneidade sistemática entre os grupos, com maiores impactos para mulheres e participantes oriundos de longos períodos de desemprego.

Em relação às intervenções, a combinação e a intensidade necessárias para reconduzir as pessoas ao trabalho com sucesso podem ser diferentes para cada tipo de choque. Os serviços padrão para os desempregados (ao lidar com restrições de informações e qualificações) devem continuar a incluir aconselhamento, vários tipos de capacitação, assistência à procura de emprego, intermediação e diversas formas de subsídios salariais. Mas a combinação de serviços necessária para apoiar trabalhadores em transição entre tipos semelhantes de empregos quando uma empresa reduz a sua força de trabalho será diferente daquela necessária para apoiar pessoas que perderam o emprego devido a mudanças estruturais, como a liberalização do comércio ou a adoção generalizada de novas tecnologias que afetam setores e locais inteiros. Provavelmente, as intervenções mais difíceis são aquelas necessárias para facilitar as transições de atividades de produtividade muito baixa (por exemplo, agricultura de subsistência ou trabalho autônomo em empresas familiares). Nesses casos, se garantir acesso a serviços públicos de qualidade e infraestrutura de conectividade adequada não bastar,

pode ser preciso combinar medidas ativas de trabalho tradicionais com intervenções "do lado da demanda" para mobilizar investimentos e criar novas oportunidades de emprego (Robalino, Romero e Walker 2018). Essa abordagem está sendo seguida e avaliada em vários países (quadro 4.4).

QUADRO 4.4   Choques permanentes sistêmicos: respostas à perda involuntária de empregos causada por mudanças estruturais

Mesmo os serviços públicos de emprego de melhor desempenho, modernos e generosamente financiados lutarão para atender às necessidades das pessoas que perderam seus empregos na esteira de choques sistêmicos que trazem consequências permanentes. Felizmente, há exemplos de países que responderam para ajudas as pessoas que arcaram com o peso de mudanças estruturais inicialmente disruptivas e, finalmente, benéficas. Essas intervenções incluem programas pontuais de assistência ao ajuste do trabalho, que criam incentivos apropriados para a volta ao trabalho e podem minimizar os custos de mobilidade e acelerar as transições entre empregos.

O *Trade-Adjustment Assistance Program* (Programa de Assistência ao Ajuste Comercial) nos Estados Unidos é um programa federal que ajuda os trabalhadores por meio de assistência na procura de emprego, capacitação, subsídios salariais para potenciais novos empregadores, seguro de saúde para desempregados e auxílio para realocação. O programa ajuda trabalhadores que perderam o emprego devido à mudança da empresa para outro país ou à liberalização do comércio (trabalhadores de indústrias que concorrem com importações, bem como aqueles empregados por produtores a jusante ou a montante). As avaliações desse programa mostram resultados mistos, incluindo a eficácia limitada da ajuda a trabalhadores afetados pelo comércio na obtenção de reemprego com salários adequados (Schochet et al., 2012).

As evidências relativas à seleção de beneficiários com base no seu setor de emprego, como ocorre nesse programa, não são alentadoras. Mostram que (a) as fricções de mobilidade regional são maiores do que as fricções de mobilidade setorial; e (b) uma crise que é inicialmente transmitida por meio de um setor rapidamente se espalha para outros setores (por exemplo, as estimativas nos EUA e na UE sugerem que um

emprego no setor comercializável cria entre 0,5 e 1,5 emprego adicional no setor não comercializável [Ehrlich e Overman, 2020]; assim, a perda de um emprego comercializável pode resultar em uma maior destruição de empregos nos setores a jusante ou a montante). Será difícil identificar os trabalhadores mais afetados, que provavelmente estarão em setores não atingidos inicialmente pelo choque.

Os críticos do programa enfatizam que a melhor requalificação é aquela oferecida no local de trabalho. Eles propuseram a alternativa do "seguro-salário" - pagamentos por prazos determinados feitos diretamente aos trabalhadores para reduzir a diferença entre o que ganhavam no emprego que acabaram de perder e o salário no novo emprego, até um determinado teto. Subsídios salariais, em vez de capacitação em sala de aula, podem incentivar os trabalhadores a buscarem o reemprego rapidamente, melhorando, ao mesmo tempo, seu acesso à aprendizagem no local de trabalho (Vijil et al., 2018).

Na Áustria, desde a privatização da indústria siderúrgica, a Austrian Steel Foundation (Fundação Siderúrgica Austríaca) vem ajudando os trabalhadores demitidos no país a encontrar um novo emprego. Ela oferece uma ampla gama de serviços, incluindo programas de orientação vocacional, assistência para a abertura de pequenas empresas, programas de treinamento e reciclagem intensivos, educação formal e assistência na procura de emprego. A fundação é financiada por todos os participantes: os próprios estagiários, as empresas siderúrgicas, o governo local por meio de benefícios de desemprego e os demais trabalhadores da indústria siderúrgica que pagam uma parcela solidária dos seus salários brutos à fundação. O programa aumentou a probabilidade de os participantes serem empregados (Winter-Ebmer, 2001).

Fonte: Vijil et al., 2018.

Mais do que apoio de curto prazo à renda: ações de políticas para reconduzir as pessoas ao trabalho e à requalificação

As políticas de emprego são a resposta tradicional para enfrentar os desafios do reemprego e da requalificação. No entanto, a maioria dos países da ALC gasta muito pouco em medidas ativas de trabalho: cerca de 0,5 por cento do PIB. Mas mesmo aqueles que gastam mais têm um histórico de desempenho bastante fraco (McKenzie 2017b). Por exemplo, de 90 programas de emprego para jovens rigorosamente avaliados na região da ALC, apenas 30 por cento tiveram efeitos positivos nas taxas de emprego ou nos salários, e os efeitos foram pequenos (Kluve et al., 2016; Robalino e Romero, 2019). Além disso, não houve diferenças significativas em matéria de efetividade entre os tipos de programas (por exemplo, capacitação versus assistência na procura de emprego). A maioria das medidas ativas de trabalho administradas por agências públicas de emprego não foram avaliadas. Mas geralmente a capacidade institucional é escassa, elas enfrentam várias restrições de recursos humanos e financeiros, e os funcionários existentes têm poucos incentivos para responder às necessidades de candidatos a emprego e empregadores.

Há várias lições da experiência internacional que podem ser usadas para orientar a reforma das medidas ativas de trabalho na região da ALC. Em primeiro lugar, as evidências mostram que é importante abandonar intervenções únicas em prol de um pacote integrado de serviços. Mesmo indivíduos afetados pelo mesmo tipo de choque, raramente enfrentam restrições idênticas para acessar um novo emprego. Isso significa que o sucesso de um programa depende da sua capacidade para adaptar serviços a perfis muito diferentes e às demandas de diferentes trabalhadores. Portanto, os serviços de assistência ao reemprego devem instituir sistemas de cadastramento e criação de perfis estatísticos que ajudem a identificar os tipos de restrições enfrentadas pelos indivíduos. Além disso, práticas modernas de monitoramento e avaliação são fundamentais para aferir os resultados dos programas e fazer correções

quando necessário. A sustentabilidade fiscal de programas maiores e mais eficazes também exigirá fontes de financiamento diversas. Quando os governos tornam as estruturas de mutualização de riscos mais amplamente disponíveis para cobrir choques com perdas incertas e catastróficas, é razoável esperar que os recursos contribuídos para esses programas por pessoas e empresas atendam às necessidades decorrentes de choques mais previsíveis e menos onerosos. Hoje, a maioria das medidas ativas de trabalho são financiadas por despesas do orçamento geral. Dada a natureza dos choques e das perdas e o grau de falhas do mercado, essa fonte de financiamento é adequada para atender a algumas necessidades, mas não necessariamente a todas. É preciso haver uma assistência ao emprego mais robusta e coordenada, com maior foco nos resultados e consequências não intencionais desses programas.

Em termos de políticas de requalificação, é importante apoiar os trabalhadores em momentos de mudança. Esse apoio envolve fortalecer o ensino técnico e profissionalizante e promover programas de ensino superior de curta duração, alcançar estudantes de baixa renda e condicionar o financiamento à empregabilidade dos alunos.

Com base no que precede, a figura 4.13 apresenta uma caracterização mais completa das áreas de política de possível enfoque para a obtenção de uma resposta mais forte de proteção social às crises na América Latina (dimensão de política 2). Evidências de vários contextos mostram que cada uma das áreas prioritárias na figura pode fazer uma diferença real para o ajuste no mercado de trabalho.

Estrutural: maior concorrência e políticas baseadas no local

Os Capítulos 2 e 3 deste relatório documentam a importância dos fatores de demanda e as três questões estruturais que servem para ampliar os impactos das crises no bem-estar e na eficiência na região da ALC: a rigidez do trabalho, que complica as transições de emprego, a dicotomia da região entre as empresas protegidas e não protegidas

FIGURA 4.13 **Abordagem do impacto das crises e preparação para a mudança: reformas de políticas**

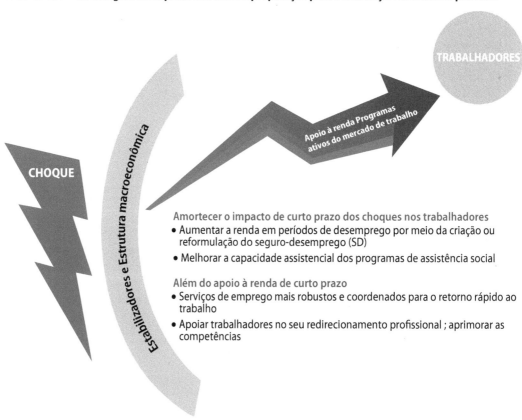

Amortecer o impacto de curto prazo dos choques nos trabalhadores
- Aumentar a renda em períodos de desemprego por meio da criação ou reformulação do seguro-desemprego (SD)
- Melhorar a capacidade assistencial dos programas de assistência social

Além do apoio à renda de curto prazo
- Serviços de emprego mais robustos e coordenados para o retorno rápido ao trabalho
- Apoiar trabalhadores no seu redirecionamento profissional ; aprimorar as competências

Fonte: Banco Mundial.

(causada por fatores como a falta de concorrência e o poder de mercado excessivo das empresas protegidas) e os baixos níveis de mobilidade dos trabalhadores. Nesse contexto, talvez as ações de política dos países da ALC precisem ir além das reformas tradicionais de proteção social e trabalho para fazerem uma diferença (ver a dimensão de política 3 na figura 4.1). O que isso significa?

A seção a seguir aborda os principais obstáculos institucionais às transições de emprego e os principais tópicos na agenda de reformas. Em seguida, discute a clivagem entre *insiders* e *outsiders* e alguns exemplos práticos de como melhores políticas de concorrência podem mudar o status quo e propiciar o dinamismo necessário para a recuperação de empregos após as crises. Conclui com uma discussão de como abordar a dimensão espacial dos ajustes do mercado de trabalho por meio de políticas de resposta com uma dimensão dual, incluindo

políticas de desenvolvimento regional bem formuladas que apoiem a criação de empregos em regiões deprimidas e políticas baseadas no local para reduzir os custos de mobilidade entre regiões/bairros. Ajudar as pessoas a superar as restrições estruturais e, especialmente, espaciais que enfrentam é um elemento necessário de uma implementação mais ampla de políticas ativas do mercado de trabalho.

Facilitar as transições de emprego: rigidez do mercado de trabalho

O Capítulo 2 mostrou que, em países com regulamentações do mercado de trabalho muito diferentes, a natureza dos ajustes de mercado e suas consequências para a produtividade e sobrevivência das empresas também são diferentes. Esta seção discute as principais áreas em que a ALC apresenta uma rigidez importante do mercado de trabalho e como enfrentá-la para responder melhor à crise. O longo e acirrado debate entre os economistas sobre os benefícios e custos das regulamentações do mercado de trabalho em relação ao emprego se aproxima lentamente de um consenso: quando os formuladores de políticas evitam os extremos - regulamentações insuficientes ou excessivas – e adotam níveis razoáveis de regulamentação podem melhorar os resultados com distorções ou custos de eficiência mínimos (Banco Mundial 2012).

Alguns dos instrumentos regulatórios mais controversos são as restrições às decisões de contratação e demissão, conhecidas coletivamente como legislação de proteção do emprego (LPE). A LPE faz parte do marco institucional do mercado de trabalho. Outros elementos desse marco são a existência e as regras do seguro-desemprego, programas ativos do mercado de trabalho e estruturas de governança como, por exemplo, negociação coletiva tripartite (entre sindicatos, empregadores ou associações empresariais e o governo como mediador). Esse marco institucional afeta tanto o funcionamento dos mercados de trabalho quanto a produtividade das empresas (Betcherman 2014). Nesse marco, as normas trabalhistas determinam os tipos de contratos de trabalho permitidos; a capacidade de os empregadores ajustarem os salários, benefícios e horas; horário e condições de trabalho; práticas de emprego proibidas; e normas que regem a contratação e demissão de trabalhadores (Kuddo, Robalino e Weber 2015). Criada para proteger ou redistribuir renda aos trabalhadores, o objetivo dessas regulamentações normalmente é corrigir uma imperfeição do mercado de trabalho (por exemplo, informações imperfeitas, poder de mercado desigual entre empregadores e trabalhadores, discriminação e inadequações do mercado para fornecer seguro contra riscos relacionados ao emprego).

Na região da ALC, onde a cobertura do apoio à renda por perda involuntária de emprego é limitada, a postura de política adotada por alguns governos para enfrentar o risco da perda de postos de trabalho e outros choques de emprego no setor formal foi evitar ou retardar ajustes, em vez de ajudar os trabalhadores afetados a administrar esses choques e recuperar-se deles. Essa abordagem depende em grande medida da restrição a demissões, da imposição de obrigações rescisórias ao empregador e da limitação do uso de contratos de trabalho flexíveis, tais como contratos por prazo determinado e terceirização.

As evidências mostram que, quando essas regulamentações são demasiadamente restritivas, podem gerar impactos econômicos e sociais indesejáveis que exacerbam – em vez de corrigir - as imperfeições do mercado de trabalho que deveriam resolver (Betcherman, 2014). Há alguns exemplos na região da ALC de regulamentações criadas em níveis extremos comparados a países em outras regiões. Na Bolívia e na República Bolivariana da Venezuela, por exemplo, a lei trabalhista não permite a rescisão contratual por "razões econômicas" (ou seja, baixo desempenho ou retrações do mercado), limitando as justificativas para demissões a razões disciplinares. No Equador, o uso de contratos por prazo determinado e de terceirização é estritamente limitado. No Suriname, o empregador precisa obter a aprovação do Ministério do Trabalho para demitir os empregados. O México, Panamá e Peru têm restrições semelhantes em seus procedimentos de demissão. Se existe a obrigatoriedade de concessão de aviso prévio razoável, as empresas devem ter mais flexibilidade em suas decisões sobre recursos humanos. Para prevenir abusos ou práticas de discriminação por parte das empresas, os Ministérios do Trabalho podem implementar auditorias ex-post, baseadas em riscos e aplicar penalidades severas em casos de infração (Packard e Onishi, 2021).

Em um ambiente onde há bolsões críticos de normas trabalhistas excessivamente rígidas, os altos custos de destruição de empregos são altos, os ajustes são lentos e haverá menos ofertas de emprego, prolongando, assim, os períodos de desemprego.[14] Regulamentações trabalhistas excessivamente restritivas afetam as decisões dos empregadores de como se ajustar aos choques de demanda, alterando a forma como os trabalhadores são relocados ao longo do ciclo econômico.[15] Na região da ALC, o diabo está nos detalhes - os mercados são rígidos somente em alguns países e apenas em algumas dimensões-chave. As regras da região variam bastante de acordo com indicadores amplamente usados da extensão da regulamentação do mercado de trabalho - como o índice LPE da OCDE (que o Banco Interamericano de Desenvolvimento [BID] ampliou para incluir vários países da ALC). Mesmo nos países da ALC onde os contratos de trabalho sofrem restrições semelhantes ou menores do que a média da OCDE (por exemplo, Colômbia, Panamá, Peru e Uruguai, como mostra a figura 4.14), o emprego por prazo determinado (temporário) é mais restrito, e as demissões coletivas são bem mais difíceis. No entanto, a capacidade para aplicar a regulamentação faz toda a diferença para mostrar se, conforme está escrita, ela de fato restringe as práticas de emprego e cria fricções significativas no ajuste do mercado de trabalho (Kanbur e Ronconi, 2018).

Indo além desses índices agregados da legislação de proteção do emprego, indicadores mais granulares de regulamentações trabalhistas mostram como instrumentos regulatórios específicos são

usados em diferentes intensidades nos países da ALC. Os conjuntos de dados *Employing Workers,* do projeto *Doing Business* do Banco Mundial, conseguem distinguir entre a regulamentação das práticas de contratação da regulamentação da jornada de trabalho, os procedimentos para demissões por redundância e os custos de demissão.[16] Nos quatro painéis do Gráfico 4.15, um único índice composto de rigidez geral de regulamentação trabalhista, construído com base em todos esses indicadores, é plotado em relação a subíndices separados que capturam (a) as restrições à contratação (ou seja, restrições ao uso de trabalhadores em tempo parcial e temporários, uso repetido de contratos por prazo determinado e terceirização), (b) a regulamentação do horário de trabalho (ou seja, o que define a "jornada de trabalho" e os "dias úteis"), (c) as regras de demissão (por exemplo, requisitos de notificação e até mesmo aprovação de terceiros no caso de demissões individuais ou coletivas por redundância) e (d) os custos financeiros reais de demissão (pagamentos de verbas rescisórias e licenças acumuladas e outras penalidades

FIGURA 4.14 **Legislação de proteção ao emprego em países membros da OCDE e países latino-americanos selecionados, dados de 2014 ou mais recentes**

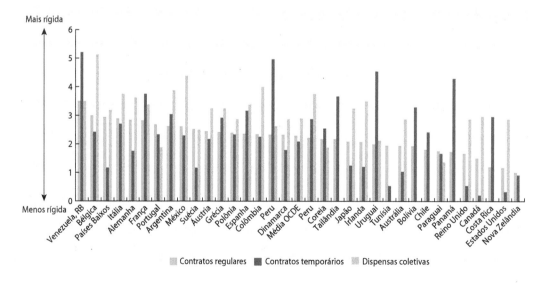

Fontes: OCDE Stat, indicadores sobre a Legislação de Proteção ao Emprego (versão 3), ampliado para a América Latina e Caribe nos anos de 2013 e 2014 pelo Banco de Dados de Mercados de Trabalho e Sistemas de Informação de Seguridade Social (SIMS) do Banco Interamericano de Desenvolvimento.
Nota: Os regulamentos de proteção ao emprego desses países são classificados em uma escala de 0 a 6, onde 0 = mais flexível e 6 = mais rígida.
OCDE = Organização para Cooperação e Desenvolvimento Econômico.

financeiras impostas à empresa). Esses índices são construídos com a análise de componentes principais (ACP) e normalizados com uma escala que varia de -3 (menos rígida) a 3 (mais rígida), e 0 atribuído aos valores médios regionais da região da ALC. Assim, os países mostrados na metade superior de cada painel são os que, em geral, adotam regulamentações mais rígidas, e a inclusão dos países no quadrante direito ou esquerdo (sua distância da média) indica o aspecto específico da regulamentação trabalhista que explica essa rigidez (ou falta dela).

Como mostra a figura 4.15, a rigidez geral da regulamentação trabalhista na amostra de países da ALC para os quais os indicadores do *Employing Workers* são coletados é motivada principalmente por restrições às práticas de contratação (painel a) e dificuldade nos procedimentos de demissão (painel c). Em consonância com o índice LPE da OCDE-BID apresentado anteriormente, os custos financeiros de demissão estabelecidos por lei - como períodos de aviso prévio, pagamentos de verbas rescisórias e licenças não gozadas (painel d) e a rigidez das horas (painel d) parecem ser fatores que contribuem menos para a rigidez regulatória geral, embora a contribuição varie consideravelmente entre países.[17]

FIGURA 4.15   **Regulamentação do emprego nos países da ALC, por volta de 2019**

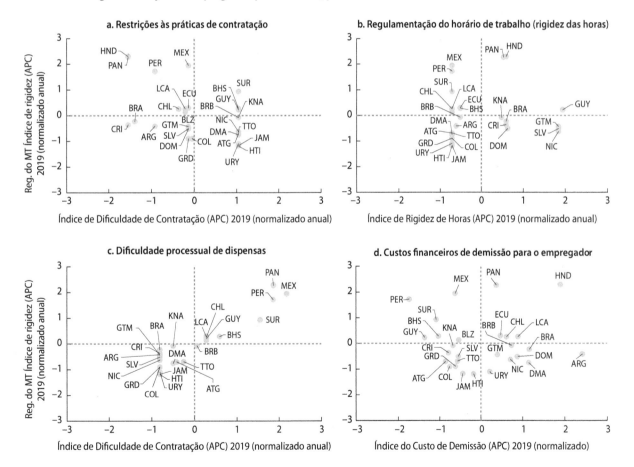

Fontes: Packard e Onishi 2021; índices construídos por Maratou-Kolias et al. 2020 usando dados do Employing Workers do projeto Doing Business.
Nota: De acordo com Packard e Montenegro 2017, cinco índices de regulamentações de jure foram construídos usando análise de componente principal (ACP): um índice composto pela "rigidez da regulamentação do mercado de trabalho geral" de todos os indicadores de regulamentação do mercado de trabalho do *Employing Workers*, do projeto *Doing Business* (plotados no eixo vertical em cada painel) e quatro índices para diferentes subconjuntos de medidas de regulação. Os valores da APC foram normalizados para os valores médios regionais da LAC (indicados pelas linhas horizontais e verticais azuis, respectivamente) para gerar uma escala de -3 (mais flexível) a 3 (mais rígida).

A regulamentação rígida de contratos de trabalho regulares e grandes disparidades entre as proteções estendidas a esses contratos, em comparação às formas não padronizadas de emprego, podem criar um mercado de trabalho dual com *insiders* e *outsiders*, mesmo no âmbito do emprego formal. Somem-se a isso os obstáculos formidáveis causados pela lacuna entre emprego formal e informal: um alto conjunto de proteções associadas ao emprego formal, mas também uma grande cunha fiscal. Betcherman (2014) constata que a legislação de proteção do emprego tem um efeito equalizador entre trabalhadores cobertos e em tempo integral em idade ativa, mas deixa grupos como jovens, mulheres e os menos qualificados desproporcionalmente fora da cobertura e dos benefícios (Betcherman, 2015; Heckman e Pagés, 2004). A tentativa de mitigar o impacto da legislação excessivamente rígida com tipos especiais de contrato, apenas exacerba esses impactos distributivos adversos. Jovens e mulheres têm uma probabilidade desproporcionalmente maior de trabalhar sob contratos temporários, o que os deixam sem acesso a muitos benefícios e a proteções contra demissão (Gatti, Goraus e Morgandi, 2014; Kuddo, 2015; Robalino e Weber, 2015).

O que pode ser feito?

A redução da intensidade com que os países regulam as decisões das empresas sobre recursos humanos provavelmente afetará os trabalhadores. Com acesso mais amplo aos programas nacionais de seguro-desemprego, transferências mais dinâmicas das redes de proteção e um sistema robusto de serviços de apoio ao reemprego, os ajustes do mercado de trabalho, inclusive as mudanças regulatórias, serão mais suaves (Andersen, 2017; Bekker, 2018). Da mesma forma, os princípios de proteger os trabalhadores em vez de proteger o emprego e desvincular as proteções de onde e como as pessoas trabalham em resposta aos efeitos permanentes das transformações econômicas, podem não ajudar na crise no curto prazo, mas podem ser aplicáveis no médio prazo.[18] Os efeitos dessa mudança

também dependerão da disponibilidade de acesso mais amplo a programas nacionais de seguro-desemprego e do dinamismo da economia em termos de emprego.

A figura 4.16 mostra uma representação estilizada de como os países da região da ALC se comparam com os de outras regiões segundo: (a) a flexibilidade da regulamentação do mercado de trabalho (ao longo do eixo horizontal, o inverso do índice de rigidez na figura 4.15); e (b) a medida em que as proteções mais importantes estão disponíveis fora da relação de emprego (ao longo do eixo vertical, um índice de gastos públicos em educação, saúde, assistência social e programas de apoio ao mercado de trabalho, todos como porcentagem do PIB). No quadrante superior direito da figura 4.16 estão a Dinamarca, Nova Zelândia, Reino Unido e outros países que mudaram sua postura de política para combinar maior flexibilidade do mercado de trabalho com capital humano mais robusto e serviços de proteção social que ajudam as pessoas na transições entre empregos. Embora alguns países da ALC ocupem esse mesmo quadrante (com alta flexibilidade e alta proteção), muitos estão defasados em pelo menos uma dessas dimensões.

Em alguns países, a atual dependência excessiva de regulamentações de proteção do emprego em vez de serviços de apoio à renda e reemprego tem um custo: causa danos às perspectivas de trabalho de muitas pessoas, particularmente jovens e pessoas de todas as idades que preferem ou precisam combinar trabalho com responsabilidades de estudo ou cuidados domésticos. Também está associada a durações médias mais longas da procura de emprego e, portanto, a ajustes mais lentos do mercado de trabalho. Ao explorar a ampla cobertura nos países de microdados de pesquisas uniformes na Base de Dados Internacional de Distribuição de Renda (I2D2) e os indicadores do *Employing Workers*, Packard e Montenegro (2021) analisam a associação entre a duração média do desemprego e várias formas de regulamentação trabalhista, controlando, ao mesmo tempo, o crescimento econômico, a realização educacional média e outros fatores relevantes. A figura 4.17

FIGURA 4.16 **Flexibilidade da regulamentação do trabalho e gastos em programas de capital humano e trabalho em países selecionados da ALC em comparação a outras regiões**

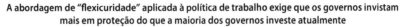

A abordagem de "flexicuridade" aplicada à política de trabalho exige que os governos invistam mais em proteção do que a maioria dos governos investe atualmente

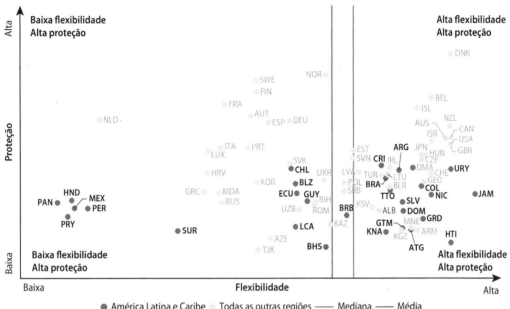

Fonte: Onishi e Packard, 2021; com base em Packard et al., 2019.
Nota: O eixo horizontal mostra o inverso do índice composto de rigidez da análise do componente principal da regulação do mercado de trabalho do índice de rigidez composto, usando o conjunto de dados do Employing Workers do projeto *Doing Business*; o eixo vertical assinala o índice de "proteções" (medido de acordo com os gastos do governo em saúde, educação e apoio à proteção social) acessíveis fora da relação de emprego.

mostra coeficientes estatisticamente significativos de diversas variáveis de regulamentação do trabalho (incluindo um indicador de capacidade de aplicação de Kanbur e Ronconi (2018)). A interpretação da associação positiva e significativa entre duração do desemprego e fatores como propriedade de imóvel residencial, realização educacional e nível das contribuições previdenciárias do empregador é ambígua (por exemplo, trabalhadores com mais capital físico e humano que trabalham em países com sistemas extensos de seguro social podem demorar mais para encontrar melhores empregos compatíveis com a sua qualificação, depois de perderem seus empregos). No entanto, as associações significativas entre o período de duração da procura de emprego e as restrições *de jure* a práticas de

contratação, as jornadas de trabalho e procedimentos de demissão são menos ambíguas. O tamanho e a significância estatística dessas associações aumentam quando a capacidade e os esforços de aplicação das regras do país são incluídos na análise.

A experiência internacional mostra que a flexibilização das restrições às decisões de contratação e demissão das empresas precisam ser acompanhadas da criação de proteções mais eficazes fora do contrato de trabalho, incluindo apoio ao reemprego, como assistência à renda e à procura de emprego (Kuddo, Robalino e Weber, 2015; ver também a OECD Jobs Strategy na nota de rodapé 17). O objetivo não é a desregulamentação, mas sim uma regulamentação mais inteligente que reflita os riscos e as oportunidades de mercados de trabalho

FIGURA 4.17   **Instrumentos normativos do mercado de trabalho e duração do desemprego**

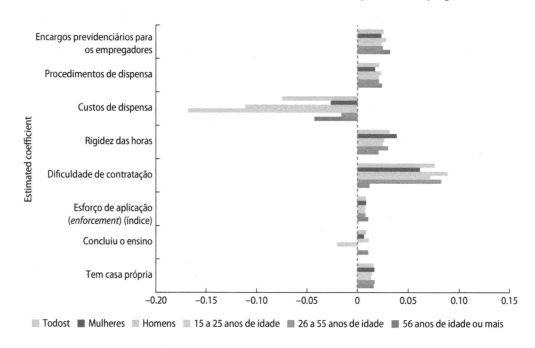

Fontes: Packard e Montenegro 2021; dados do danco de dados Income Distribution Database e da conjunto de dados *Employing Workers* do projeto *Doing Business* do Banco Mundial. Índice de "esforço de aplicação" adotado de Kanbur e Ronconi 2018.
Os coeficientes estimados da variável que controla o crescimento econômico foram omitidos do gráfico. "Todos" indica os coeficientes estimados para toda a amostra. No caso da variável "carga tributária previdenciária por conta do empregador", os coeficientes são estatisticamente significativos ao nível de 1% para todos os grupos; os coeficientes para "procedimentos de demissão" são estatisticamente significativos ao nível de 1% para todos os grupos. Os coeficientes para "custos de demissão" não são estatisticamente significativos. Os coeficientes de "horário rígido" são significativos ao nível de 5% para todos, mulheres e pessoas entre 26 e 55 anos; no nível de 10% para homens e pessoas entre 15 e 25 anos; e não são significativos para pessoas com 56 anos ou mais. Os coeficientes de "dificuldade de contratação" são estatisticamente significativos ao nível de 1% para todos, homens e pessoas entre 15 e 25 anos e entre 26 e 55 anos; no nível de 10% para mulheres; e não são significativos para pessoas com 56 anos ou mais. O coeficiente de "casa própria" é estatistica-mente significativo no nível de 1% para todos os grupos.

modernos e diversos. No caso de obrigatorie-dade de concessão de aviso prévio razoável, as empresas devem ter mais flexibilidade em suas decisões sobre recursos humanos. Para preve-nir abusos ou discriminação, os ministérios do trabalho podem implementar auditorias ex-post baseadas em riscos e aplicar penali-dades severas nesses casos. O aumento da fle-xibilização regulatória para as empresas deve ser acompanhado de um apoio ao reemprego mais concentrado e robusto. Sem o apoio res-ponsivo à renda e ao emprego para ajudar a absorver o choque de desemprego e ajudar na busca por empregos, a flexibilização das regu-lamentações trabalhistas simplesmente trans-feriria a carga de riscos das empresas para os trabalhadores e aumentaria a probabilidade de segmentação e práticas abusivas de emprego. Na região da ALC, a magnitude das formas de trabalho "não padronizadas" (incluindo trabalhadores autônomos) representa desafios

adicionais. Na Argentina, no Brasil, no Chile e em muitos outros países da ALC, as formas de trabalho formais mas não padronizadas parecem estar crescendo à custa do emprego dependente formal. O perfil das pessoas em empregos não padronizados mudou drastica-mente desde meados da década de 1990: as pessoas em empregos formais não padroni-zados hoje são mais jovens e têm um nível de escolaridade mais alto do que antes (Apella e Zunino, 2018).

Como os países da ALC podem tornar a proteção acessível não apenas aos trabalha-dores formais (independentemente do seu tipo de contrato), mas também aos trabalhadores informais? O desafio é reestruturar os siste-mas de proteção social e trabalho dos países para que o apoio seja acessível, não importa onde ou como as pessoas trabalhem (Packard et al. 2019). Muitos países - abrangendo toda a gama de desenvolvimento econômico e institucional - estão considerando seriamente, embora cautelosamente, a viabilidade fiscal e os benefícios sociais dos planos de renda básica universal para alcançar proteção total (Gentilini, Grosh, Rigolini e Yemtsov 2020), embora essas extensas redes de segurança ainda possam estar muito além da capacidade fiscal e administrativa da maioria dos países da ALC. Hoje, os sistemas de proteção social e trabalho da região são muito melhores se comparados aos estados de bem-estar truncados das décadas de 1980 e 1990. No entanto, ainda há muito a ser feito para atingir a eficiência, efetividade e sustentabilidade.

Um bom lugar para começar a melhorar o ajuste dos mercados de trabalho latino-americanos é com reformas extensas ao pagamento de verbas rescisórias e outros benefícios específicos do empregador (incluindo seguro de saúde específico da empresa ou do setor). A ideia por trás das recentes reformas das políticas de trabalho e proteção social na Europa era transformar a proteção não financiada, específica das empresas, em planos administrados nacionalmente, compostos por "mochilas" portáteis desvinculadas de empregos específicos, que os trabalhadores poderiam "carregar" consigo de um emprego para outro. Empregadores e trabalhadores poderiam fazer contribuições em níveis coerentes com as obrigações rescisórias anteriores, mas depositadas nas contas de poupança dos indivíduos (contas de poupança-desemprego independentes ou combinadas com poupança-aposentadoria, segundo Feldstein e Altman [1998]). Essas poupanças seriam sustentadas por um mecanismo de mutualização de riscos que garante benefícios proporcionais ao histórico de contribuições do trabalhador, mas com algum mínimo garantido financiado por impostos de base mais amplos, a exemplo do que são hoje a transferência condicionada de renda (TCR) e outras transferências da assistência social na região da ALC. A principal vantagem dessa abordagem é o fato de que o acesso a proteções a preços eficazes e eficientes é franqueado a uma parcela maior de trabalhadores. A proteção deixaria de ser segmentada por tipo de emprego. Além disso, os incentivos atuais que levam empregadores e candidatos a emprego a burlar o sistema, sonegar rendimentos, evadir impostos e contribuições legais, ou disfarçar relações de trabalho reais como trabalho autônomo poderiam ser substancialmente reduzidos.

A desvantagem dessa abordagem é que organizar a proteção social e o apoio ao trabalho dessa forma exige muito mais dos governos na América Latina e no Caribe do que os sistemas presentes. Mas esse é o desafio do desenvolvimento econômico e institucional. Os governos da região teriam que aplicar instrumentos de tributação de forma muito mais eficaz e eficiente do que hoje o fazem e aumentar sua capacidade administrativa, especialmente por meio de uma adoção mais rápida de tecnologias digitais, tanto para a gestão da informação como para a entrega de benefícios.

Inicialmente, a liberalização dos contratos de trabalho tem um efeito positivo no emprego com o uso do novo tipo de contrato mais flexível (Bentolila, Dolado e Jimeno, 2011). Mas esse efeito desaparece gradualmente, à medida que o estoque de trabalhadores permanentes é progressivamente substituído por trabalhadores com contratos flexíveis. Na América Latina, o efeito dessas mudanças regulatórias foi avaliado em alguns países com base em dados de painel (domicílio ou empresa) e modelos de séries temporais, com resultados mistos. Enquanto Kugler (2004) para a Colômbia, Mondino e Montoya (2004) para a Argentina e Saavedra e Torero (2004) para o Peru identificam um efeito negativo no emprego das novas leis de estabilidade no trabalho, Barros e Corseuil (2004) para o Brasil, Downes, Mamingi e Antoine (2004) para três países do Caribe e Petrin e Sivadsadan (2006) para o Chile não encontram qualquer efeito significativo.

Quebrar a clivagem entre insiders e outsiders: mais do que apenas uma reforma do mercado de trabalho

Os resultados do capítulo anterior mostram que os efeitos das crises são moderados para empresas com maior participação de mercado e aquelas de propriedade estatal. Mais especificamente, Fernandes e Silva (2021) mostram que a concentração do mercado de produtos afeta a magnitude e a distribuição dos impactos das crises nos trabalhadores. Os choques causam perdas maiores nos empregos e salários em setores com baixa concentração de mercado (muitos atores). Em contraste, nos setores em que poucos atores têm uma grande participação de mercado (alta concentração), os choques levam a mais empregos e os salários não se ajustam (o oposto do que se esperaria dos mecanismos econômicos normais). O fato de determinada regulamentação do mercado de trabalho ajudar ou prejudicar os resultados do emprego também é determinado pelo nível de concentração do mercado de produtos e serviços e pelo poder de barganha dos empregadores em relação aos trabalhadores. Os dados agregados são direcionalmente coerentes com essa observação, inclusive o fato de que grandes empresas na América Latina (muitas vezes empresas protegidas nos setores de energia, commodities e varejo) têm sido mais resilientes às crises e se recuperam delas com mais rapidez (ver Capítulo 1).

Esta seção discute (a) as peculiaridades institucionais na América Latina que estão dando origem a um mercado de trabalho dual com *insiders* e *outsiders* e permitindo que a segmentação persista e (b) os tipos de políticas de resposta complementares além do mercado de trabalho que poderiam abordar as preocupações com os efeitos da crise nos trabalhadores?

O poder de mercado nos mercados de produtos e serviços, definido como a capacidade para impulsionar preços e retornos acima dos níveis competitivos está sob crescente escrutínio por ter causado resultados socioeconômicos adversos que vão além de preços mais altos para o consumidor. O aumento da concentração nos mercados de produtos e serviços em países de alta renda, muitas vezes se traduz em concentração nos mercados de trabalho e no envolvimento em práticas abusivas por empregadores dominantes (Azar, et al., 2019). Em muitos países da América Latina, a concentração de mercado está associada a laços estreitos entre grandes empresas e governos. Um exemplo extremo é a prevalência de empresas estatais na região – muitas

das maiores empresas da região são parcial ou totalmente estatais. Os laços familiares e sociais entre as elites política e empresarial em toda a região são outro fator importante. Laços estreitos entre as elites empresariais e políticas resultam em protecionismo e favoritismo nos mercados domésticos — favorecendo as empresas já estabelecidas no mercado e estrangulando as empresas novatas (Clarke, Evenett e Lucenti, 2005; De Leon, 2001; OCDE 2015).

Há dois mecanismos principais que podem criar uma relação entre a falta de concorrência nos mercados de produtos e a forma como as crises afetam os trabalhadores. Primeiro, o protecionismo gera rendas para os empregadores. As rendas podem influenciar a distribuição de perdas entre trabalhadores e empresas e, em setores com maior poder de mercado (principalmente em monopólios), as empresas têm condições de reajustar menos os preços após os choques. Esse fator afeta a distribuição de prejuízos entre as empresas, traduzindo-se em preços mais altos para os consumidores, incluindo empresas clientes a jusante, o que pode prejudicar a dinâmica do emprego. O poder de mercado também pode ser impulsionado pela estrutura do mercado de produtos específicos, bem como pela distribuição de tecnologia específica das empresas. Esse último efeito pode significar que as reações das empresas às crises podem apresentar algum grau de rigidez, de forma a gerar mudanças que são persistentes e que as empresas não conseguem reverter.

O segundo canal pelo qual a renda econômica afeta os ajustes às crises é alterando a disposição dos trabalhadores de se ajustar e assumir os custos desse ajuste. As empresas podem repassar renda econômica para seus trabalhadores, aumentando os salários de reserva desses trabalhadores e dificultando a busca por um emprego substituto, com remuneração suficiente, caso o emprego atual seja perdido . Em um momento em que a realocação é difícil mas necessária, esse efeito pode aumentar a pressão por mais protecionismo e favoritismo, o que representa um obstáculo adicional para a alocação eficiente de recursos.

Em vista desses efeitos, a redução das barreiras à concorrência nos mercados de produtos poderia aumentar a criação de empregos e o crescimento da produtividade. Significaria uma parcela cada vez menor de empresas com retornos sobre o capital acima do normal - e, portanto, da parcela de trabalhadores que produzem e compartilham esses retornos acima do normal. Essa mudança resultaria em maior mobilidade do trabalho, porque a renda auferida por esses trabalhadores os desestimulam de deixar as empresas onde trabalham. Políticas de compensação que facilitem os ajustes para esses trabalhadores poderiam tornar a transição menos onerosa.

Ao mesmo tempo, há muito poucas grandes empresas na América Latina. Nem todas as fontes de poder econômico de mercado na região devem ser eliminadas. Algum grau de poder de mercado dos produtos é desejável para criar incentivos positivos à inovação. No entanto, esses incentivos à inovação poderiam ser melhorados de outras formas, com regulamentações transparentes de propriedade intelectual e patentes que não sacrifiquem os benefícios de contestabilidade e concorrência do mercado. O foco dos reguladores deve ser o "abuso" do poder de mercado por empresas dominantes para restringir a concorrência, a formação de cartéis (conluios entre empresas para evitar a concorrência) e a eliminação de regulamentações anticompetitivas desnecessárias que estão diminuindo o dinamismo do mercado de trabalho sem incentivar a inovação. Um estudo recente com dados sobre o Brasil, Chile, China, Estônia, Índia, Indonésia, Israel, Federação Russa, Eslovênia e África do Sul constatou que reduzir as barreiras ao empreendedorismo (como barreiras à entrada e isenções antitruste) a um nível consistente com as melhores práticas atuais dos membros da OCDE, levaria a uma taxa de crescimento anual de 0,35 por cento a 0,4 por cento maior do PIB per capita (Wölfl et al., 2010). Protecionismo e favoritismo protegem algumas grandes empresas, ao custo de impedir que empresas novatas concorram efetivamente e se transformem em grandes empresas.

À medida que as economias se estabilizam após as crises, para melhorar o desempenho do mercado de trabalho é essencial que os formuladores de políticas criem proteções contra ameaças aos mercados competitivos e contestáveis de produtos e serviços. Mudanças estruturais com o advento da tecnologia têm contribuído para uma concentração crescente O poder de mercado das empresas está crescendo em muitas partes do mundo (Diez, Leigh e Tambunlertchai, 2018). Garantir mercados competitivos e contestáveis tem sido um desafio antigo em países de renda baixa e média, onde as instituições de governança são fracas e podem ser especialmente vulneráveis a pressões oligopolísticas e problemas de conluio. No entanto, muitas das mesmas pressões e dos perigos da concentração de mercado também estão aumentando em países de alta renda (Aznar, Marinescu e Steinbaum , 2017). Um corpo crescente de pesquisas dos Estados Unidos, do Reino Unido e de outros países de alta renda mostra que, à medida que a concentração local de empregadores aumenta, os salários ficam estagnados e o impacto negativo nos salários em determinado nível de concentração aumenta (Benmelech, Bergman e Kim, 2018). A concentração é frequentemente acompanhada por práticas restritivas, como a proliferação de requisições de licenciamento local ou o uso intensivo de cláusulas de "não concorrência", mesmo em setores que contratam principalmente pessoas de baixa qualificação (Naidu, Posner e Weyl, 2018). Essas restrições à concorrência somam-se à queda da mobilidade do trabalho para pressionar os salários (Konczal e Steinbaum, 2016).

Que tipos de reforma?
Quebrar a clivagem entre *insiders* e *outsiders* na região da ALC exigiria alavancas de políticas fora do mercado de trabalho. Áreas de política de possível foco incluem mudanças às leis de concorrência, subsídios, aquisições e grau de participação estatal em vários setores. Esses tipos de políticas poderiam complementar outras políticas de resposta para abordar preocupações com os efeitos das crises nos trabalhadores (Conforme discutido em Baker

e Salop [2015]). Há um apelo crescente para que os reguladores de políticas de concorrência olhem além do "kit de ferramentas" tradicional. A crítica é que os reguladores mantiveram um foco demasiadamente rigoroso e firme nos preços ao consumidor (ignorando, por exemplo, o surgimento de práticas de emprego monopsonistas). Tendo em conta uma gama mais ampla de indicadores socioeconômicos, é possível revelar problemas de contestabilidade e concorrência que não se manifestam de forma imediata como preços mais altos para o consumidor.

Abordagem da dimensão espacial dos impactos da crise nos trabalhadores

Os resultados do capítulo anterior mostram que os impactos dos choques nos trabalhadores variam em tamanho e persistência dependendo das condições econômicas locais. Por exemplo, no Brasil, as perdas de emprego e salário em resposta a choques para os trabalhadores formais que vivem em mercados locais mais informais são maiores do que para os trabalhadores que vivem em outros locais menos informais. Por que há mais repasse dos choques para os trabalhadores em alguns locais do que em outros? A forma como as características estruturais dos locais interagem com o choque é importante. As evidências sugerem que as características relevantes incluem a composição setorial, o tipo de empresa ou o porte do setor informal no local em questão. Em geral, as cicatrizes são mais profundas para os trabalhadores em locais com menos oportunidades alternativas de trabalho. Na medida em que os choques levam ao efeito cicatriz e que a mobilidade do trabalho entre regiões é limitada, os choques podem ter efeitos permanentes que diferem no espaço.

Será necessária uma abordagem espacialmente diferenciada para lidar com o efeito cicatriz na região da ALC, como resultado de choques temporários como, por exemplo, crises? Políticas regionais geralmente são consideradas para questões associadas a choques permanentes, como liberalização do comércio ou mudança tecnológica. No entanto, se

empregos forem permanentemente perdidos, os efeitos forem espacialmente concentrados e a mobilidade do trabalhador for baixa, os trabalhadores sofrerão o efeito cicatriz na crise. Nesses casos, requalificação e outras políticas ativas do mercado de trabalho não serão suficientes, nem os incentivos privados por si só. Em vez disso, é preciso revitalizar esses locais, por exemplo, com mais investimento público direcionado a eles.

O que este relatório mostra é que mesmo choques temporários têm consequências de longo prazo espacialmente diferenciadas. Dois aspectos desses choques fazem das políticas regionais ferramentas úteis no enfrentamento das consequências de longo prazo. O primeiro é a suposição de que os efeitos desses choques são localizados. O segundo é que os choques terão efeitos estruturais e permanentes. Muitos efeitos espacialmente diferenciados podem ser abordados com políticas não espaciais. Por exemplo, as PAMTs serão mais baratas de instituir que políticas baseadas no local. Porém, algumas questões estruturais não podem ser resolvidas a não ser com esse segundo tipo de política, como a falta de oportunidades em determinada localidade. Os capítulos anteriores mostraram a importância de ser proativo na prevenção do efeito cicatriz. Como os formuladores de política podem tratar das cicatrizes com políticas baseadas nas localidades, e devem fazê-lo?

Duas dimensões são relevantes para a política regional de resposta às crises. Se as perdas de bem-estar estiverem associadas à falta de mobilidade geográfica, remover barreiras à mobilidade e aumentar a conectividade entre regiões pode ser uma boa solução. A transição geográfica envolve uma ampla gama de custos, incluindo o custo da procura de emprego, o custo de saber para onde ir para buscar emprego e um vasto leque de custos psicológicos (Brand, 2015), além dos custos de transporte (Zarate, 2020).

Muitas das causas principais da baixa mobilidade do trabalho são as imperfeições nos mercados mobiliário e de crédito (Bergman et al. 2019). Políticas locais podem promover a mobilidade regional, por exemplo, solucionando a falta de moradias economicamente acessíveis, melhorando as políticas fundiárias, ajustando as regras de zoneamento e desenvolvendo financiamento hipotecário e promovendo a mobilidade regional. Mas muitas áreas já estão congestionadas, os custos não econômicos da mudança são de difícil compensação e muitas pessoas não querem se mudar. Portanto, também é importante uma segunda dimensão: políticas de desenvolvimento regional bem formuladas que apoiem a criação de empregos. Essas políticas podem aumentar o crescimento de longo prazo e promover o desenvolvimento da região. Também poderiam ajudar a reintegrar trabalhadores que perderam involuntariamente seus empregos, criando mais postos de trabalho *in situ*. E também poderiam abordar o clima de negócios, infraestrutura e oportunidades de crescimento em nível local, para que as oportunidades de geração de renda se disseminem por todo o país (até o nível em que fizer sentido com base em recursos locais, população, etc.). Finalmente, também poderiam gerar efeitos multiplicadores locais, incentivando o consumo e a demanda e, por meio desse canal, o emprego. Portanto, as políticas regionais são necessárias em um sentido mais amplo para fortalecer as oportunidades econômicas das regiões. Conforme discutido no Quadro 4.5, a consecução desses objetivos depende da modalidade das políticas e das características da região.

Em relação às políticas baseadas no local para reduzir os custos de mobilidade entre regiões/bairros, as evidências estão aumentando, mas continuam sendo mais limitadas (Quadro 4.6).

Qual é o tamanho desses efeitos? Artuc, Bastos e Lee (2021) desenvolvem uma regressão de forma reduzida e um modelo estrutural sobre o efeito das mudanças na demanda externa sobre o bem-estar (ou seja, a utilidade durante toda a vida do trabalhador) e o papel da mobilidade nesses efeitos. A análise mostra que a redução de bem-estar induzida por um choque seria menor se a mobilidade, principalmente entre regiões (dentro do mesmo país) fosse maior. Em outras palavras,

a redução dos custos de mobilidade entre regiões teria um efeito de mitigação maior na redução do bem-estar induzida por uma crise do que a redução dos custos de mobilidade entre setores.

Quais são os mecanismos impulsionadores desse efeito? Artuc, Bastos e Lee (2021) destacam uma importante motivação para a mobilidade: o número de oportunidades de trabalho oferecidas por diferentes setores e regiões. Primeiro, se um trabalhador pode escolher seu emprego entre um maior número de oportunidades, é mais provável que a melhor dessas oportunidades proporcione maior bem-estar. Em segundo lugar, mesmo se o trabalhador for afetado por um choque negativo de demanda de trabalho no futuro, é mais provável que consiga encontrar outro emprego sem ter que se mudar para uma região ou setor diferente. Um choque adverso temporário em determinada região reduzirá o número de oportunidades de trabalho criadas e a rotatividade interna no local (ou seja, a mudança de emprego dentro de um mercado de trabalho local); ambos os canais levam à perda de bem-estar.

Considerando esses novos canais, Artuc, Bastos e Lee (2021) exploram o papel das fricções de mobilidade enfrentadas pelos trabalhadores quantificando os efeitos de possíveis políticas que visam mitigar essas fricções. O artigo mostra os efeitos da maior mobilidade dos trabalhadores em todas as regiões e setores, em comparação com dois cenários alternativos: maior mobilidade apenas entre setores e maior mobilidade apenas entre regiões. Uma redução de 20 por cento nas fricções de mobilidade entre regiões e setores diminui as perdas de bem-estar decorrentes do mesmo choque de referência em 16,5 por cento e o efeito de melhoria do bem-estar de uma política da mesma magnitude é maior quando a política visa fricções regionais em vez de fricções setoriais. Em particular, enquanto a redução do bem-estar é mitigada em 13,4 por cento quando o alvo são apenas as fricções regionais, essa mitigação é de apenas 2,3 por cento quando o alvo são apenas as fricções setoriais.

QUADRO 4.5 Como tem sido o desempenho das políticas regionais no fortalecimento das oportunidades econômicas?

Os esforços locais de criação de empregos geralmente envolvem (a) investimentos em infraestrutura e em bens e serviços públicos locais; (b) subsídios diretos às empresas; ou (c) relocação do emprego no setor público - ou realocação de grandes órgãos públicos - para áreas deprimidas. Neumark e Simpson (2015) propiciam uma visão geral da literatura desses tipos de políticas, atualizada por Ehrlich e Overman (2020) no contexto da União Europeia (eu). No geral, as evidências sugerem que os investimentos em infraestrutura de transporte e em bens e serviços públicos locais em uma combinação de subsídios às empresas e capacitação, como feito nos fundos de coesão da UE, têm sido eficazes, em média, em promover o crescimento das localidades beneficiárias e, assim, reduzir disparidades de oportunidade econômica entre localidades (Becker, Egger e Ehrlich, 2010; Giua, 2017; Mohl e Hagen, 2010; Pellegrini et al., 2013;).

Mas os efeitos variam consideravelmente entre áreas: são altos em regiões com alto capital humano e governo local de alta qualidade, mas baixos em outros lugares, produzindo diferentes compensações (*trade-offs*) entre desigualdade espacial e eficiência agregada (Becker, Egger e Ehrlich, 2013). Os efeitos também têm retornos decrescentes: a eficácia desses programas diminui à medida que as transferências aumentam (Becker, Egger e Ehrlich, 2012; Cerqua e Pellegrini, 2018). E não há evidências de que os efeitos sejam de longa duração (depois que a região perde a elegibilidade para o programa) (Barone, David e de Blasio, 2016; Becker, Egger e Ehrlich, 2018; Di Cataldo, 2017). A literatura recente enfatizou a importância de refletir sobre a rede de transportes da região (Redding e Turner, 2015) e mudanças incrementais na infraestrutura rodoviária (Gibbons et al., 2019), encontrando efeitos locais positivos dessas mudanças no emprego, no número de estabelecimentos e, em menor medida, na produtividade das empresas já estabelecidas no mercado. Esses estudos mostram efeitos locais consideráveis, mas nem todos identificam os efeitos agregados quando as melhorias afetam toda a rede. Em um estudo mais recente, Zarate (2020) mostra que os trabalhadores informais são mais responsivos aos custos de transporte em comparação com seus pares formais, tendendo, assim, a trabalhar mais próximo de sua residência. Como resultado, o investimento na infraestrutura de transporte na Cidade do México reduziu a informalidade aumentando o acesso a empregos formais, que muitas vezes estão concentrados no centro da cidade e inacessíveis aos trabalhadores que vivem nas periferias.

As evidências são menos claras no caso da oferta direta pelos governos, a empresas em áreas desfavorecidas, de subsídios diretos/subvenções discricionária, que visam apoiar o emprego em empresas específicas ou atrair novos empregadores para uma área. As duas principais preocupações são que esses programas financiem atividades que as empresas teriam realizado de qualquer maneira, ou que a nova atividade criada nas áreas-alvo ocorra à custa da extinção da atividade nas demais áreas. Alguns estudos sugerem que os subsídios, se bem concebidos, aumentam o emprego local, principalmente em pequenas empresas. Esse aumento, por sua vez, pode gerar multiplicadores positivos (ou seja, empregos adicionais), aumentando a produtividade (Greenstone, Hornbeck e Moretti, 2010) ou a demanda por bens e serviços locais. Estimativas nos EUA e na UE sugerem que empregos comercializáveis criam entre 0,5 e 1,5 emprego não comercializável (Ehrlich e Overman, 2020). Mas as evidências nem sempre são tão alentadoras. Primeiro, os efeitos locais positivos podem ser compensados por efeitos de equilíbrio geral na forma de salários e preços mais altos. Segundo, há evidências em alguns programas de peso morto substancial e extinção de empregos existentes (Bronzini e de Blasio, 2006). Essas evidências são particularmente fortes nas zonas empresariais, que alguns países têm moderado ao exigir que as empresas apoiadas comprovem que não atendem predominantemente aos mercados locais e exigindo que uma certa parcela dos trabalhadores resida no local (ver, por exemplo, Mayer, Mayneris e Py [2017] e Neumark e Simpson [2015]).

Decisões sobre o emprego no setor público, incluindo a realocação de grandes órgãos públicos para áreas deprimidas, também podem afetar a alocação espacial do emprego. As evidências sugerem efeitos multiplicadores positivos de empregos no setor público sobre o emprego no setor de serviços, e efeitos positivos no emprego local da realocação de grandes órgãos públicos (Faggio e Overman, 2014). Porém, evidências mais recentes indicam efeitos negativos dessas medidas sobre o emprego do setor privado na indústria (*What Works Centre for Local Economic Growth* 2019). Note-se que políticas gerais de nível nacional, como o financiamento escolar, capacitação ou mesmo um salário-mínimo nacional, também contribuem para as disparidades espaciais.

QUADRO 4.6   **Evidências dos efeitos de políticas baseadas no local na mobilidade e nos resultados do mercado de trabalho**

As políticas tradicionais incluem subsídios à mobilidade e programas de assistência ao aluguel em áreas de alta oportunidade ou intervenções informativas. Evidências do subsídio de mobilidade para desempregados à procura de emprego adotado na Alemanha mostram uma ampliação do raio de procura e um aumento da probabilidade de mudança para uma região mais distante. Além disso, o programa também levou a um aumento tanto da probabilidade de se encontrar emprego como dos salários; nesse último caso, isso foi principalmente devido a uma melhora na compatibilidade emprego-trabalhador (Caliendo, et al., 2017a e b). Em um artigo relacionado sobre o efeito do programa romeno de reembolso de despesas associadas à migração para pessoas desempregadas, os resultados indicam que o programa foi eficaz no sentido de melhorar os resultados do mercado de trabalho (Rodríguez-Planas e Benus, 2010).

Bergman et al. (2019) usam um ensaio de controle randomizado para avaliar os efeitos de uma abordagem alternativa: avaliam os efeitos de uma abordagem alternativa: o programa dos *Creating Moves to Opportunity*, nos EUA, oferece serviços para reduzir as barreiras à mudança para bairros de alta mobilidade ascendente, como assistência personalizada na procura de moradia, envolvimento do proprietário do imóvel e assistência financeira de curto prazo. A intervenção aumentou a fração de famílias que se mudaram para áreas de alta mobilidade ascendente de 15 por cento no grupo de controle para 53 por cento no grupo de tratamento. Os autores também avaliam os efeitos de programas

mais tradicionais que oferecem padrões mais elevados de pagamento de vales em áreas de aluguéis altos em regiões metropolitanas (o programa *Small Area Fair Market Rents*). Os autores constatam que as mudanças nos padrões de pagamento não aumentaram a taxa de mudanças para áreas de alta oportunidade. Em outro programa que aumentou os padrões de pagamento especificamente em bairros de alta oportunidade, apenas 20 por cento dos beneficiários do vale que tinham crianças se mudaram. Em termos de programas que fornecem informações às pessoas que estão pensando em se mudar, as evidências também não são muito alentadoras, embora se concentrem principalmente nos EUA. Por exemplo, Bergman et al. (2019) encontram efeitos apenas limitados do fornecimento de informações às famílias sobre a qualidade das escolas associadas a unidades de aluguel em um site geralmente consultado por usuários de vales. Os resultados de Schwartz, Mihaly e Gala (2017) sobre aconselhamento leve também indicam efeitos limitados. Lagakos, Mobarak e Waugh (2018) mostram que subsidiar a mobilidade para a migração de áreas rurais para urbanas em Bangladesh tem impactos de bem-estar agregados semelhantes aos de transferências não condicionadas de renda, e que os ganhos de bem-estar são maiores para famílias mais pobres com maior propensão a migrar mesmo antes da intervenção da política. Segundo os autores, o principal obstáculo para a mobilidade é mais a inutilidade da mudança do que uma falha ou distorção do mercado imobiliário, o que significa que as políticas destinadas a incentivar a mobilidade são ineficazes.

Por que há mais repasse aos trabalhadores em alguns locais do que em outros? Vijil et al. (2020) mostram que no Brasil, entre 1991 e 1999, algumas áreas metropolitanas foram praticamente ignoradas pelo choque de liberalização do comércio devido ocorrido no período, devido à baixa integração do mercado interno. As estruturas de mercado - influenciadas, por exemplo, pela qualidade ou quantidade de infraestrutura de transporte, ou pelo nível de concorrência nos

serviços de transporte e distribuição - foram aproximadas pelos efeitos fixos de localização e levaram a diferenças significativas no repasse de tarifas entre as regiões metropolitanas. Efeitos heterogêneos semelhantes de um choque de liberalização comercial entre localidades foram encontrados na China (Han et al., 2016), na Índia (Marchand, 2012) e no México (Nicita, 2009). Por exemplo, após a entrada da China na Organização Mundial do Comércio, a estrutura de mercado no nível de cidade (medido pela participação do setor privado nos serviços de distribuição e na produção de bens finais impactados pelo choque como substitutos do nível de concorrência) levou a diferenças na transmissão de preços de tarifas entre cidades, com os preços respondendo mais ao choque do comércio nas cidades beneficiadas por maior concorrência (Han et al , 2016).

O *que pode ser feito?*

O Capítulo 3 mostra que a região da ALC tem problemas estruturais que afetam a magnitude dos impactos das crises nos trabalhadores. A implicação dessas constatações e da literatura relacionada em termos de políticas é que, mesmo que as políticas macroeconômicas e do mercado de trabalho sejam impecáveis, melhores resultados poderiam ser obtidos para os trabalhadores durante as crises, se essas políticas fossem complementadas por políticas setoriais e políticas baseadas no local para resolver as questões estruturais que impedem recuperações fortes de crises e tendo efeitos duradouros na produtividade, conforme descrito neste relatório. Essa mudança envolveria abordar as ineficiências no ajuste do mercado de trabalho decorrentes da legislação do mercado de trabalho, das estruturas do mercado de produtos, da falta de mobilidade geográfica e das áreas deprimidas. Nesse contexto, uma caracterização mais completa das possíveis áreas de políticas que podem ser consideradas para a solução de questões estruturais (dimensão de política 3) é ilustrada na figura 4.18.

FIGURA 4.18 **Lidando com os problemas estruturais que exacerbam os impactos das crises nos trabalhadores**

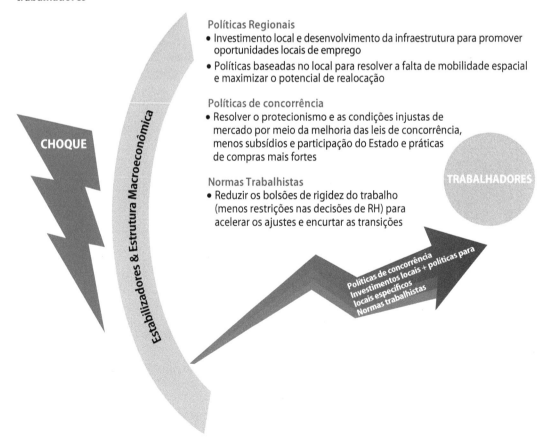

Fonte: Banco Mundial.

Conclusão

Este capítulo discutiu as implicações deste estudo para as políticas e o contexto atual na região da ALC, argumentando que a política de resposta dos países da região precisa abordar diretamente três dimensões fundamentais. Essas dimensões não são inconsistentes e têm pesos diferentes em cada país / cenário, requerendo um tripé de políticas.

A primeira linha de resposta às crises inclui políticas que levem a menos crises e que, no nível agregado, suavizem seu impacto. Reduzir o número de crises requer um ambiente macroeconômico mais estável e a criação de "estabilizadores automáticos" adequados que forneçam apoio contracíclico à renda financiado pelo setor público para pessoas afetadas negativamente pelos ajustes do mercado de trabalho. Macropolíticas (fiscais e monetárias) prudentes evitam certos tipos de crises e garantem o espaço fiscal necessário para proporcionar apoio e evitar tensão financeira em todo o sistema caso ocorram outros tipos de crises. Além disso, esquemas de proteção de renda administrados nacionalmente, como o seguro-desemprego, suavizaram o consumo e funcionaram como estabilizadores automáticos na maioria dos países da OCDE. Os custos desses programas e a base tributária menor da região da ALC podem necessitar de uma abordagem diferente para a expansão desses programas na região - combinando, por exemplo, a poupança individual e a mutualização de riscos.

Possíveis mecanismos alternativos poderiam incluir, por exemplo, a transformação dos esquemas de retenção de emprego adotados na crise de COVID-19 em características permanentes das economias do países da ALC, tornando-os dependentes do Estado e ativando-os automaticamente quando, por exemplo, o desemprego atingir um determinado nível ou a recessão piorar. Complementando os mecanismos de assistência ao ajuste existentes com apoio contracíclico à renda financiado pelo poder público para indivíduos afetados, a região da ALC poderá ter ajustes mais suaves e de melhor qualidade em relação às crises, além de recuperações mais céleres.

Mas algumas crises são inevitáveis, e melhores resultados podem ser obtidos nessas situações se, além disso, a região fizer a transição para programas de proteção social mais ambiciosos, que reduzam os efeitos cicatriz. A existência desses efeitos significa que a região pode aumentar sua taxa de maior crescimento a longo prazo se a queda de capital humano induzida pela crise, no nível do trabalhador, fosse reduzida. Isso exigiria apoio à renda para amortecer os impactos de curto prazo da crise, protegendo o bem-estar, além de políticas de proteção social direcionadas para a construção de capital humano e promoção de uma transição mais rápida e de melhor qualidade entre empregos para trabalhadores que perderam seus empregos. Os sistemas de proteção social que não apenas fornecem apoio à renda, mas também ajudam a construir capital humano. Por essas razões, a segunda linha de resposta inclui reformas profundas nos programas de proteção social e trabalho existentes na região da ALC.

Tradicionalmente, as crises eram vistas como choques sistêmicos (que afetam toda a economia) transitórios (em oposição a permanentes). Embora choques sistêmicos permanentes - como a liberalização do comércio e a mudança tecnológica - também afetem o emprego e a produtividade, eles o fazem durante horizontes de tempo mais longos. Forças independentes do ciclo ("seculares") tornam alguns empregos permanentemente inviáveis; esses empregos não se recuperarão na mesma empresa, setor ou localidade. Em contrapartida, os efeitos da oscilação da taxa de câmbio ou mudanças nas condições comerciais tendem mais a ser temporários. Cada vez mais, sabe-se que as crises podem ter efeitos de rigidez nos mercados de trabalho e na produtividade, que são diferentes daqueles gerados pela tecnologia ou pela globalização. No entanto, visto que os efeitos da crise ocorrem quando mudanças nas tendências e fatores estruturais e na rotatividade normal da economia já estão em andamento, é difícil distinguir esses efeitos e encontrar uma forma melhor para implementar programas de assistência para os trabalhadores.

O conselho-padrão na presença de choques negativos permanentes adversos é proteger os trabalhadores e não os empregos-preparar os trabalhadores para a mudança em vez de evitar a mudança. Permitir uma reestruturação setorial ou espacial certamente aumentará a eficiência; em contraste, os subsídios de retenção e os programas de emprego temporário atrasam (enquanto dura o apoio), mas não evitam, a destruição de empregos. No entanto, esse conselho não se aplica a choques sistêmicos que são temporários. Nesses casos, os programas temporários de retenção podem evitar a dissolução de compatibilidades empregador-empregado que levaram muito tempo para ser construídas e encontram-se ameaçadas por choques temporários e podem causar perda de produtividade decorrente da destruição desnecessária de capital humano específico do trabalho.[19]

Quando as crises levam a mudanças permanentes na demanda e/ou oferta de trabalho, no entanto, as iniciativas de requalificação para o emprego e o estímulo à demanda podem ser respostas mais adequadas. Além disso, embora as crises sejam choques sistêmicos, geram efeitos altamente heterogêneos entre trabalhadores inicialmente semelhantes. Portanto, programas adaptativos, geralmente implantados para enfrentar choques mais individuais or idiossincrásicos (por exemplo, intermediação personalizada e apoio à busca por emprego) podem ser adequados para tratar esses choques. Passar de programas com orçamentos fixos e "cotas" racionadas para garantias de proteção (ou seja, da assistência apenas para os cronicamente pobres para redes de proteção que beneficiam todas as pessoas necessitadas), evitar o surgimento de "guetos" assistenciais e estruturar benefícios para incentivar o retorno ao trabalho são passos fundamentais para garantir que a proteção social amorteça melhor os impactos de curto prazo das crises. Embora seja óbvio que sem vagas não haverá colocações, a recuperação econômica normal da crise incluirá a criação de empregos, e a procura ativa é fundamental para preencher essas vagas de trabalho. Portanto, são necessário serviços de emprego mais robustos e coordenados, com

maior foco em resultados e consequências não intencionais.

Mas será que os macroestabilizadores e as reformas nos sistemas de proteção social e trabalho serão capazes de criar empregos suficientes para promover melhores recuperações? Com base nas evidências apresentadas neste relatório, na região da ALC há uma necessidade premente de resolver questões estruturais para melhorar a resposta da região às crises. As reformas necessárias precisam abordar as dimensões setoriais e espaciais por trás dos ajustes inadequados do mercado de trabalho. Sem enfrentar esses desafios essenciais, a recuperação da região continuará sendo caracterizadas pela criação lenta de empregos. Nesse contexto, políticas de concorrência, políticas regionais e regulamentações trabalhistas são uma terceira dimensão fundamental da resposta de política. Este estudo destaca, por exemplo, a dicotomia entre as empresas protegidas e desprotegidas na região da ALC e o impacto da baixa mobilidade geográfica dos trabalhadores; ambas servem para ampliar os efeitos das crises. O estudo também destaca bolsões de rigidez trabalhista que dificultam as transições e os ajustes necessários no mercado de trabalho.

As implicações de políticas dessas constatações e da literatura relacionada são que, mesmo que os sistemas macroeconômicos, de proteção social e do trabalho sejam implementados de forma impecável e sem falhas, eles serão insuficientes se não forem complementados por políticas setoriais e baseadas no local, que abordem as questões estruturais subjacentes que impedem fortes recuperações de crises. As experiências da literatura e de políticas existentes sugerem que políticas baseadas no local poderiam abordar a falta de mobilidade geográfica e maximizar o potencial de realocação dos trabalhadores. Reduzir os bolsões de rigidez trabalhista (flexibilizando as restrições às decisões sobre recursos humanos por parte das empresas e indivíduos) poderia acelerar os ajustes e encurtar as transições. Da mesma forma, abordar o protecionismo e as condições de mercado injustas por meio de melhores leis de concorrência, menos subsídios e menor participação do Estado e práticas mais sólidas de aquisição, poderia promover recuperações mais fortes. As políticas de resposta dos países da ALC precisam enfrentar essas questões, que terão pesos diferentes dependendo do país, do período e de outras circunstâncias.

A pandemia de COVID-19 é uma crise convulsiva e catastrófica que está cobrando um preço cruel dos mercados de trabalho da região da ALC. A região está vivenciando uma taxa extraordinária de destruição de empregos, choques negativos de renda maciços e níveis crescentes de pobreza. e poderá ter entre 35 e 45 milhões de novos pobres em 2020 como resultado da pandemia. Embora a classe média da região tenha crescido significativamente desde 2000, a crise poderia reduzi-la em 5 por cento, expelindo entre 32 e 40 milhões de pessoas da classe média (Diaz-Bonilla et al., 2020). Esse encolhimento da classe média e o aumento da pobreza são impulsionados por perdas de renda do trabalho. Estima-se que a crise será a recessão mais severa do mercado de trabalho na história de alguns países. Milhões de trabalhadores na América Latina e no Caribe perderam seus empregos e milhões mais sofreram reduções significativas de seus salários. Não se espera que essas perdas sejam partilhadas de maneira uniforme na distribuição de renda. Ao contrário, a crise pode aumentar substancialmente a desigualdade, empurrando o coeficiente de Gini regional de 51,5 para até 53,4 (Diaz-Bonilla et al., 2020).

Embora essa crise - desencadeada pelos imperativos de saúde pública de mitigar uma pandemia global - seja de certa forma excepcional, também é mais um em uma longa série de choques de demanda agregada que atingiram os países da ALC. Por um lado, a crise tem vários fatores distintivos importantes. Primeiro, o confinamento (*lockdown*) motivado pela pandemia foi ruim para muitos empregos e pior ainda para aquelas pessoas para as quais o trabalho em/de casa (ou o acesso de boa qualidade à internet) não é uma opção. Segundo, a incerteza prolongada sobre a crise, particularmente em relação a como o emprego se recuperará, tem atrasado os investimentos. Terceiro, alguns países da ALC responderam à crise com fortes políticas de resposta, mas a efetividade dessas medidas tem variado muito.

Por outro lado, essa crise não é tão diferente das que a antecederam. Grande parte dos efeitos da crise na região da ALC decorre da recessão global, da queda acentuada da demanda durante muitos meses e de possíveis crises financeiras em alguns países. A região tem tido um histórico notável de desacelerações econômicas frequentes e, muitas vezes, severas. O que acontece com os trabalhadores nesses períodos de desaceleração é, em grande parte, determinado por oscilações da demanda agregada (embora algumas crises internas tenham sido auto infligidas devido à má gestão).

Essa crise profunda chegou no momento em que muitos governos da região da ALC enfrentavam desafios estruturais conhecidos. Acelerou algumas mudanças estruturais de longa data que vêm mudando a natureza do trabalho, ampliando o potencial desta crise de reduzir ainda mais as oportunidades de emprego no que tradicionalmente eram considerados "bons empregos" - o emprego padrão, estável e protegido, associado ao setor formal (Beylis et al., 2020).

Considerando-se a dinâmica de emprego já observada em muitos países da ALC, esta crise causará efeitos cicatriz consideráveis no trabalho. As características setoriais e de local provavelmente ampliarão ainda mais esses efeitos para alguns trabalhadores. No entanto, o marco de políticas tridimensional proposto, apresentado neste estudo, fornece um roteiro que poderia levar a uma recuperação mais resiliente. A forma como as políticas públicas e empresariais enfrentarem os desafios atuais moldará o progresso das economias dos países da ALC e o bem-estar de seus trabalhadores e cidadãos durante décadas. O desafio é imenso e o momento de enfrentá-lo é agora.

Notas

1. Embora as políticas de estabilização monetária e fiscal (incluindo gestão da conta de capital, política cambial, regras fiscais, fundos soberanos e ajuste de taxas de juros do país) sejam uma ferramenta poderosa para responder a crises, não são o foco principal deste estudo.

2. Esses estabilizadores do tipo rede de segurança funcionam melhor quando apoiados por medidas monetárias e fiscais, incluindo política cambial e gestão da conta de capital; taxas de juros e outras alavancas da política monetária; regras fiscais e fundos soberanos preventivos; acesso a mercados financeiros globais e de compartilhamento de risco, bem como a mecanismos internacionais de mutualização de riscos (como, por exemplo, o FMI e o Banco Mundial). Cada um desses exemplos é apoiado por uma vasta literatura acadêmica e exemplos de políticas. A discussão neste relatório, entretanto, é limitada às medidas mais diretamente relacionadas aos desfechos no mercado de trabalho.

3. Estimativas baseadas no relatório *World Economic Outlook*. As taxas de inflação são compostas. Os valores da Argentina para 1981–97 são provenientes dos Indicadores de Desenvolvimento Mundial.

4. A rigidez descendente dos salários nominais é uma característica da maioria das economias e a região da ALC não é exceção (ver Castellanos, García-Verdú e Kaplan [2004]; Dickens et al. [2007]; Holden e Wulfsberg [2009] e suas referências; e Schmitt-Grohe e Uribe [2016]). Além disso, as evidências sugerem que a inflação mais baixa da região aumentou a rigidez descendente dos salários nominais. Portanto, na medida em que a desaceleração de 2011-2016 foi marcada por uma inflação baixa e relativamente estável, os ajustes de salários reais provavelmente foram menores do que durante as desacelerações e crises nas décadas de 1980 e 1990, que foram episódios caracterizados por aumentos pronunciados da inflação.

5. Houve episódios de picos significativos de inflação e reduções correspondentes nos salários reais na região desde o início dos anos 2000, incluindo, a crise bancária de 2004 na República Dominicana, que resultou em uma correção salarial significativa e de longo prazo.

6. A discussão aqui se concentra na perda de empregos ou outras perdas dos meios de subsistência em decorrência de choques na demanda agregada. No entanto, os programas nacionais de apoio podem ser úteis para ajudar as famílias a lidar com uma ampla gama de choques.

7. Dados extraídos do banco de dados LABORSTA da Organização Internacional do Trabalho.

8. Nesse programa, a combinação de poupanças individuais e a mutualização de riscos oferece suporte financeiro eficaz ao passo que incentiva a procura de emprego e reemprego (Reyes, van Ours e Vodopivec, 2011). Quatro características do plano são particularmente atraentes. Em primeiro lugar, o modelo "híbrido" de proteção é mais capaz de atender às necessidades dos trabalhadores que mudam de emprego com frequência, bem como dos que estão desempregados há muito tempo (embora haja divergências sobre se o período máximo de pagamento do componente da mutualização de riscos é adequado, dada a duração observada dos períodos de desemprego entre os trabalhadores mais mal remunerados). Em segundo lugar, o plano oferece melhores níveis de compensação e suavização do consumo do que o seguro-desemprego fixo, puramente não contributivo, do Chile. Terceiro, os benefícios são indexados para proteger seu valor da inflação e estabilizar as taxas de reposição em seus níveis iniciais. Em quarto lugar, o sistema tem uma base financeira sólida, sustentada por reservas que servem como um canal de apoio fiscal adicional para suportar as crises. Desde o seu início, o plano incluiu uma extensão automática do pagamento de benefícios acionada quando a taxa de desemprego nacional sobe acima de um determinado limiar. Na atual contração decorrente da pandemia de COVID-19, o plano também serviu como plataforma para proteções adicionais, como licenças remuneradas.

9. A "cunha fiscal" é a diferença entre o que os trabalhadores formalmente empregados efetivamente recebem e o que a lei exige que eles e seus empregadores paguem (incluindo imposto de renda, contribuições previdenciárias e outros benefícios obrigatórios). (Summers, 1989).

10. Não há diretrizes claras para níveis adequados de valores de transferência; o valor adequado do benefício depende do objetivo do programa. Os valores dos programas de TCR, portanto, devem refletir seu duplo objetivo de reduzir a pobreza atual dos beneficiários e fornecer incentivos para

o acúmulo de capital humano (Grosh et al., 2008). Uma mas TCRs mais generosas é a da Bolívia (que combinou dois programas de TRC, a saber, o *Bono Juancito Pinto* e o *Bono Juana Azurdy*), que fornecem 36 por cento da renda anterior, seguida por pelo programa hondurenho *Bono Programa de Asignacion Familiar (PRAF)*, mais tarde rebatizado *Bono 10.000* e, mais tarde, *Bono Vida Mejor*.

11. Embora o tempo que os programas de TCR demoram para inscrever novos beneficiários varie de país para país, o *Programa de Avanço por meio da Saúde e Educação* (PATH), da Jamaica, determina que a inscrição de novas famílias beneficiárias aconteça em não mais do que quatro meses após a solicitação. Desde 2017, o PATH conseguiu atender a esse padrão de serviço em cerca de 60 por cento do tempo. Seus processos demorados de admissão implicam em custos financeiros e políticos consideráveis.

12. Embora este relatório tenha por foco políticas de proteção social e o efeito cicatriz no nível do trabalhador, esse efeito também ocorre no nível da empresa. Minimizar esse efeito envolve políticas como (a) concessão de financiamento a empresas; (b) melhoria dos processos de insolvência (uma reforma essencial para os negócios); e (c) melhoria das capacidades de gestão em termos de planejamento da continuidade dos negócios (para ajudar as empresas a enfrentarem a crise); e, de forma mais geral, a redução de barreiras à entrada e saída de empresas do mercado. As reformas para evitar a insolvência, destinadas a preservar empresas viáveis em épocas de dificuldade temporária, também podem apoiar os trabalhadores e reduzir o desemprego friccional desnecessário. A melhoria das capacidades de gestão impulsionaria o crescimento da produtividade das empresas, resultando, provavelmente, em sua sobrevivência e algum nível de retenção de empregos (em comparação à alternativa, que seria a saída da empresa do mercado e a consequente destruição de empregos).

13. Essa revisão das evidências mostra que a maioria dos PAMTs tradicionais tiveram, na maioria dos casos, impactos modestos no emprego; uma intervenção típica dessa natureza acarreta um aumento de dois pontos percentuais no emprego que, geralmente, não é significativo em termos estatísticos (McKenzie, 2017).

14. Para evidências empíricas dos impactos das políticas de proteção social e trabalho e suas possíveis distorções nos mercados de trabalho, ver Frolich et al. (2014).

15. Além disso, as mudanças nos fatores de demanda e oferta de trabalho impulsionadas por mudanças tecnológicas, integração regional e global e envelhecimento populacional ameaçam tornar o aparato institucional da legislação trabalhista cada vez mais ineficaz ou contraproducente, como discutido exaustivamente por Packard et al. (2019).

16. Dados disponíveis em https://www.doingbusiness.org/en/data/exploretopics/employing-workers/reforms.

17. No entanto, essas medidas transnacionais não conseguem capturar vários pagamentos de verbas rescisórias obrigatórios que são exclusivos de determinados países, como o *deshaucio* a *jubilacion patronal* do Equador, descritos em Gachet, Packard e Olivieri (2020).

18. Uma dessas agendas é a nova Estratégia de Empregos da OCDE, cujos detalhes podem ser encontrados aqui: https://www.oecd.org/employment/jobs-strategy.

19. Note-se que as evidências mostram que os subsídios de retenção (subsídios salariais ou reduções de impostos sobre a folha de pagamento) podem ser eficazes na proteção do emprego em empresas que enfrentam dificuldades; esses subsídios podem ser usados para estimular a contratação de jovens desempregados e trabalhadores informais. Mas também podem levar a salários mais altos entre os trabalhadores empregados, em vez de aumentar o emprego, e podem inviabilizar a criação de empregos em empresas e setores não subsidiados. Da mesma forma, programas de emprego temporário podem ser eficazes para manter as pessoas trabalhando. Mas os trabalhadores em programas de emprego temporário tendem a apresentar baixos níveis de satisfação no trabalho e seus contratos são, em geral, um paliativo e raramente um trampolim para um emprego mais permanente.

Referências

Almeida, R. K., and T. G. Packard. 2018. *Skills and Jobs in Brazil: An Agenda for Youth*. Washington, DC: World Bank.

Andersen, T. M. 2017. "The Danish Labor Market, 2000–2016." *IZA World of Labor* 2017: 404.

Antón, A., F. H. Trillo, and S. Levy. 2012. *The End of Informality in México? Fiscal Reform for Universal Social Insurance.* Washington, DC: Inter-American Development Bank.

Apella, I., and G. Zunino. 2018. "Nonstandard Forms of Employment in Developing Countries: A Study for a Set of Selected Countries in Latin America and the Caribbean and Europe and Central Asia." Policy Research Working Paper 8581, World Bank, Washington, DC.

Artuc, E., P. Bastos, and E. Lee. 2020. "Trade Shocks, Labor Mobility, and Welfare: Evidence from Brazil." Background paper written for this report. World Bank, Washington, DC.

Azar, J., H. Hovenkamp, I. Marinescu, E. Posner, M. Steinbaum, and B. Taska. 2019. "Labor Market Concentration and Its Legal Implications." OECD Seminars, Organisation for Economic Co-operation and Development, Paris. https://www.oecd.org/els/emp/OECD--ELS-Seminars-Marinescu.pdf.

Aznar, J., I. Marinescu, and M. I. Steinbaum. 2017. "Labor Market Concentration." Working Paper 24147, National Bureau of Economic Research, Cambridge, MA.

Baker, J., and S. Salop. 2015. "Antitrust, Competition Policy, and Inequality." Georgetown Law Faculty Publication 1462. https://scholarship.law.georgetown.edu/facpub/1462/.

Barone, G., F. David, and G. de Blasio. 2016. "Boulevard of Broken Dreams: The End of EU Funding (1997: Abruzzi, Italy)." *Regional Science and Urban Economics* 60: 31–8.

Becker, S. O., P. H. Egger, and M. von Ehrlich. 2010. "Going NUTS: The Effect of EU Structural Funds on Regional Performance." *Journal of Public Economics* 94 (9): 578–90.

Becker, S. O., P. H. Egger, and M. von Ehrlich. 2012. "Too Much of a Good Thing? On the Growth Effects of the EU's Regional Policy." *European Economic Review* 56 (4): 648–68.

Becker, S. O., P. H. Egger, and M. von Ehrlich. 2013. "Absorptive Capacity and the Growth and Investment Effects of Regional Transfers: A Regression Discontinuity Design with Heterogeneous Treatment Effects." *American Economic Journal: Economic Policy* 5 (4): 29–77.

Becker, S. O., P. H. Egger, and M. von Ehrlich. 2018. "Effects of EU Regional Policy: 1989–2013." *Regional Science and Urban Economics* 69: 143–52.

Bekker, S. 2018. "Flexicurity in the European Semester: Still a Relevant Policy Concept?" *Journal of European Policy* 25 (2): 175–92.

Benmelech, E., N. Bergman, and H. Kim. 2018. "Strong Employers and Weak Employees: How Does Employer Concentration Affect Wages?" Working Paper 24307, National Bureau of Economic Research, Cambridge, MA.

Bentolila, S., J. J. Dolado, and J. F. Jimeno. 2012. "Reforming an Insider-Outsider Labor Market: The Spanish Experience." *IZA Journal of European Labor Studies* 1 (1): 1–29.

Bergman, P., R. Chetty, S. DeLuca, N. Hendren, L. F. Katz, and C. Palmer. 2019. "Creating Moves to Opportunity: Experimental Evidence on Barriers to Neighborhood Choice." Working Paper 26164, National Bureau of Economic Research, Cambridge, MA.

Betcherman, G. 2014. "Labor Market Regulations: What Do We Know about Their Impacts in Developing Countries?" Policy Research Working Paper 6819, World Bank, Washington, DC.

Beylis, G., R. F. Jaef, R. Sinha, and M. Morris. 2020. *Going Viral: COVID-19 and the Accelerated Transformation of Jobs in Latin America and the Caribbean.* Washington, DC: World Bank.

Bowen, T., C. del Ninno, C. Andrews, S. Coll--Black, U. Gentilini, K. Johnson, Y. Kawasoe, A. Kryeziu, B. Maher, and A. Williams. 2020. *Adaptive Social Protection: Building Resilience to Shocks.* Washington, DC: World Bank Group.

Brand, J. E. 2015. "The Far-Reaching Impact of Job Loss and Unemployment." *Annual Review of Sociology* 41, 359–75.

Bronzini, R., and G. de Blasio. 2006. "Evaluating the Impact of Investment Incentives: The Case of Italy's Law 488/1992." *Journal of Urban Economics* 60 (2): 327–49.

Caliendo, M., S. Künn, and R. Mahlstedt. 2017a. "The Return to Labor Market Mobility: An Evaluation of Relocation Assistance for the Unemployed." *Journal of Public Economics* 148: 136–51.

Caliendo, M., S. Künn, and R. Mahlstedt. 2017b. "Mobility Assistance Programmes for Unemployed Workers: Job Search Behavior and Labor Market Outcomes." Discussion Paper Series 11169, Institute for the Study of Labor, Bonn, Germany.

Card, D., J. Kluve, and A. Weber. 2017. "What Works? A Meta-Analysis of Recent Active

Labor Market Program Evaluations." Working Paper 21431, National Bureau of Economic Research, Cambridge, MA.

Casarín, D., and L. Juárez. 2015. "Downward Wage Rigidities in the Mexican Labor Market 1996–2011." Unpublished manuscript. Bank of Mexico.

Castellanos, S. G., R. García-Verdú, and D. S. Kaplan. 2004. "Nominal Wage Rigidities in Mexico: Evidence from Social Security Records." *Journal of Development Economics* 75 (2): 507–33.

Castro, R., M. Weber, and G. Reyes. 2018. "A Policy for the Size of Individual Unemployment Accounts." *IZA Journal of Labor Policy* 7: 9.

Cerqua, A., and G. Pellegrini. 2018. "Are We Spending Too Much to Grow? The Case of Structural Funds." *Journal of Regional Science* 58 (3): 535–63.

Céspedes, L. F., R. Chang, and A. Velasco. 2014. "Is Inflation Targeting Still on Target? The Recent Experience of Latin America." *International Finance* 17 (2): 185–208.

Clarke, J., S. Evenett, and K. Lucenti. 2005. "Anti-competitive Practices and Liberalising Markets in Latin America and the Caribbean." *World Economy* 28 (7): 1029–56.

Cruces, G., A. Ham, and M. Viollaz. 2012. "Scarring Effects of Youth Unemployment and Informality: Evidence from Argentina and Brazil." Center for Distributive, Labor and Social Studies (CEDLAS) working paper, Economics Department, Universidad Nacional de la Plata, Argentina.

Da Silva Teixeira, G., G. Balbinotto Neto, and P. H. Soares Leivas. 2020. "Evidence on Rule Manipulation and Moral Hazard in the Brazilian Unemployment Insurance Program." *International Journal of Social Science Studies* 8 (1).

De Barros, R. P., and C. H. Corseuil. 2004. "The Impact of Regulations on Brazilian Labor Market Performance." In *Law and Employment: Lessons from Latin America and the Caribbean*, edited by J. J. Heckman and C. Pagés, 273–350. Chicago: University of Chicago Press.

De Ferranti, D., G. Perry, I. Gill, and L. Serven. 2000. *Securing Our Future in a Global Economy.* Washington, DC: World Bank.

De Leon, I. 2001. *Latin American Competition Law and Policy: A Policy in Search of Identity.* Kluwer Law International: London.

Di Cataldo, M. 2017. "The Impact of EU Objective 1 Funds on Regional Development: Evidence from the U.K. and the Prospect of Brexit." *Journal of Regional Science* 57 (5): 814–39.

Diaz-Bonilla, C., L. Moreno Herrera, and D. Sanchez Castro. 2020. *Projected 2020 Poverty Impacts of the COVID-19 Global Crisis in Latin America and the Caribbean.* Washington, DC: World Bank.

Dickens, W. T., L. Goette, E. L. Groshen, S. Holden, J. Messina, M. E. Schweitzer, J. Turunen, and M. E. Ward. 2007. "How Wages Change: Micro Evidence from the International Wage Flexibility Project." *Journal of Economic Perspectives* 21: 195–214.

Diez, F., D. Leigh, and S. Tambunlertchai. 2018. "Global Market Power and Its Macroeconomic Implications." Working Paper WP/18/137, International Monetary Fund, Washington, DC.

Downes, A., N. Mamingi, and R. M. B. Antoine. 2004. "Labor Market Regulation and Employment in the Caribbean." In *Law and Employment: Lessons from Latin America and the Caribbean*, edited by J. J. Heckman and C. Pagés, 517–52. Chicago: University of Chicago Press.

Ehrlich, M. V., and H. G. Overman. 2020. "Place-Based Policies and Spatial Disparities across European Cities." *Journal of Economic Perspectives* 34 (3): 128–49.

Faggio, G., and H. G. Overman. 2014. "The Effect of Public Sector Employment on Local Labour Markets." *Journal of Urban Economics* 79: 91–107.

Farooq, A., A. D. Kugler, and U. Muratori. 2020. "Do Unemployment Insurance Benefits Improve Match Quality? Evidence from Recent U.S. Recessions." Working Paper 27574, National Bureau of Economic Research, Cambridge, MA.

Feldstein, M., and D. Altman. 1998. "Unemployment Insurance Savings Accounts." Working Paper 6860, National Bureau of Economic Research, Cambridge, MA.

Fernandes, A., and J. Silva. 2020. "Labor Market Adjustment to External Shocks: Evidence for Workers and Firms in Brazil and Ecuador." Background paper written for this report. World Bank, Washington, DC.

Fietz, K. M. 2020. "Unemployment Insurance in Latin America and the Caribbean: A Comparative Review of Current and Leading Practices."

Social Protection and Jobs, Human Development Department for Latin America and the Caribbean, World Bank, Washington, DC.

Fiszbein, A., and N. R. Schady. 2009. "Conditional Cash Transfers: Reducing Present and Future Poverty." Policy Research Report, World Bank, Washington, DC.

Frolich, M., D. Kaplan, C. Pagés, J. Rigolini, and D. Robalino, eds. 2014. *Social Insurance, Informality and Labor Markets: How to Protect Workers While Creating Good Jobs*. Oxford: Oxford University Press.

Furman, J., T. Geithner, G. Hubbard, and M. S. Kearney. 2020. "Promoting Economic Recovery after COVID-19." Economic Strategy Group, Aspen Institute, Washington, DC.

Gachet, I., T. Packard, and S. Olivieri. 2020. "Ecuador's Labor Market Regulation: A Case for Reform." Mimeo. World Bank, Washington, DC.

Gambetti, L., and J. Messina. 2018. "Evolving Wage Cyclicality in Latin America." *The World Bank Economic Review* 32 (3): 709–26.

Garganta, S., and L. Gasparini. 2015. "The Impact of a Social Program on Labor Informality: The Case of AUH in Argentina." *Journal of Development Economics* 115: 99–110.

Gatti, R. V., K. M. Goraus, M. Morgandi, E. J. Korczyc, and J. J. Rutkowski. 2014. *Balancing Flexibility and Worker Protection: Understanding Labor Market Duality in Poland*. Washington, DC: World Bank.

Gentilini, U., M. Almenfi, P. Dale, G. Demarco, and I. Santos. 2020. "Social Protection and Jobs Responses to COVID-19: A Real-Time Review of Country Measures." Social Protection and Jobs Global Practice, World Bank, Washington, DC.

Gentilini, U., M. Grosh, J. Rigolini, and R. Yemtsov. 2019. *Decoding Universal Basic Income: Evidence, Choices and Practical Implications in Low and Middle-Income Countries*. Washington, DC: World Bank

Gerard, F., and J. Naritomi. 2019. "Job Displacement Insurance and (the Lack of) Consumption-Smoothing." Working Paper 25749, National Bureau of Economic Research, Cambridge, MA.

Gerard, F., J. Naritomi, and J. Silva. 2020. "The Effects of Cash Transfers on Formal Labor Markets: Evidence from Brazil." Background paper written for this report. World Bank, Washington, DC.

Gibbons, S., T. Lyytikäinen, H. G. Overman, and R. Sanchis-Guarner. 2019. "New Road Infrastructure: The Effects on Firms." *Journal of Urban Economics* 110: 35–50.

Giua, M. 2017. "Spatial Discontinuity for the Impact Assessment of the EU Regional Policy: The Case of Italian Objective 1 Regions." *Journal of Regional Science* 57 (1): 109–31.

Greenstone, M., R. Hornbeck, and E. Moretti. 2010. "Identifying Agglomeration Spillovers: Evidence from Winners and Losers of Large Plant Openings." *Journal of Political Economy* 118 (3): 536–98.

Grosh, M., M. Bussolo, and S. Freije, eds. 2014. *Understanding the Poverty Impact of the Global Financial Crisis in Latin America and the Caribbean*. Washington, DC: World Bank.

Grosh, M., C. Del Ninno, E. Tesliuc, and A. Ouerghi. 2008. *For Protection and Promotion: The Design and Implementation of Effective Safety Nets*. Washington, DC: World Bank.

Han, J., R. Liu, B. U. Marchand, and J. Zhang. 2016. "Market Structure, Imperfect Tariff Pass-Through, and Household Welfare in Urban China." *Journal of International Economics* 100: 220–32.

Heckman, J. J., and C. Pagés. 2004. "Law and Employment: Lessons from Latin America and the Caribbean–An Introduction." In *Law and Employment: Lessons from Latin America and the Caribbean*, edited by J. J. Heckman and C. Pagés, 517–52. Chicago: University of Chicago Press.

Holden, S., and F. Wulfsberg. 2009. "How Strong Is the Macroeconomic Case for Downward Real Wage Rigidity?" *Journal of Monetary Economics* 56 (4): 605–15.

Holzmann, R., Y. Pouget, M. Vodopivec, and M. Weber. 2012. "Severance Pay Programs around the World: History, Rationale, Status, and Reforms." In *Reforming Severance Pay: An International Perspective*, edited by R. Holzmann and M. Vodopivec. Washington, DC: World Bank.

ILO (International Labour Organization). 2016. *What Works: Active Labour Market Policies in Latin America and the Caribbean*. Studies on Growth with Equity. Geneva: International Labour Organization.

ILO (International Labour Organization). 2019. *World Social Protection Report 2017–19: Universal Social Protection to Achieve the Sustainable Development Goals*. Geneva: International Labour Organization.

ILO (International Labour Organization). 2020. "Panorama Laboral 2020 América Latina y el Caribe." Regional Office for Latin America and the Caribbean, International Labour Organization, Geneva.

IMF (International Monetary Fund). 2010. *World Economic Outlook, April 2010: Rebalancing Growth*. Washington, DC: International Monetary Fund.

Jalan, J., and M. Ravallion. 2003. "Estimating the Benefit Incidence of an Antipoverty Program by Propensity-Score Matching." *Journal of Business & Economic Statistics* 21 (1): 19–30.

Kanbur, R., and L. Ronconi. 2018. "Enforcement Matters: The Effective Regulation of Labour." *International Labour Review* 157 (3).

Kluve, J., S. Puerto, D. Robalino, J. R. Romero, F. Rother, J. Stöterau, F. Weidenkaff, and W. Witte. 2016. "Do Youth Employment Programs Improve Labor Market Outcomes? A Systematic Review." Discussion Paper 10263, Institute for the Study of Labor, Bonn, Germany.

Konczal, M., and M. Steinbaum. 2016. "Declining Entrepreneurship, Labor Mobility, and Business Dynamism: A Demand-Side Approach." Working Paper, Roosevelt Institute, New York, NY.

Kuddo, A., D. Robalino, and M. Weber. 2015. *Balancing Regulations to Promote Jobs: From Employment Contract to Unemployment Benefits*. Washington, DC: World Bank.

Kugler, A. D. 2004. "The Effect of Job Security Regulations on Labor Market Flexibility. Evidence from the Colombian Labor Market Reform." In *Law and Employment: Lessons from Latin America and the Caribbean*, edited by J. J. Heckman and C. Pagés, 183–228. Chicago: University of Chicago Press.

Lagakos, D., A. M. Mobarak, and M. E. Waugh. 2018. "The Welfare Effects of Encouraging Rural-Urban Migration." Working Paper 24193, National Bureau of Economic Research, Cambridge, MA.

Lederman, D., W. F. Maloney, and J. Messina. 2011. "The Fall of Wage Flexibility." World Bank, Washington, DC.

Levy, S. 2018. *Under-Rewarded Efforts: The Elusive Quest for Prosperity in Mexico*. Washington, DC: Inter-American Development Bank.

Lindert, K., T. G. Karippacheril, I. Rodriguez Caillava, and K. Nishikawa Chavez. 2020. *Sourcebook on the Foundations of Social Protection Delivery Systems*. Washington, DC: World Bank.

Maratou-Kolias, L., K. M. Fietz, M. Weber, and T. Packard. 2020. "Quantifying and Validating the Cliffs of the Labor Market Regulation 'Plateau': A Global Review of Labor Market Institutions." Jobs Group, Social Protection and Jobs Global Practice, World Bank, Washington, DC.

Marchand, B. U. 2012. "Tariff Pass-Through and the Distributional Effects of Trade Liberalization." *Journal of Development Economics* 99: 265–81.

Mayer, T., F. Mayneris, and L. Py. 2017. "The Impact of Urban Enterprise Zones on Establishment Location Decisions and Labor Market Outcomes: Evidence from France." *Journal of Economic Geography* 17 (4): 709–52.

McKenzie, D. 2017. "How Effective Are Active Labor Market Policies in Developing Countries? A Critical Review of Recent Evidence." *World Bank Research Observer* 32 (2): 127–54.

Messina, J., and A. Sanz-de-Galdeano. 2014. "Wage Rigidity and Disinflation in Emerging Countries." *American Economic Journal: Macroeconomics* 6 (1): 102–33.

Messina, J., and J. Silva. 2020. "Twenty Years of Wage Inequality in Latin America." *World Bank Economic Review* 35 (1): 117–47.

Mohl, P., and T. Hagen. 2010. "Do EU Structural Funds Promote Regional Growth? New Evidence from Various Panel Data Approaches." *Regional Science and Urban Economics* 40 (5): 353–65.

Mondino, G., and S. Montoya. 2004. "The Effects of Labor Market Regulations on Employment Decisions by Firms: Empirical Evidence for Argentina." In *Law and Employment: Lessons from Latin America and the Caribbean*, edited by J. J. Heckman and C. Pagés, 351-400. Chicago: University of Chicago Press.

Morgandi, M., M. Ed, B. Wilson, A. Williams, and T. Packard. 2020. "Potential Responses to COVID-19 in Latin American and Caribbean Countries." Social Protection and Jobs Global Practice, World Bank, Washington, DC.

Naidu, S., E. A. Posner, and E. G. Weyl. 2018. "Antitrust Remedies for Labor Market Power." Research Paper 850, Coase-Sandor Institute for Law & Economics, University of Chicago, Chicago.

Neumark, D., and H. Simpson. 2015. "Place-Based Policies." In *Handbook of Regional and Urban Economics* vol. 5B, edited by G. Duranton, V. Henderson, and W. Strange, 1197–1287. Amsterdam: Elsevier

Nicita, A. 2009. "The Price Effect of Tariff Libe-ralization: Measuring the Impact on Hou-sehold Welfare." *Journal of Development Economics* 89: 19–27.

OECD (Organisation for Economic Co-operation and Development). 2013. "The 2012 Labour Market Reform in Spain: A Preliminary Assessment." Organisation for Economic Co-operation and Development, Paris.

OECD (Organisation for Economic Co-operation and Development). 2015. "Competition and Market Studies in Latin America: The Case of Chile, Colombia, Costa Rica, Mexico, Panama and Peru." Organisation for Economic Co-operation and Development, Paris. http://www.oecd.org/daf/competition/competition--and-market-studies-in-latin-america2015.pdf.

OECD (Organisation for Economic Co-operation and Development). 2017. "Labour Market Reforms in Portugal 2011–2015: A Prelimi-nary Assessment." Organisation for Economic Co-operation and Development, Paris.

OECD (Organisation for Economic Co-operation and Development). 2019. "Special Feature: Government Expenditures by Functions of Social Protection and Health (COFOG)." In *Government at a Glance 2019*. Paris: OECD Publishing.

Packard, T., U. Gentilini, M. Grosh, P. O'Keefe, R. Palacios, D. Robalino, and I. Santos. 2019. *Protecting All: Risk Sharing for a Diverse and Diversifying World of Work*. Washington, DC: World Bank.

Packard, T. G., and C. E. Montenegro. 2017. "Labor Policy and Digital Technology Use: Indicative Evidence from Cross-Country Cor-relations." Policy Research Working Paper 8221, World Bank, Washington, DC.

Packard, T. G., and C. E. Montenegro. 2021. "Labor Market Regulation and Unemployment Duration: Indicative Evidence from Cross-Country Correlations." Social Protection and Jobs, Human Development Depart-ment for Latin America and the Caribbean, Washington, DC.

Packard, T., and J. Onishi. 2020. "Social Insu-rance and Labor Market Policies in Latin America and the Margins of Adjustment to Shocks." Background paper written for this report. World Bank, Washington, DC.

Packard, T., and M. Weber. 2020. Managing the Employment Impacts of the COVID-19 Crisis Policy Options for the Short Term. World Bank: Washington DC.

Pellegrini, G., F. Terribile, O. Tarola, T. Mucci-grosso, and F. Busillo. 2013. "Measuring the Effects of European Regional Policy on Eco-nomic Growth: A Regression Discontinuity Approach." *Papers in Regional Science* 92 (1): 217–33.

Perry, G., W. Maloney, O. Arias, P. Fajnzylber, A. Mason, and J. Saavedra-Chanduvi. 2007. *Informality: Exit and Exclusion*. Washington, DC: World Bank.

Petrin, A., and J. Sivadasan. 2006. "Job Security Does Affect Economic Efficiency: Theory, a New Statistic, and Evidence from Chile." Working paper 12757, National Bureau of Economic Research, Cambridge, MA.

Pinelli, D., R. Torre, L. Pace, L. Cassio, and A. Arpaia. 2017. "The Recent Reform of the Labour Market in Italy: A Review." European Economy Discussion Paper 072, Directorate General for Economic and Financial Affairs, European Commission, Brussels.

Pinto, R. de Carvalho Cayres. 2015. "Three Essays on Labor Market Institutions and Labor Turnover in Brazil." Departamento de Economia, Pontifícia Universidade Católica do Rio de Janeiro, Rio de Janeiro, Brazil.

Portela Souza, A., G. Ulyssea, R. Paes de Bar-ros, D. Coutinho, L. Finamor, and L. Lima. 2016. "Rede de Proteção ao Trabalhador no Brasil: Avaliação Ex-Ante e Proposta de Redesenho." Center for Learning on Evalua-tion Results (CLEAR), Fundação Getulio Vargas Escola de Economia de São Paulo, Sao Paulo, Brazil.

Redding, S. J., and M. A. Turner. 2015. "Trans-portation Costs and the Spatial Organiza-tion of Economic Activity." In *Handbook of Regional and Urban Economics* vol. 5, edited by G. Duranton, J. V. Henderson, and W. C. Strange, 1339–98. Amsterdam: Elsevier.

Reyes, G., J. C. van Ours, and M. Vodopivec. 2011. "Incentive Effects of Unemployment Insurance Savings Accounts: Evidence from Chile." *Labor Economics* 18 (6): 798–809.

Robalino, D., and J. Romero. 2019. "A Purchaser Provider Split in Public Employment Services? Lessons from Healthcare Systems." Social Protection and Jobs Global Practice, World Bank, Washington, DC.

Robalino, D. A., J. M. Romero, and I. Walker. 2020. "Allocating Subsidies for Private Invest-ments to Maximize Jobs Impacts." Jobs Working Paper 45, World Bank, Washington, DC.

Robalino, D., and M. Weber. 2014. "Designing and Implementing Unemployment Benefit Systems in Middle- and Low-Income Countries: Key Choices between Insurance and Savings Accounts." Social Protection and Labor Discussion Paper 1303, World Bank, Washington, DC.

Robertson, R. 2020. "The Change in Nature of Labor Market Adjustment in Latin America and the Caribbean." Background paper written for this report. World Bank, Washington, DC.

Rodríguez-Planas, N., and J. Benus. 2006. "Evaluating Active Labor Market Programs in Romania." Working Paper 2464, Institute for the Study of Labor, Bonn, Germany.

Saavedra, J., and M. Torero. 2004. "Labor Market Reforms and Their Impact over Formal Labor Demand and Job Market Turnover: The Case of Peru." In *Law and Employment: Lessons from Latin America and the Caribbean*, edited by J. J. Heckman and C. Pagés, 131–82. Chicago: University of Chicago Press.

Schmieder, J. F., and T. von Wachter. 2016. "The Effects of Unemployment Insurance Benefits: New Evidence and Interpretation." Working Paper 22564, National Bureau of Economic Research, Cambridge, MA.

Schmitt-Grohé, S., and M. Uribe. 2016. "Downward Nominal Wage Rigidity, Currency Pegs, and Involuntary Unemployment." *Journal of Political Economy* 124 (5): 1466–1514.

Schochet, P. Z., R. D'Amico, J. Berk, S. Dolfin, and N. Wozny. 2012. "Estimated Impacts for Participants in the Trade Adjustment Assistance (TAA) Program Under the (2002) Amendments." Office of Policy Development and Research, Employment and Training Administration, US Department of Labor, Washington, DC.

Schwartz, H. L., K. Mihaly, and B. Gala. 2017. "Encouraging Residential Moves to Opportunity Neighborhoods: An Experiment Testing Incentives Offered to Housing Voucher Recipients." *Housing Policy Debate* 27 (2): 230–60.

Subbarao, K., C. del Ninno, C. Andrews, and C. Rodriguez-Alas. 2013. *Public Works as a Safety Net: Design, Evidence, and Implementation*. Washington, DC: World Bank.

Summers, L. H. 1989. "Some Simple Economics of Mandated Benefits." *AEA Papers and Proceedings* 79 (2).

Vegh, C. A., G. Vuletin, D. Riera-Crichton, D. Friedheim, L. Morano, and J. A. Camarena. 2018. *Fiscal Adjustment in Latin America and the Caribbean: Short-Run Pain, Long-Run Gain?* Washington, DC: World Bank.

Vijil, M., V. Amorim, M. Dutz, and P. Olinto. 2018. "Productivity, Competition and Shared Prosperity." In *Jobs and Growth: Brazil's Productivity Agenda*, edited by M. Dutz. Washington, DC: World Bank.

Vijil, M., V. Amorin, M. Dutz, and P. Olinto. 2020. "The Distributional Effects of Trade Policy in Brazil." Background paper written for this report. World Bank, Washington, DC.

What Works Centre for Local Economic Growth. 2019. *Local Multipliers*. London: What Works Centre for Local Economic Growth.

Williams, A., and S. Berger-Gonzalez. 2020. "Towards Adaptive Social Protection Systems in Latin America and the Caribbean: A Synthesis Note on Using Social Protection to Mitigate and Respond to Disaster Risk." World Bank, Washington, DC.

Winter-Ebmer, R. 2000. "Long-Term Consequences of an Innovative Redundancy-Retraining Project: The Austrian Steel Foundation." Working Paper 2000-29, Department of Economics, Johannes Kepler University, Linz, Austria.

Wölfl, A., I. Wanner, O. Roehn, and G. Nicoletti. 2010. "Product Market Regulation: Extending the Analysis Beyond OECD Countries." Economics Department Working Paper 799, Organisation for Economic Co-Operation and Development, Paris.

World Bank. 2012. *World Development Report 2013: Jobs*. Washington, DC: World Bank.

World Bank. 2015. *The State of Social Safety Nets 2015*. Washington, DC: World Bank.

World Bank. 2018. *World Development Report 2019: The Changing Nature of Work*. Washington, DC: World Bank.

World Bank. 2020. "Additional Financing for Argentina Children and Youth Protection Project (P167851)." Project Appraisal Document, World Bank, Washington. DC.

Zarate, R. D. 2020. "Spatial Misallocation, Informality, and Transit Improvements: Evidence from Mexico City." University of California at Berkeley and World Bank, Washington, DC.

ECO-AUDITORIA
Declaração de Benefícios Ambientais

O Grupo Banco Mundial está empenhado em reduzir sua pegada ambiental.

Para avançar nesse compromisso, utilizamos as opções de publicação eletrônica e tecnologia de impressão sob demanda, localizada em centros regionais espalhados pelo mundo inteiro. Juntas, essas iniciativas possibilitam a redução das tiragens de impressão e das distâncias de transporte - diminuindo, portanto, o consumo de papel, o uso de produtos químicos, as emissões de gases de efeito estufa e o desperdício.

Seguimos os padrões recomendados para o uso de papel definidos pela Green Press Initiative. A maioria dos nossos livros é impressa em papel certificado pelo Forest Stewardship Council (FSC); quase todos contêm 50-100 por cento de conteúdo reciclado.

A fibra reciclada do papel usado em nossos livros é não-branqueada ou é branqueada por meio de processos totalmente livres de cloro (TCF, *totally chlorine-free*), processamento livre de cloro (PCF, *processed chlorine–free*) ou sem cloro elementar aprimorado (EECF, *enhanced elemental chlorine–free*).

Mais informações sobre a filosofia ambiental do Banco estão disponíveis em http://www.worldbank.org/corporateresponsibility.